U0139149

主編序

　　一個國家教育政策的形成，通常會受到國際教育發展趨勢的走向影響，也會因應國家當前政治、經濟、社會變遷之發展而有所調整。大體上，教育政策的決定，都是期盼能滿足國人對教育有利發展的基體，希望改善有效教育實施的條件，提供教師和學生安心產學的環境，以培育出更有競爭力的下一代好國民。

　　臺灣沒有豐富的自然資源，所以能在國際經濟發展上與人分庭抗禮，主要是靠教育培育了良好素質的國民；換句話說，臺灣沒有「物礦」可開採，只有充分成功地作好「人礦」的開發，這是大家所一致公認的事實。

　　面對 2011 年，德國漢諾瓦工業博會提出了「工業 4.0」的第四次工業革命，教育應如何面對 AI 人工智慧和機器人的挑戰，這是一個嚴峻的師資培育政策的考驗；2019 年，臺灣實施 108 課綱，強調課程教學要重視學生素養導向的教學，而不是只有重視過去所強調知識與能力的教學。「自發、互動與共好」的理想素養教學理念，是否能為教師、學生和家長所共同接受，都是在考驗 108 新課綱的成敗關鍵，其評量的策略，尤其值得大家來加以重視。

　　實驗教育法公布後，民間教改人士大力投入辦理實驗教育學校，地方政府公立學校亦備受壓力，也蠢蠢欲動，希望在偏鄉或少子女化的學校，能經由實驗教育的實施，找回家長的信心，讓流失的學生能逐漸回流。實驗教育果真是萬靈丹嗎？傳統的教育要如何創新，才能立於不敗之地，均有待大家的關心。

　　國際教育的發展，在今天地球村的時候更顯得其重要性。不僅大學的國際生交流受到重視，中小學生經由國際教育、培養國際教

育文化素養、拓展其國際觀，這幾年來政府非常重視。國際教育法正在推動立法中，而雙語教學政策也如火如荼在中央和地方關注下，加速擴展，其困難處和成就結果，均不宜忽視它。

　　「人道、公平、正義」一向是現代進步國家所公認的普世價值，維持均等的教育機會，提供弱勢族群孩子公平的入學及受教環境，均爲大家所共同關心。不僅大學入學管道的多元性和公正性很重要，技職學生的進路暢通和價值肯定，亦不容扭曲。對於學習不利的弱勢特殊值得關懷的孩子，更值有利的補救因應政策。

　　至於「德、智、體、群、美」五育均衡發展的全人教育政策，從民國元年蔡元培教育總長提出，歷經百年的教育發展，到今天才被大家所關注。民國 100 年的教育組織法修訂，適逢本人擔任教育部長，才在各方折衝下，設「師資培育與藝術教育司」，對於「美感教育」的推展，才有了正式的司級教育行政主管機關負責。當然，未來的發展與挑戰，仍是有待各方共同努力，才會有成果可見。

　　當然，教育政策的發展，除了教育行政機關的專業用心投入外，教師的專業成長和有效師資培育政策，關係密切。從 OECD 的教育報告分析所提供的啟示，和國家工業 4.0 未來人力需求的師資培育政策，均值得大家的重視。

　　本書《教育政策與發展策略》的問世，是國內一群在公私立大學及教育行政機關服務的優秀教育夥伴們所共同執筆完成。他們具有高級學歷、豐富的教學素養和行政經驗，尤對教育政策和發展策略，投入甚深。希望本書之付梓，和當前國內的教育發展脈動能同步，讓人有感。感謝各位菁英教育好友的賜稿、謝謝國家教育研究院蔡進雄研究員的邀稿及協助主編、謝謝吳孚佑博士生之協助彙稿。尤其要特別感謝教育前輩五南圖書出版公司楊榮川董事長及其

編輯團隊的玉成出版，讓「教育政策」的系列專輯，能年年有新貌，
來恭請大家不吝賜教。

臺灣教育大學系統總校長
臺灣師範大學名譽教授
淡江大學講座教授

吳清基 謹誌
2020 年 10 月

目次

第十六章　學校推動美感教育的可行性策略

卓秀冬

第十七章　中小學校園組織生態環境轉變的問題與因應策略

蔡進雄

第一篇
教育政策篇

第一章

工業 4.0 對未來師資培育政策之挑戰與因應

吳清基

未來教育 4.0 的校園，就是智慧校園。只要將傳統校園，先數位化後，再經智慧化，即可實現校園智慧化的目標。

教育 4.0 是一個人工智慧的時代，高科技的運用，固然可有效提升教育實施效果；但是人文與科技的整合，博雅通識的全方位素養，具有教育專業的基本核心知能，仍是一位優秀卓越教師培育所不可缺的要務。

壹　前言——工業4.0之緣起與發展

一、緣起——工業 4.0 由德國提出，但席捲今日全球經濟發展

（一）工業 4.0（Industry4.0）是德國在 2011 年漢諾威工業博覽會（HANNOVER MESSE）時，率先提出的工業製造生產智慧化的發展建議。又稱為第四次工業革命。

（二）工業 4.0 係在透過大數據、物聯網、雲端運算、行動通訊決策、人工智慧、機器人、3D 列印等數位化資訊整合之數位科技，提供更智慧化、自動化及客製化的生產及供應鏈能力。藉由廣泛應用智慧機器人，將網路技術與服務業整合進入製造業。

（三）依德國西門子 Amberg 先進實驗工廠的經驗推估，工業 4.0 後的生產鏈可提高其生產價值十倍以上，一般認為將是第四次工業革命之濫觴。（杜紫宸，2016.5，經濟部）

二、發展——工業 4.0 的發展，可分四個階段

（一）工業 1.0：機械化時代

工業 1.0，又稱第一次工業革命。是指英國發明家瓦特（James Watt, 1736-1819）發明蒸汽機利用蒸氣力取代人力、水力、獸力，投入工業製造生產，亦即利用機器生產取代人類手工生產。大大推動了生產技術的進步，並拉開了第一次工業革命的序幕。

（二）工業 2.0：電氣化時代

工業 2.0，又稱第二次工業革命。是指美國科學家和政治家富蘭克

林（Benjamin Franklin, 1706-1790）放風箏實驗，發現雷電是電力造成，找到運用電力作為工業製造大量生產的動力和能源，亦即利用電力提供工業生產線，推動了大量生產的成品。

（三）工業 3.0：自動化時代

工業 3.0，又稱第三次工業革命。在 21 世紀，80 至 90 年代間，人類使用電腦資訊 e 化的科技，亦即利用 Information Technology（IT），提供工業製造的自動化，大大增進了工業產品的製造品質和數量。亦即工業 3.0，是利用 IT 促進工業自動化生產。

（四）工業 4.0：智慧化時代

工業 4.0，又稱第四次工業革命。緣自 2011 年德國科學院工作小組的建議，提出工業發展除要科技創新發展外，並要因應解決全球競爭下所面臨的製造危機和人口老化問題。亦即工業 4.0，第一、在強調生產智能化，第二、在重視產品客製化。

貳　工業革命與教育發展之因應

一、教育發展與社會政治經濟文化和科技發展，彼此關係密切不可分。教育固在主動培育人才，並促進社會經濟建設發展，同時，教育也要因應社會政治經濟科技變遷，去調適人才培育之目標和功能。

二、在教育發展過程中，確實歷經農業社會、工業社會、到資訊社會的各階段型態之變遷；而教育的發展目標、對象、內容和教育方式，也有了不同型態之產生：

　1. 在農業社會中，教育偏屬有錢和有閒階級人士之特權，著重少數菁英式教育和學徒式教育；

　2. 在工業社會中，教育漸趨普及性，認為教育是一般國民的權利和義務，教育變成普及化和大班教育；

　3. 在資訊社會中，教育變成一個人向上社會流動的驅力，藉由資訊科技的輔助教學，全面普及化，不受時空的限制。小班教學及個別化教學成為趨勢。

三、教育發展的型式，隨其實施對象、方式和教學輔助技術之區分，可
　　大類分為四個階段，從教育 1.0 → 教育 2.0 → 教育 3.0 → 教育 4.0。
　　各階段各有其不同意涵，茲加以析述如表 1：

表 1　教育 1.0、教育 2.0、教育 3.0 到教育 4.0 之意涵

類別	意涵
教育 1.0	古代到中世紀，教育是建立在個人對個人面授的基礎上。大體而言，他的範圍很小，且屬於非正式的，教育是有錢和有閒階級的特權。
教育 2.0	印刷術的發明，使更多人民有機會能夠接受基本教育，並帶來了科學探究的文化。教育走上普及化、義務化，教育人民是政府的責任。
教育 3.0	網際網路和通訊科技的興起，改變傳統教學模式，提供一個學習的科技平臺。教學走上多樣化和資訊化，師生共同參與學習活動設計。
教育 4.0	將學習者放在生態系統的中心，學習者可以架構自己的學習路徑，達成個人目標。快速躍進式發展、創新化、客製化、科技化教學。學習活動以學習者需求為主。

參考資料來源：Federation of Indian Chambers of Commerce and Industry (2017).
　　　　　　　Leapfrogging to Education 4.0: Student at the core. New Delhi: Author,
　　　　　　　pp.11-16, p.31, 吳清山（2018），p.7。

四、具體而言，教育 1.0 是傳統師徒制，教師講授學生聽課時代；教育
　　2.0 是大班級教學的時代，有實體校園的設立；教育 3.0 則進到實
　　體校園和虛擬校園並設時代，數位課程開始被採用；教育 4.0 則是
　　智慧校園、客製化、創新化教與學的時代。詳列如下表 2：

表 2　教育 1.0、教育 2.0、教育 3.0、教育 4.0 之教育重點

類別	教育 1.0	教育 2.0	教育 3.0	教育 4.0
發展時間	中世紀之前	中世紀到 1970 年代	1980 年代到 2010 年代	2010 年代以後
教育型態	小規模 少數人	大班級教學 普及化	小班級教學 普及化	小班級教學 普及化

類別	教育 1.0	教育 2.0	教育 3.0	教育 4.0
學校場域	實體校園 私塾為多	實體校園 政府設校	實體校園 虛擬校園	智慧校園
知識重點	記憶知識 知識文化傳承	接受知識 傳遞繁衍知識	生產和消費 知識	創新知識
教學方式	個別菁英教學 面授口述為主	單一化教學 教師主動教 學生被動學	多樣化教學 資訊科技融入 教學 師生共同參與	多樣化教學 個性化教學 客製化教學 數位化教學
課程內涵	傳統經典課程	人格陶冶和 實用課程	多樣化課程 數位課程	客製化課程 數位課程
科技運用	無	少	多 e 化漸用	多且廣 人工智慧化
師生關係	強	強	中	弱

參考資料來源：吳清山（2018），p.8。

參　工業4.0對智慧化校園教育發展之影響

一、工業 4.0，又稱第四次工業革命，是以資訊科技系統為核心，結合大數據分析、物聯網、互聯網、雲端運算、行動通訊決策、人工智慧、機器人、擴增和虛擬實境、無線傳感器網路（WSN）技術等，使工業產品智慧化、生產方式智慧化、服務智慧化、管理智慧化、裝置智慧化。

二、工業 4.0 不僅是工廠生產自動化，也讓終端客戶與生產者、供應商之間，整條價值鏈沒有時差、沒有誤差，均能全部串聯雙向互動，可提供更高效率、增加更大彈性、降低更低成本、提升更大產業競爭力。

三、德國機械設備製造業聯合公會（VDMA）委託霍恩海姆大學，針對工業 4.0 對經濟建設發展影響進行調查，發現原先預估機器人將取代人類工作，造成人類大量失業的情形，並還沒有出現。但是，

企業要求員工擁有雙學位、跨領域、雙證照的趨勢，則相當明顯。學校教育人才培訓，自然不能自外於工業 4.0 的發展，由原先 T 型人才之培育，轉爲 π 型人才之培育（吳清基，2018a）。

四、因應工業 4.0 智慧化生產，教育人才培育政策首先受到挑戰。由於培養第二職能專長的跨界人才，已成爲企業主的最愛。因此，加強產學合作，重視通識教育；辦理第二專長在職培訓專班，強調人文啓發式教育陶冶，重視數位化科際整合教育實施，提倡終身學習教育生涯規劃，重視人文和科際整合人才的培育，均是當前教育人才培育政策的重要課題（吳清基，2018b）。

五、此外，智慧校園（Smart Campus 或 i Campus），或稱智慧學校（Smart School 或 intelligent school），也因應工業 4.0 之發展，成爲當前教育發展的重要趨勢之一。

所謂「智慧校園」，係指利用資訊科技與教育設施的有機融合，以大數據、物聯網、互聯網、雲端運算、人工智慧、機器人、3D 列印、移動終端、無線網路、無線射頻識別系統（RFID）、系統分享等核心技術，提供環境全面感知、數據化、網路化、整體化、客製化之行政、管理、安全、教學、學習、與生活服務功能，使任何師生、在任何時間、地點、都可快速便捷獲得教育資訊和資源的科技化學習校園環境。

六、智慧校園運作的關鍵技術，主要有六：（湯志民，2018，pp.180-182）

1. 雲端運算（cloud computing）：雲端運算爲智慧校園提供了新的服務模式，它是對分散式、虛擬化的儲存和計算資源進行動態分配、部署，根據使用者需求向使用者提供相應的儲存、計算和平臺服務。雲端運算具有虛擬化、高可靠性、超大規模、高可擴展性、按需服務等特點，提供基礎設施即服務（LaaS）、平臺即服務（PaaS）和軟體即服務（SaaS）等服務方式。

2. 物聯網（internet of things）：作爲互聯網的延伸，物聯網實質上是物物相連的互聯網，但在網路終端增加感測器技術，主要包括無線射頻識別（Radio Frequency Identification, RFID）、紅

外感應、視頻監控、全球定位、雷射掃描等，形成人與物、物與物相聯，實現智慧化識別、定位、監控和管理。

在智慧校園中，借助物聯網技術能夠實現對校園的儀器設備、圖書資料、樓宇出入人員等的即時動態管理。物聯網已經在智慧校園的教學科研（如實驗室管理、圖書識別與借還等）、校園生活（如一卡通、考勤管理、水電自動計費等）、節能安保（智慧照明等）等方面投入應用。

3. 大數據（big data）：大數據是資料分析的前端技術，具有從多樣的資料庫和海量資料中快速獲取有價值資訊的能力。大數據的特點體現在四個「V」，即大量化（Volume）、多樣化（Variety）、快速化（Velocity）和高價值（Value）。在智慧校園中，隨著雲教育平臺建設和應用，校園的各種資料呈現了快速增長，從學校海量的數據資源進行深入挖掘和建模分析，為學校的政策和決策提供科學依據，同時可在因材施教、生活服務、輿情監控等方面發揮很大的作用。

4. 移動互聯（mobile internet）：移動互聯是移動通訊技術和互聯網的結合統一。移動互聯技術包括 3G、4G、WiFi、自組織網等移動接入技術，移動互聯環境須兼具「規模、高速、融合、擴展」之特點，「規模」指移動信號的覆蓋範圍和接入數量，「高速」指移動互聯的傳輸容量與品質，「融合」指移動信號的覆蓋範圍和接入數量，「擴展」指移動網路承載新業務的擴展能力以及與校外網路環境的適應性。移動網路要使接入終端多樣化，因此智慧校園必須建設適應智慧手機、手提電腦、平板電腦等多類型終端接入的移動應用平臺，以提供高速、泛基礎網路環境，讓師生在校園可隨時隨地獲取和處理網路資訊。

5. 社交網路（Social Network Service）：社交網路是為方便人際交往而形成的虛擬化網路服務平臺，已成為資訊技術發展的潮流和互聯網向現實世界推薦的關鍵力量。社交網路以傳播速度快、成本低、互動性強等特點，成為校園師生維繫實體社會關係、展示自我和互動交流的首選方式。社交網路從早期的電子郵件、BBS

到近年來應用廣泛的微博、微信、Google+、MySpace、Twitter、Facebook、Line，隨著移動互聯技術的興起，社交網路的資訊傳播方式已經完成由「一對多」到多元化傳播模式，成為校園最有效的學習協作和工作協作工具。

七、智慧校園是數位校園的進階，數位化校園（digit campus）是在傳統校園基礎上建構一個數位空間，使環境資訊（包括教室、實驗室等）、資源資訊（如圖書、講義、教材等）、應用資訊（包括教學、管理、服務、生活、辦公等）全部數位化，從而提供資源和服務共享之便捷有利支持，可見傳統校園數位化後可成為數位校園；數位校園智慧化後可成為智慧校園。未來教育 4.0 的校園，就是智慧校園。只要將傳統校園，先數位化後，再經智慧化，即可實現校園智慧化的目標。

肆 教育4.0的未來學校教育新圖像——智慧校園

一、臺灣財團法人資訊工業策進會，自 2014 起規制「智慧校園」（i Campus）六大核心（柯宇鑫，2017）：

1. 智慧學習（i Learning）
2. 智慧社群（i Social）
3. 智慧行政（i Governance）
4. 智慧保健（i Health）
5. 智慧管理（i Management）
6. 智慧綠能（i Green）

二、中國國家標準化管理委員會，在 2018 提出「智慧校園」之應用手段，有八大核心：（中國國家標準化管理委員會，2018）

1. 智慧教育
2. 智慧教學
3. 智慧學習
4. 智慧行政
5. 智慧管理
6. 智慧科研

　　7. 智慧生活

　　8. 智慧服務

三、智慧行政

1. 智慧行政包括學校各行政部門人員間的協助辦公系統、人力資源管理系統、教學管理系統、科研管理系統、資產管理系統、財務管理系統。

2. 智慧行政在整合大數據資料，建立老師、學生和學校行政人員間有關教育、訓導、總務、輔導、人事、會計等行政工作運作相關之分析決策模型，可有效提升學校教育行政決策效能。

四、智慧教學

1. 智慧教學，包括教師教學備課、教學設計、教學進行、教學評量等功能模組，均能善用智慧化科技輔助教師教學，有效提升教學效果。

2. 其中教學設計具備網上備課、線上輔導、網上組卷、線上評量，影視功能結合教育，生動活潑化教學。

3. 在教務管理上，應具備教務公告、課程資訊、教學過程（如：電子課表、考試安排、成績登錄、公開課程資訊、教學評量、教育建議……）、教室資源、表格下載與資料統計等功能模組。

五、智慧管理

　　智慧管理主要包括學校建築安全管理、校園安全管理和建築節能管理等資訊系統。

　　1. 智慧建築效能管理系統

　　智慧化燈光系統可以讓講堂或教室的燈自動開關或調整光亮度；智慧化火災警示系統可以開啟火災警戒網路，打開安全門指引人員疏散；智慧安全監控系統可以智慧辨識，透過螢幕自動監控分析，追蹤或跟蹤不尋常的陌生人員活動。

　　2. 智慧校園安全管理系統

　　包括校園安全教育、校園監控、運作維護保障服務等。

　　3. 智慧建築節能管理系統

　　主要在減少校園內碳的排放，增加校園建築的能源效率，建立智慧

能源校園或再生能源校園。

六、智慧生活

1. 教職員工和學生，是校園活動的主體，因此，提供師生在校園中日常生活的用水、用電、食宿、交通、資訊查詢、圖書借閱、醫療健康等應用性服務，建立智慧化的友善生活環境，乃為必要的服務。

2. 智慧生活主要有校園一卡通、家校互聯、迎新系統、社交網路、文化生活、健康保健、個性化服務、虛擬校園服務等資訊系統：（王運武、于長虹，2016）

    (1) **校園一卡通**：具備身分多認證、考勤、門禁、圖書借閱，以及提款、交通、停車、書店、置物櫃、自助餐廳、販賣機等消費功能，提供師生校內服務的交付及收費管理服務。

    (2) **家長互聯**：適用於中小學，家長可在線上了解學生在校生活紀錄，具有親師聯繫及互動資料記錄保存功能。

    (3) **迎新系統**：有助學生報到全方面業務管理和服務，有利新生快速了解學校並適應學校生活，協助學生自助繳費、註冊、住宿、辦理校園卡等。

    (4) **社交網路**：社群網路和通訊、班級網頁、資訊分享、工作協作、社群在地化等功能。

    (5) **文化生活**：具備線上娛樂系統及服務等功能。

    (6) **健康保健**：連結校內外健康網路，具備健康成長履歷、健康監測、校園傷痛管理、疾病史管理、預防性照顧、遠距照護系統、中央電子保健紀錄、早期流行病通知、團膳管理等功能。

    (7) **個性化服務**：具備線上諮詢、線上求助和線上訂購等功能。

    (8) **虛擬校園服務**：具備校園展示功能，具有校園導覽功能，可查詢校園配置設計、交通動線、教學及生活環境、建築及人文學觀，並定位展示相應目標的路線導引。

七、總之，在智慧校園中，學校可運用智慧影像監控系統，維護校園安全；可使用智慧手環數據分析學生健康對學習影響；可利用大數據

分析，了解學生進學生餐廳用餐之偏食營養分析；可建置智慧圖書晶片系統改善圖書使用效益；可利用智慧電表加強學校節能控管；可利用無線射頻認別（RFID），了解學生上下學安全情形，方便親師聯繫配合等。

八、當然，最受師生關注的是校園智慧服務環境與設施。其中，比較重要的，是智慧餐廳、停車及交通。

1. 校園智慧餐廳

(1) 運用物聯網、大數據、無線網路技術，可以實現餐位預定、自助點餐；接單做菜；線上結帳、一卡通結帳、自助列印發票等功能。

(2) 可借用餐大數據，分析顧客的飲食偏好，按顧客所需精準供應飯菜，減少浪費食材；輔導學生正確飲食健康習慣。

(3) 智慧餐所，可顯著減少工作人員數量，降低經營成本，提升營業績效，改善服務品質。

2. 校園智慧交通及停車

(1) 可提供即時的校車運行情況，依據乘車人數動態，機動調度校車運行數量，師生可精確了解校車到達的具體時間，避免長時間等待或錯過校車。

(2) 智慧停車場能動態顯示校內停車場位置及停車位數量，停車場門禁管制能識別車輛進出，自動計算停車時間及收取停車費。可監控車輛違規停車和快速識別事故。

伍　教育4.0——未來學校教師培育政策

一、工業 4.0 對教育行業的挑戰

1. 工業 4.0 透過大數據、物聯網、互聯網、雲端運算、人工智慧、機器人、3D 列印等高科技的運用，使工業產值大增，產生了第四次工業革命。不少人預估未來「機器人」可能取代人力，讓不少行職業工作人員失業。教師行業是否會被「機器人教師」所取代？這是大家一直關心的話題。

2.德國工業 4.0 的推手，德國機械設備製造業聯合工會（VDMA）副會長榮恩（Hartmut Rauen）指出：「工業 4.0 的核心是人，不是機器。」

3.日本製造業偏重工程上的創新，專注於「人」的啟發是教育培訓，以「人」為核心發展工業 4.0。

4.創新工場董事長李開復，是一位資訊工業經理人創業者和電腦科學的研究者，他指出「一個行職業，如果機器人在 5 秒鐘內，無法做決定判斷時，則該行職業就不會被機器人所取代。」

5.教育是一種「傳道、授業、解惑」的工作，教師不是只有傳授學生知識；不是只有訓練培育學生技能；教師要能了解學生內心世界，觀察其言行舉止，提供最適切學生需要的身心輔導，幫助其解惑，鼓勵其正向思維，建立正確人生觀，要和學生具同理心、同溫層的關懷。前二者或許傳授知識和技能服務，「機器人教師」可代勞；但是，和學生同溫層的互動，深度人文性關懷，恐怕還是要教師的人性化、個別化、創新化、愛心和耐心教導，才能讓學生有所感動受益。亦即工業 4.0 時代，教師行業到目前為止，被認為會較不易為「機器人」所取而代之。

二、教育 4.0 時代乃因應工業 4.0 發展而形成

1.自 2010 年代以後，教育場域進入了「智慧校園」教師教學智慧化，學生學習智慧化，行政人員管理行政智慧化，校園設施、建築、社群、保健、生活、服務等各領域，皆因高科技「人工智慧」的運用而進入智慧化行政管理運作，對傳統教師教育培訓政策，形成一項新的挑戰。

2.教育 4.0 時代，教育型態已早非傳統教師講授學生被動接受知識。師生將共同參與課程設計，甚至以學生學習需要為中心，由學生「自發互動共好」的小組合作學習、小組教學、甚至網路線上教學，個別化教學（IEP）、客製化教學，以滿足個別學生學習需要，甚至是摩課師（MOOCS）大量線上公開即時授課，數位化課程教學已成為大環境教育發展趨勢。創新知識教與學，時時處處可進行。e 化科技、人工智慧、機器人輔助教學都是廣泛在各級校園中被引進運用。

三、教育 4.0—未來學校教師培育之政策

（一）教育 4.0 教師培育，應強調「教育為本，科技為用」政策

1. 面對教育 4.0 時代的來臨，未來教師教育工作，希望能培訓養成未來教師，要具人工智慧、大數據分析、物聯網、互聯網、雲端運算、3D 列印、移動終端、無線網路、系統分享等 e 化高科技知能，並結合教學課程設計，及班級經營評量等教育專業之運用，以利有效教學。

2. 但是，由於教育對象是「人」，學生客體不能被「物化」；因此，人文化、人性化的教育，啟發性教學，結合人文科技的通識教育，跨學科整合教育人才的培育，都是迫切需要的師培要務。

3. 換句話說，未來學校教師培育的政策，要強調「教育為本，科技為用」；如此，才能發揮教育「人」的特色，才不會「物化」功能太強調，才不會由「機器人」取而代之。

（二）教育 4.0 教師培育，應強調「基本教育，數位科技」雙核心課程

1. 因應未來學校教師教學需要，要求跨領域科際整合人才培育，成為必要的課程取向。不少師資培育大學，目前已將教育學系和學習科技學系加以整併，以利開設「基礎教育」和「數位科技」雙核心課程，培育因應教育 4.0 的未來教師。

2. 臺灣 2018 中小學新課綱，提出三個基本的理念：「自發、互動、共好」。其中在「溝通互動」核心素養 B2「科技資訊與媒體素養」中，要求中小學生要「具備科技與資訊應用的基本素養」，小學「電腦資訊課程」由各校彈性課程規劃實施，國中和高中則新增「科技」領域教學課程。

3. 由於中小學生動手自造的「創客」（Maker）及程式語言（Coding）能力，正大受重視，因此，中小學教師教育在資訊科技能力之提升，乃為必要。不僅職前教育、導入教育和在職教育，都要加強「基本教育」和「數位科技」的雙核心課程培育。

（三）教育 4.0 教師培育，應重視跨學科跨領域整合型人才培育

　　1. 德國機械設備製造業聯合會（VDMA）曾委託德國霍恩海姆學士，針對工業 4.0 對經濟建設發展影響進行調查發現，原先預估機器人將大量取代人類工作並沒有明顯出現。但是，企業主們要求員工擁有雙學位、跨領域、雙證照的趨勢，則相當明顯。

　　2. 由於企業主對學校人才培育要求能擁有雙學位、跨領域和雙證照，因此，負責人才培育的師資培訓工作，自然也要重視跨領域整合的人才培訓取向。

　　3. 過去 T 型人才培育，只要一種專長，現在工業 4.0 時代則要求 π 型人才之培育，要求多種跨領域專長的訓練，因此教育 4.0 教師教育，當然要符應此一社會經濟人才需求的發展趨勢。

（四）教育 4.0 教師培育，應重視科學、技術、工程、數學等科技素養的培育

　　1. 美國因應德國 2011 年工業 4.0 之提倡，於 2012 年起，積極推動 STEM 教育（Science, Technology, Engineering, and Mathematics），以確保中小學生都有機會學習，並接受到科學、技術、工程和數學的啟迪。以充分發展其潛能，培養學生科學素養，以利美國能在 21 世紀全球經濟和科技發展能具領先地位。

　　2. 香港亦把 STEM 教育視為重要政策之一，更新和強化科學、技術和數學課程與學習活動；並加強師資培訓，讓中小學生充分發揮創意、潛能。

　　3. 基本上美國總統歐巴馬所提出 STEM 的教育人才培訓政策，是有助於學生科技素養能力的提升；但是，近年來，不少教育專家學者也提出 STEAM 概念，來取代 STEM 之不足，認為 Art 也是不可缺少。有科技素養，再加上藝術素養，則人才培育功能將更優異可期。

（五）教育 4.0 教師培育，應重視啟發創新能力的培育

　　1. 工業 4.0 強調智慧化生產及客製化的供需滿足，因此，程式化的製造服務流程，固然要重視：非程式化、個別化、創新化之新產品的研發服務，更有賴員工人文思維及啟發式創意應變能力之加強。

2. 處於工業 4.0 時代，同時，也是知識經濟社會時代，知識密集已取代勞力密集、資本密集和技術密集。創新力等於競爭力，這是大家共同接受的原則，培養一位有創新創意創業的人才，才是教育界所共同期待的急迫要務。

3. 教育 4.0 的教師培育，面對教學科技的不斷創新，面對人工智慧和機器人的壓力，教師所需要的教學知能，特別需要創新和人文啓發的能力，這是機器人所不能取代人力的「有溫度、有深度、有個性的」學習特色所在。

（六）教育 4.0 教師教育，應重視人文藝術的博雅通識教育

1. 教育 4.0 時代的發展趨勢，固然在強調善用 AI 新科技，以增進教育的效果。但是，基本上教育的對象是「人」，不是「物」。工業 4.0 的產品是「物」，是東西，是沒有生命的客體；但是，教育 4.0 的產品是「人」，不是東西，是具有生命的客體。人有尊嚴要被維護，人有價值要被肯定，人有需要要被滿足，人有動機要被增強。因此，存於師生之間的互動，需要「人性化」的元素來充實。

2. 教育 4.0 教師，要具「人性化」的正能量，必須要有人文的基本素養，才能具有人性化的氣度修持和心胸作爲；也需要有博雅通識教育的素養，如：對文學、藝術、詩詞、歌曲、修辭、哲學、宗教…等博雅領域，也要有基本涉獵，才能美化心靈。基本上，教育 4.0 的教師，並非要求全知萬能的；但是，只有科學技能，確屬不足；若能具備人文藝術博雅通識的能力，才可經得起未來「機器人教師」的挑戰而不敗。

（七）教育 4.0 教師教育，應重視善用 AI 以有效班級經營

1. 由於工業革命是否完全帶來人類生活幸福，一直迭有爭議。馬克斯學派批判工廠制度，帶來社會階級的衝突宰制與再製；存在主義者批判工業革命造成環境的破壞，人類心靈的物化與枯竭。因此，學校教師，如何善用 AI 高科技以提升教學效果之際，而又能兼顧學生之幸福感，確屬值得吾人去加以省思。

2. 目前教師善用 AI 高科技方法與設施，確實相當程度增進學生學習動機，師生及時互動，教師教學資源與教學評量的掌握。它改變了傳

統教室中教師講述、黑板板書、平面式的教學風貌，透過科技運用，生動有趣圖文影像刺激，確可提升學生學習動機。（彭煥勝，2018）

3. 但是，「教育為體，科技為用」之原則，在班級經營教學時，仍應加以強調。人工智慧的科技方法技巧，固可用來幫助教學活動之進行，但教師對班級學生之個別化學習：適性教育、美感教育的體驗、人文化人性化的心靈成長，仍然要優先去加以強調。

（八）教育 4.0 教師教育，要重視終身學習的在職進修教育

1. 教師教育，一般可分三階段進行：(1) 職前養成教育（Pre-service education）；(2) 導入實習教育（Internship education）；(3) 在職進修教育（In-service education）。由於教師工作是一種專業，為保持與時俱進的專業成長，因此，教師的終身在職進修教育一向受到重視。

2. 工業 4.0 後，AI 高科技普遍被應用在教師教學活動中，不管教育科研，教學活動設計與實施，教育評量等，均有賴 AI 高科技的資源與配合。而 AI 高科技有日新月異的先天特質成長現狀，因此，教育 4.0 時代的教師，必須藉由終身回流教育，不斷在職進修，以獲取最新教育專業知識與 AI 高科技結合運用，乃更有其必要性。

3. 聯合國教育科學文化組織（UNESCO），1996 年在《學習：內在的財富》（*Learning: The treasure within*）一書中，也指出在職進修的必要性：

(1) 學習認知（learning to know）

(2) 學習做事（learning to do）

(3) 學習與人相處（learning to live together）

(4) 學習成就自己（learning to be）

2003 年 UNESCO 又提出

(5) 學習適應改變（learning to change）

4. 的確，「時代在改變、社會在改變、潮流也在變」，處於教育 4.0 時代，教師的專業成長更要不斷經由終身學習的在職進修教育，來獲取工業 4.0 後，AI 人工智慧的最新知識和技能，才能達成培育有競爭力下一代的使命要求。

🈩 結語——未來學校教師的新圖像

一、教育 4.0 是一個人工智慧時代，高科技的運用，固然可有效提升教育實施效果；但是，有些人文與科技之整合，更是值得重視：

1. 臺灣宏碁集團創辦人施振榮認為，「因應 AI 人工智慧的發展，教師思維觀念應翻轉，教育應發展「以人為本」的人工智慧 AI 應用價值，把 AI 當作是人類共創價值的伙伴。」（施振榮，2018）

2. 創新工場董事長李開復也認為，「因應工業 4.0 的產業革命發展，如何培養人對複雜系統綜合分析與決策能力，對藝術和文化的審美能力及創造性思維，這些都是人工智慧時代最有價值需要培養的技能。」（李開復、王詠剛，2017）

3. 上述二人，印證了德國工業 4.0 發起機構，德國機械設備製造業聯合工會（VDMA）副會長榮恩（Hartmut Raccen）所言，「工業 4.0 的核心是人，不是機器。」同樣可知，教育 4.0 的教師培育，不僅重視 AI 高科技運用，更要重視人文啟發式教育的陶冶。

二、教育 4.0 時代，是一個智慧校園的學校教育場域；教育型態將著重小班教學或個別化教學；知識教學不僅在傳遞繁衍更著重創新育成；課程內容講求數位化與客製化；教學輔具高度 AI 人工智慧化；但是師生關係將會減弱甚至有疏離感，值得吾人去加以關注並防範避免。

三、教育 4.0——未來學校教師的新圖像

因應教育 4.0 時代，智慧校園未來學校教師的新圖像，可簡略廓勒如下：

1. 具有教育專業的基本核心知能

2. 具有 AI 人工智慧的新科技知能

3. 具有數位科際整合的教學能力

4. 具有 STEAM 跨領域跨學科的基本素養

5. 具有創意創新思維的啟發性能力

6. 具有人文藝術的人文化素養

7. 具有博雅通識的全方位素養

8. 具有終身學習的在職進修教育

總之，教育 4.0 —— 未來學校教師之培育，若能具有上述的基本核心知能和素養，相信必能經得起 AI 人工智慧高科技的挑戰，必可成為一位卓越的經師、人師和良師。

問題與討論

一、面對工業4.0，由於AI的運用，機器人教師會完全取代傳統教師的角色功能嗎？

二、從教育1.0到教育4.0，師生關係逐漸疏離弱化，如何來因應補強？

三、工業4.0的發展，企業界對人才培育的期待，有何不一樣？

四、面對教育4.0的發展，未來學校教師的新圖像為何？

參考書目

（一）中文部分

王運武、于長虹（2016）。**智慧校園：實現智慧教育的必由之路**。北京：電子工業出版社。

吳清基（2018a）。工業 4.0 對高教人才培育政策的挑戰，載於吳清基（主編），**教育政策與學校經營**，pp.4-23，臺北：五南。

吳清基（2018b）。迎接未來教育 4.0 的挑戰與因應，載於中國教育學會（主編）：**邁向教育 4.0：智慧學校的想像與建構**，pp.I-V，臺北：學富文化。

吳清山、王令宜（2018）。教育 4.0 世代的人才培育探析，載於中國教育學會（主編），**邁向教育 4.0：智慧學校的想像與建構**，pp.3-30，臺北：學富文化。

杜紫宸（2016.5）。十分鐘了解什麼是工業 4.0。高雄：經濟部南部產業發展推動辦公室。

李開復、王詠剛（2017）。人工智慧來了。臺北：遠見天下文化。

施振榮（2018.8.24），把 AI 當共創價值伙伴，取自 https://udn.lom/news/story/11322/33290000，聯合報。

湯志民（2018）。智慧校園的行政管理與運作，載於中國教育學會（主編），**邁向教育 4.0：慧學校的想像與建構**，pp.173-202，臺北：學富文化。

柯宇鑫（2017）。智慧校園實施有成，2017 校聯網新概念接軌，取自 https://www.asmag.lom.tw/showpost/10581.aspx

國家市場監督管理局、中國國家標準化管理委員會（2018）。智慧校園總體框架。北京：中國標準出版社。

彭煥勝（2018）。工業革命與小學基礎教育之間的變革發展與省思，載於中國教育學會（主編），**邁向教育 4.0：智慧學校的想像與建構**，pp.203-228。臺北：學富文化。

（二）英文部分

Federation of Indian Chambers of Commerce and Industry (2017), Leapfrogging to Education 4.0: Student at the core, New Delhi: Author, pp.11-16, p.31.

第二章

教育政策形成的影響因素與行銷功能

盧延根

教育應是以「人」為本，讓孩子能夠適性發展與成就。因此，教育為家長、社會、教師與行政人員等都會共同關心，且為孩子的潛能開發與成長一起努力。

因此研擬教育政策，應基於專業立場與教育本質，依據社會人力需求，培育個體的知能，成為優秀的國民，以蔚為國用。由於教育政策存在「變革」的意涵，為創造價值與順利執行，似宜運用策略分析行銷，作為推動參據及發揮教育政策目標之功能。

壹　前言

教育是「百年樹人」的事業，也是提升國家發展與競爭力的有效作為（盧延根，2003a）。我國自 1987 年解除戒嚴後，社會呈現民主、自由與多元化氛圍的複雜情境下，政府制定教育政策，似宜符應社會需求進行系統性的計畫傳銷。

臺灣長期戒嚴下，導致教育產生過多或不當的管制，使得教育政策始終停留在國家化、一元化的規劃上（吳清山，1998）。政府公部門之政策擬議、規劃、制訂到實施執行之過程，過去往往被視為一種「自然獨占」（natural monopolies）過程（林建山，2005）。當社會民主開放，政府規劃的政策要有更多表述與傳銷。事實上，教育政策不能悖離教育本質，推動教育政策就不應該只是單向的「監控」，而係以「顧客－民眾為中心」及「服務教育主體－學生」為導向的管理哲學；因此教育行政主管機關就不能以過往封閉心態，進行權威模式處理教育政務，教育政策的研擬與行銷工作，方能滿足民眾的需求，符應社會大眾對教育的期待，俾使政策能夠順利推動。

基此，本文將從教育政策的本質、教育政策形成影響因素、教育政策行銷運用 SWOT 分析策略與行銷功能等分別予以說明，俾使教育政策推動更為順利。

貳　教育政策的本質

教育是以服務為本質，服務的對象是學生。在教與學的過程中，必

須合於認知、價值及自願的教育規準，最終旨意在讓學生可以自我實現（方源，1998）。教育非以營利為目的，主要係讓受教學生能夠自行思考與實現，具有神聖的目標，因此教育政策是規劃培育成就每一個體成為優秀的國民，並蔚為國用。

一、教育政策本質的內省思維

　　為提升國家競爭力，最基礎的工程在教育。教育政策擬定要符合教育本質的前提下進行，具有如下四個內省思維：1. 教育是一種成人之美的工作，一切都是為了孩子好；2. 教育在教人成為人，不只是教人增長知識而已；3. 教育在追求全人格發展，而非只在追求文憑證書；4. 教師、家長和行政人員，都要為孩子成長共同付出（吳清基，2014）。基於教育是提供學習者正面發展的機會，使學習者依個別、興趣與潛能充分發揮。因此，教育政策具有服務性、人為性、公共性、複雜性、導向性、時間性及成本效益性等七項特性（張芳全，1999）。茲將前述教育思維與特性連結教育政策，分別進行檢測（盧延根，2019a）如下：

（一）服務性：教育是一種成人之美，有效成就他人的工作。但學生智能、家庭背景與發展差異性懸殊，不能以整體性進行教學，否則忽略拔尖與扶弱教育以免揠苗助長。為滿足學習者個別差異的需求，仍須因材施教，以漸進的方式進行教學，方能建立國家社會百年樹人培育人才的基業。教育不易立竿見影，產生速效，教育工作必須投入更多心力，才是善盡教育的服務。

（二）人為性：教育的主體是學生。不論是師生間、親師間、教師間、家長間或社會大眾所關注之學校的互動，為孩子成長共同付出都是以人為中心。然而，《憲法》及《教育基本法》主張教育中立，但課程內容從來就不是中立的（王麗雲，2002；Apple, 1979），就以新課綱在 108 學年上路為例，教育部試圖「微調」舊課綱，卻因社會領域對臺灣史看法不一，且微調程序的瑕疵，引發社會爭議，造成「反黑箱課綱」運動（張益勤，2018）。故教育政策規劃，應回歸教育本質，避免意識形態或人為操作。

（三）公共性：古時私塾是私人籌辦的學校，本質上屬於私有財。隨

著民主時代的開放演變，現代教育機構不論是公立或私立學校，都具有公共性（publicness），這不僅彰顯教育受到大環境影響而改變的特性，而且教育發展衍生新的價值訴求與全人發展，賦予政府更多權責與關注，必須投入更多資源。面對教育公共性的環境變化，政府主管機關更應尋求教育資源的平衡分配與有效運用。

（四）複雜性：《教育基本法》第 2 條規定，人民為教育權的主體。教育的所有作為都是為了學生，而學生具有不同背景、素質與性向等懸殊的差異性，因而不可能一以貫之進行教學。面對學生本身及背景的差異性，教師在教學教法及專業發展，產生巨大挑戰與複雜的問題。教育在前述複雜性的情境下，經由理論進行研究，必然存在須經實務處理的現實面，方能達成「教人成人」的終極目標。

（五）導向性：人才是國力的根本，專業人才的培育是促進國家經濟成長與繁榮最有效的方式之一（盧延根，2019b）；教育培育國家發展所需人力，乃是國家百年大業。故教育政策制定，係以教育現況、面臨問題及國家發展趨勢為依據，隨著國家發展目標，提供國民接受均等學習的機會，保障國民公平教育的權利，提升國民教育程度，增進工作能力，在自由平等的原則下協助個體人格正常發展，適應社會及履行公民責任。

（六）時間性：係指時間成立的依據，常以「不變」為起點，區分變的順序，因而有過去、現在和未來。當學生學習新課程時，應當與過去的經驗銜接，而非呈現斷層的現象（朱啟華，2000）。事實上，由於學習者並非僅在課堂的時間，因而不論過去學習的先備知識、經驗，以及即將呈現的知識爆炸內容，為了孩子好，均應顧及學習者的時間性與意識整體，除了增長知識，更是追求全人格發展。

（七）成本效益性：教育被視為是人類對未來的一種重要投資。教育可提升國民能力，增進國家競爭力與經濟效益。因此，教育對經濟成長具有潛在貢獻，挹注的教育經費，就某種程度而言，被認定

為正當的投入，為孩子成長的付出，在可預期未來時間之後，會有一定的產出，對國家或社會的效益都會是正面的。

綜上，教育係以人為本，並遵循國家發展需要，達成教育宗旨為目標，進行相關作為的歷程。因此制定教育政策時，必須立基於教育本質的基礎上。雖然教育政策的規劃或執行難免出現矛盾、不連續性或例外的現象，這些未必合理，卻非常務實的現象。因為教育體制的運作可能與教育目標及價值產生相對性的差距，或社會大眾對現行教育服務感到不滿時，政府與相關利害團體必須進行協商，在不悖離教育本質的原則下再做檢視，衡酌實務狀況可行性後決定作為或不作為，方能順利達成教育目標。

二、教育政策本質的需求性

教育成果係以達成教育需求性作為目標。Gardner 強調一切認知不外乎對於真、善、美（an understanding of the truth, the beautiful and the good）的瞭解，茲將此三個層面：求真、向善及愛美（戴維揚，2001；陳晉華，無日期）推衍為教師滿足學生教育需求的基本能力。

（一）求真的需求（知識）

教育就是「教」與「學」交互作用的活動。就活動的主要類型而言，則為事實、技能與規範的獲得，對應到學生或學習者，就是指真理的認知與創新、技術藝能的修練、價值判斷的培養及行為規範的合理化。而認知（Cognition）是個人經由意識活動對刺激瞭解與認識的心理歷程（鄭芬蘭，2000），旨在「求真與辨認事實」。

隨著經濟繁榮、教育普及與科技資訊大量流通，學生獲取知識的管道呈現等比級數增加，對於作為個人價值判斷與行動實踐規準之真理、知識的需求日益擴大。過去為求效益，將學生集中在「學校」，以「由上往下」將套裝知識以灌輸模式傳授給學生。經過教育思潮不斷演進後，面對大量知識的挑戰，所謂的套裝知識是成人及專家的角度進行組織，而且可能已經成為「昨日的知識」，無法挑起學生探索求知的興趣，更不能達到學生「求真與辨識真實」的需求。同時，過度重視家庭

與學校教育，學生的未成熟期往後延長，使得學生眞正獨立與探索的關
鍵期，也往後延滯，甚至讓成熟的界線顯得模糊或消失。

　　就以「學生爲中心」（student-centered）的教育理念而言，在教與
學的進程，學生是學習的主人（owner），教師扮演引導者、輔助者或
陪伴者協助學生：1. 發展學習過程擁有感，並達成個人有意義的學習
目標；2. 透過學習策略進行自主學習；3. 超越教室界限，針對眞實的
聽衆產出相關的作品（Lee & Hannafin, 2016）。事實上，教學就是要
以學生的生活經驗爲重心，重視學生眞正需求，並以同理心瞭解學生認
知世界的方式，協助學生發展出認知世界的模式。學生天性的欲求在於
「滿足人類的動物本性」，而學生的需求卻存在於「滿足動物本性之
上」，以便臻至「文明人」的層次。從馬斯洛的需求理論（Maslow's
Hierarchy of Needs）來看，基本生存需求滿足後，方有更強動機與動
力去實踐更高層次的需求，因此對於學生求知的需求，也是以此爲依
據，先求滿足學生低層次的知識需求，進而提升學生主動探索宇宙知識
的動機。

　　俗話說：「家財萬貫，不如一技在身」，人要生存，必須掌握生存
的本領，也就是謀生的「技能」。因此，《十二年國民基本教育課程
綱要》的基本理念，就是本於全人教育的精神，以「自發」、「互動」
及「共好」爲理念，強調學生是自發主動的學習者，學校教育應善誘學
生的學習動機與熱情，引導學生妥善開展與自我、他人、社會及自然
的各種互動能，協助學生應用及實踐所學、體驗生命意義，願意致
社會、自然與文化的永續發展，共同謀求彼此的互惠與共好（教育部，
2014）。學校要以培養學生帶得走的能力，面對社會快速演化，更應
培育學生跨學科、超領域統整性的基本能力，爲學生邁向生涯進路而準
備。因此，學校教育要以學生爲主體，並依學生的生活經驗爲重心，培
養現代國民所需的基本能力，促成學生達到追求「眞知」的需求，並以
動態持續的過程，從瞭解自己出發，滿足低層次的「求知欲」後，透過
欣賞、表現、審美及創作的歷程發展個人潛能，逐步朝向更高層次的自
我實現，確保追求「眞知」的需求能夠源源不斷，提升國民的生涯規劃
與終身學習能力。

（二）向善的需求（品德）

　　品德是成為「人」之根本要素，而智能則是人成就「才」會做事之基源，這是萬古顛撲不破的真理。因為德育與智育雖都十分重要，但用人時往往優先考量品德，意即成人要比成才優先考量，故成才之前要先成人。品德教育就是要讓學生學習良善、喜愛良善與做出良善。

　　在瞭解學生追求「真知」需求後，接著探究學生認知活動的道德層次。近代文化思潮主張普遍認為人與人之間皆以平等互惠為原則（戴維揚，2001）；傳統道德哲學的前期著重價值範疇，晚近的道德哲學則逐漸轉向認知領域。根據哈伯瑪斯（Jurgen Habermas, 1929-）的社會溝通理論（引自陳伯璋，1987），主張從理性進行認知「興趣」（價值取向）與「權力」（宰制結構），認為知識只是尋求社會文化互動暫時的「共識」（consensus），這也正是 Gardner（1999）認為，人與人間最重要的準則，就是策略性的共識。因為要實現願景，策略必須是眾人的心志合力落實。

　　易言之，策略性的共識存在於組織成員共同建構完成的道德培養與品格。學生來自不同家庭背景與社會環境的教化影響，必須建立一套是非善惡的評判規準，與道德的人文共識，避免個體各行其事或為所欲為。學生經過教育與逐漸社會化的過程，核心概念集中（伍振鷟、林逢祺、黃坤錦及蘇永明，1999）在：1.道德憑什麼決定？2.善是什麼？3.善要如何認知？4.善要如何獲得權威，方能使人實行？這 4 個面向的逐步建構，俾能塑造學生思想的價值體系，提供學生行為實踐的準則。學生品德的養成是教養的重要一環，從發自內心自然友善行為，包括尊重、責任、關懷與公德心等，都是無需提醒怎麼做，就像呼吸一樣，自然而然的做。林肯曾提出：「品德就像是樹木，名聲如同樹蔭，我們常花心思在後者，卻未覺前者才是根本。」學校在進行品德教育，就是協助學生瞭解、欣賞及實際表現善良的行為。

　　因此，教導學生依循正道的觀念，協助學生培育向善的教育需求，確保養成正確的品德，應以涵養內心良知，尊重差異，具有對等、公平、自由與自律等品德素養的價值認知，更是有利於其未來生涯發展重要的一環，培育成為具有健全良善品德的社會公民，進而運用習得知能

貢獻社會，增進國家福祉。

（三）愛美的需求（美感）

康德（Immanuel Kant, 1724-1804）認為，「美」是一種無私的滿足感，包括不涉及占有卻只受對象形式吸引，並認為美感具有普遍性，一個令人感受到「美」的對象，也會讓其他人感受到，但必須是建立在無私的狀態下（張忠明，無日期）。因為欣賞場景的「美」，係建立於個體主觀認知對於事物愉悅及自由的感受。

席勒（Egon Schiele, 1890-1918）的美學以人為中心，從人本性的歷史演進確立美學的地位，認為審美是人達到精神解放與完美人性的先決條件（徐恒醇譯，1987）。席勒繼承康德的感性、知性與理性三個範疇，把美與心理功能的自由活動及道德做聯繫，成為其美學的基礎（朱光潛，1987）。譬如身處海邊美景，聽濤拍岸，欣賞日出，美感油然而升，此時或許會想未來購買這塊土地，興建小木屋或民宿，可以每天賞此美景，此目標是無私的，因為當下深受面前美景吸引，主觀上係屬感性；只是如果買下這塊地興建小木屋或民宿的經費籌措與實用，退休前的上班往返方便性或利用假日偶爾來欣賞的想法，係屬知性與理性，結合美與欣賞的無私滿足，達到美與心理功能的自由活動，也不違逆內心存在花錢，卻面臨不實用的道德掙扎。

個體接受正規教育期間，都是人生最富朝氣、多采多姿與值得美化的階段，可惜美感不易覺知，又沒有明確依循規準，而學校又以明確認知為主的教育，也就不容易在這段期間給予生命美化的養分。況且「美」不具備固定形式，而是以多元呈現的特質，在大自然或人造物中隨處可見。至於「美」的意涵，康德認為「自然之美，美在其像藝術；藝術之美，美在其像自然」（伍振鷟、林逢祺、黃坤錦及蘇永明，1999），如此態樣特質都會體現在人類的生活經驗中。大衛・休謨（David Hume）則提出，「美並非事物本身的屬性，它只是心靈領受到的一種激情與意象」（季倫，1989）。換言之，能夠感受、體驗美感是身為人類的一種天性，當一個人接受的教育缺乏美感，就不會或不懂得感受及欣賞，其未來的生活形式很可能庸俗不堪，也就不會珍惜所

生存的環境空間。但隨著人類文明發展，生活嚴重依賴科技，不知覺中流失獨立思考與探索的能力，也逐漸失去體驗美感的本性。因此，教育似宜以促發人性「求美」的本性與教育需求，進而協助學生習得不同領域對於美的感悟。

基此，教育政策在本質上似應讓學生在學習的過程中，基於天賦「求真」、「向善」與「愛美」的教育需求作為學習標的。面對社會環境迅速變化的情境下，分別由「人與自己」、「人與社會」及「人與環境/世界」等三個層面進行教學，讓學生適性發展與成就，滿足學生教育的實際需求。

參　教育政策形成的影響因素

經由前述釐清教育政策本質後，瞭解教育政策攸關政府在教育體系所作整體社會價值的權威性分配，選擇作為與不作為的決定。因此，教育政策雖係由教育行政主管機關制定，但其形成之影響因素（盧延根，2003b；盧延根，2019）概分為如下兩個部分：

一、內在因素

「內在因素」係指政府依體制內組織執掌之業管作為進行分類。

（一）民選首長（政務官）

政治領導人物因職務關係，具有政治敏感度，常引發問題，形成議題。所指政治領導人物，包括總統、行政院長、教育部長、地方縣（市）首長及其機要幕僚群，當然層級越高，影響力愈大。譬如「九年國民教育」、「教育改革運動」或「十二年國民基本教育」等，都是在政治領導人物的關切下，形成政策性的行動。

（二）行政人員（事務官）

教育行政主管人員雖是政策的執行者，卻也可能因執行業務發現許多政策議題的源頭。雖然行政人員影響力有限，但其對問題之認知、價值觀、經驗與專業素養等，都會影響教育政策問題的形成。譬如「綜合高中」或「縣市立高中」等之推動，都是很好的實例。

（三）民意代表（立法委員或議員、鄉鎮代表等）

在歐美民主先進國家，民意代表對於政策性的議題形成一直具有相當大的影響力（Walker, 1977）。現今民主國家政府的施政也會參考民意走向，而民選的民意代表——政治人物是地方民眾的代議士，直接接觸民眾，擁有深層的政治敏銳度，也握有立法、預算審查與質詢權，更是傳媒的公共焦點對象，自然會影響政策的形成。譬如「鄉土教學」，或後續推動的「原住民族教育」、「新住民教育」等，都是重要的案例。

政府內在組織部門對政策的影響，政治領導人物具有絕對性的決定因素；而一般行政事務人員的影響力，主要是提供數個可行方案作為決策之參考；而民意代表擁抱群眾，深切瞭解民眾實際需要，永遠都是議題發展的核心。民意代表既要審議政府部門所提出的法案與預算，又要面對選民需求與壓力；因此，府會間應建立良好溝通管道與機制，才能創造雙贏的利多局面，俾使政策法案與預算順利通過、推展與執行。

二、外在因素

政府部門組織以外的政策影響因素，除了自發性民意外，尚有政黨選舉、傳播媒體、利益團體與學術單位等；前揭團體相互間雖具有清楚界線，卻因其運作或協同作用，互有影響牽連，也就會顯現模糊空間，因此當議題一旦凝聚共識後，就很容易形成方案或政策。

（一）自發性民意

當社會大眾對於時代變遷或政府處理教育問題不滿意時，極可能自發性進行靜坐、抗議或示威等活動，以引起政府主管機關的注意，進而形成議題，廣泛討論，也可能被接納作為方案處理。民意未經整合，必然分歧不一，力量分散，如同「一盤散沙」般缺乏團隊的凝聚力。但當「散沙」與水泥混合，等同共識形成後，就成為堅固的城牆建物，其勢波濤洶湧，銳不可當。譬如 1994 年的「四一〇教育改革運動」、2002 年的「九二八教師大遊行」或 2019 年的「五二六護囝仔、救臺灣、終結教改之亂」（國教行動聯盟，2019）等即是。

（二）政黨選舉

選舉時，各政黨或候選人都竭盡所能提出各種福國利民的政見，選舉結果導致執政權的取得或議員席次的變化，也間接地影響政策的規劃或執行。執政黨也會綜整各項議題，端出吸引人的「牛肉」（政策）來建構良好的施政藍圖。各政黨或候選人所提出之政見，也會影響選後執政者施政之政策議題，甚至研議可行後，也會列入政策參考。譬如2008年總統大選的政見，某黨候選人倡議將2016年教育支出占總體GDP的比例提高到6%；另2009年候選人宣布3年後實施「十二年國教」，各界質疑經費來源時，當時行政院與教育部都極力護持及說明其可行性。其中「免學費」部分，首先由高職生開始，由於經費不足，只好設下排富條款；至於普通高中部分，則是先以「公私齊一」為主，透過政府補貼私校學費，讓公、私立學費一致，減輕家長負擔。

（三）傳播媒體

「秀才不出門，能知天下事」，顯示媒體的功效。媒體的開放也確實促進政治更為民主與透明，讓整體社會更為健全。而媒體對教育政策的宣導也發揮正面的功能，事實上教育政策相對於政經議題，媒體關注的興趣似乎減少許多。然而，卻可充分運用媒體、新興網路與社群等資源，作為公部門與社會各界溝通政策的橋梁。譬如經由學者研究、民意或利益團體訴求，將一個事件不斷擴大形成議題（造成政府決策者很大的困擾），或以小題大作的方式，間接不斷地突顯問題，導致社會大眾轉而向民意代表詢問情形，進而影響政策。此類問題不勝枚舉，比比皆是，幾乎每個案件都能含括其中。

（四）利益團體

利益團體是指一群追求共同利益者的組合（Truman, 1951）。由於利益團體是一群有組織的團體，譬如教師會、家長會、民間的教改組織、人本教育基金會或主婦聯盟環境保護基金會等，對政府政策有正面的促成，也會有負面的抗爭，形成一定的影響力。其功能在於積極為團體爭取各項權益，例如《國民教育階段家長參與學校教育事務辦法》及《教師法》的制定或修正通過。另由「中小學教科書的開放」政策，似

乎也隱約地可以嗅出利益團體介入與推動的味道。

（五）學術單位

在現今的政治決策過程中，學術界幾乎都不會缺席。專家學者對於教育相關議題，其敏感度往往高於行政體系或相關團體，學術研究成果也會潛化成為政府的決策。且政府主管機關或政治人物也會透過學術研究的支持，建構議題或政策，對於政策也有增強的效用。譬如研究顯示國內國中小學學生近視比率日增、國民中小學的中輟學生遽增等具體數據呈現後，經媒體報導，民意代表關心，政府相關部門自然坐立不安，難以釋懷，會依狀況立即先予回應，並尋求因應之道。

綜合上述可知，教育政策制定的過程中，其影響的因素至為錯綜複雜，但卻為政策行銷不可疏漏的環節。經由分析，不僅是政府部門應當隨時思慮運作，展現政績，不容怠慢；外在的各種影響因素也可能風起雲湧來勢洶洶，造成一定的壓力，教育政策決策時亦不容疏忽。因此，不論影響政策的內在或外在因素，都會是教育政策行銷所亟欲爭取認同的對象。

肆 教育政策行銷運用SWOT分析策略

SWOT 分析策略法[1] 係 1965 倫德（Learned）就提出，但僅涉及組織內部優勢及弱點、外部機會及威脅等因素孤立地分析。20 世紀 80 年代初，美國海因茨·韋里克（Heinz Weihrich）發展而成（Thinkman，2017），目前除企業作態勢分析與戰略制定之外，已成為許多組織運用於行銷策略與產品的規劃。

---

[1] SWOT分析策略係Albert Humphrey所提，又稱為強弱危機分析（SWOT Analysis）或優劣分析法、SWOT分析策略法或道斯矩陣，是一種組織競爭態勢分析方法，也是市場行銷的基礎分析方法之一，透過評價自身的優勢（Strengths）、劣勢（Weaknesses）、外部競爭的機會（Opportunities）與威脅（Threats），用以在制定發展戰略前對自身進行深入全面的分析以及競爭優勢的定位。

一、SWOT 分析策略概述

　　策略是提供解決問題的方法，係在掌握整體組織的狀況下，進行綜合性的準備、研擬可行計畫與提出具體方案，作為創造組織獨特與有利發展的經營活動，故也是達成組織目標的手段。SWOT 分析策略是行銷分析的工具之一，有利於「知己知彼，百戰百勝」。SWOT 係由優勢（Strengths）、劣勢（Weaknesses）、機會（Opportunities）及威脅（Threats）等四個元素組成，此種分析可以同時觀照組織本身內部與外部的條件，釐清問題及思考方向（Kaufman, Roger, & Jerry Herman, 1991）。SWOT 雖為分析策略的工具，但卻必須靈活與正確運用，才能使呈現的項目資料產生意義，並經過交叉分析後提出策略方向。因此，SWOT 策略分析應係以服務市場的角度切入，藉由外部的機會與威脅，檢視組織內部的優勢、劣勢後進行策略分析，分別運用優勢、掌握機會或克服威脅，並改善劣勢、克服威脅或掌握機會，形成強化組織長期競爭的優勢。

　　運用 SWOT 分析教育政策行銷策略，得以分析及瞭解行銷之政府教育主管機關在推動政策上面臨的內、外部情勢（黃俊英，2009），茲將 SWOT 套用成如下項目：

1. 優勢（S）：對達成政府教育施政方案目的有利的內部力量。
2. 劣勢（W）：對達成政府教育施政方案目的不利的內部力量。
3. 機會（O）：有利於達成政府教育施政方案目的的外部力量。
4. 威脅（T）：不利於達成政府教育施政方案目的的外部力量。

　　教育政策係以服務全體國民，激發每一個體之潛能，作為教育的核心價值，從事符應全民共享的志業。當前教育措施若因不合時宜，無法滿足民眾需求，政府為解決類此的教育問題，或突破現狀，均得制定新政策，並加以行銷。不過，各項教育措施狀況不一，時空背景不盡相同，影響教育政策行銷之因素無法逐一列舉（盧延根，2019a）。原則上，應依掌握之實際資料與現存狀況，研擬教育政策行銷的策略之分析，下表係依上述原則，歸納相關要素製作 SWOT 分析教育政策之行銷策略。

表1　SWOT在教育政策行銷的策略分析表

內部優勢（S）	內部劣勢（W）
・上級機關支持高 ・同仁能力素養強 ・同仁盡責具熱忱 ・官產互動良好 ・行銷部門專業能力強	・政府財政拮据，行銷預算編列不足 ・政府本位主義，跨域協調有其難度 ・同仁保守，受法規制約創新不足
外部機會（O）	外部威脅（T）
・社會對教育改革需求之聲浪大 ・家長會支持 ・教師會支持 ・學校校長協會支持	・各群體（利害關係人）意見不一 ・人口少子化生源不足 ・教育改革後校數驟增 ・政策制定干擾因素多

資料來源：盧延根（2019a）。教育政策的本質及行銷策略之研究。立法院法制局專題研究報告（編號：1483），頁55。

　　經由上表，對於教育政策行銷策略分析的架構下，一般而言，只要完成SWOT分析後，所應採取最簡單的策略就是提升及運用優勢、降低及處理劣勢、把握可利用的「機會」與消除潛在「威脅」等作為。實際運用時，或可選擇其中兩個面向，綜合擬定應對之策略組合。吳安妮（2017）指出，為更有效地協助組織快速找到「創新策略」，建議組織應拓展視野，不受「劣勢」及「威脅」的負面影響，勇往直前，大膽發揮「優勢」且掌握「機會」，即易於找到「創新策略」，讓組織走出動彈不得的泥淖之中。也就是藉由SWOT分析中的四個向度形成策略意義，譬如從「機會」與「威脅」的角度進行思考；政策行銷之教育行政機關不能過於看重自己的優勢，但也不必太擔心現存的劣勢，因為沒有外部環境的「機會」，就是有可以使用的優勢也只不過是虛幻空談，發揮不了多大的作用；但也絕不能認為「威脅」或「機會」經修正劣勢後就可以高枕無憂，因為即使修正後，也不一定就能改變或影響整體態勢。

　　因此，從「機會」出發，檢視SWOT策略分析中「機會」的各個要素項目，尋找適合對應之優勢項目，妥予掌握運用，這是進入社會

（行銷）外部大環境的基本門檻。當成功進入行銷市場後，也要關注影響未來發展的「威脅」要素項目；面對「威脅」項目時，也應先檢視現有優勢，妥適予以運用及克服。當面臨「威脅」項目無法以現有之優勢予以克服時，那就表示既存的劣勢應予改變。除「威脅」之外，若修正劣勢的項目能掌握到新的「機會」，則被修正的劣勢可能成為未來的優勢。若能將此「威脅」項目克服，那就表示在市場中已取得穩定的競爭地位，最後要做的就是強化優勢（修正後的劣勢，最後也有可能變成未來的優勢），建立領先地位（Raymond, 2014），俾便組織目標順利達成。

　　互相影響的矩陣可以作為矩陣思考的重要運用之一。矩陣思考就是經過矩陣的展開，進行矩陣轉換的方法，可以為矩陣進行相對市場占有率（Relative Market Share）與市場成長率（Market Growth Rate）、GE-McKinsey 矩陣之競爭優勢（Competitive Strength）與市場吸引力（Market Attractiveness）、品質屋之品質（Quality）與機能（Function）等，也可以是專利技術功效矩陣之技術（Technology）與功效（Function）（David, 2008）。SWOT 的項目經過策略分析之排序後，可以清晰地分列出短、中及長期策略方向的期程。隨著 SWOT 分析項目的調整，讓 SWOT 的策略組合意義隨之調整，在動態行銷的環境裡，都應隨時調整改變以符應實際需要；將此交互影響矩陣策略分為 SO 策略（Max-Max 策略，使用強勢並利用機會）、ST 策略（Max-Min 策略，使用強勢且避免威脅會）、OW 策略（Min-Max 策略，克服弱勢並利用機會）與 TW 策略（Min-Min 策略，減少弱勢 並避免威脅）（陳清稱，無日期），經過策略組合妥適之調整，有利於組織發展需要。

二、SWOT 分析策略運用

　　綜整 SWOT 獲取之項目要素後，作為組織行銷的資訊運用，就是經過策略分析之後，形成有意義的行銷推動重要參據。SWOT 策略分析建議由組織外部的「機會」與「威脅」的角度切入，惟有將「機會」與「威脅」連結內部的「優勢」及「劣勢」，產生的策略才具有意義。特別是「機會」不一定都能掌握到，但「威脅」卻又是必須去面對，這

也就是「機會」與「威脅」需要優先排序的原因，從排序等第較高的「機會」與「威脅」開始著手。茲分別概述策略分析（Raymond, 2014）之組合如下：

1. 運用優勢掌握機會（S × O）
2. 運用優勢克服威脅（S × T）
3. 改善劣勢掌握機會（O – W）
4. 改善劣勢克服威脅（T – W）
5. 強化優勢鞏固領先（S + ）

矩陣影響矩陣即是矩陣單元與矩陣單元之交互影響關係（David, 2008；James Chiang, 2011；國家文官學院，2019）。在交互影響矩陣四個策略中，運用前述矩陣影響矩陣之組合，進行狀態之說明與策略擬定（盧延根，2019）如下所示：

SO 策略（Max-Max 策略），係以乘勝追擊或進攻的策略。狀態說明：外部有機會，組織有優勢（任何組織都希望自己處於這種狀態）。策略擬定：充分發揮組織內部優勢，抓住機遇。譬如處理不適任教師的《教師法》修正案政策，為國家社會未來主人翁的教育著想，應該是舉國上下，不論是政府內部的教育行政機關，或是外部關心教育的社會、家長或教師等都會全力予以支持，宜即抓住機遇，迅速處理。

ST 策略（Max-Min 策略），係以守株待兔或迴避的策略。狀態說明：外部有威脅，組織有優勢。策略擬定：利用組織的優勢，作為迴避或減輕外部威脅的影響，最終將威脅轉化為機遇。譬如目前面臨部分學校的招生不足或退場經營等問題，政府內部必然全力支持、同仁也有能力願意協助處理，但對於外部大環境社會少子化的威脅，政府教育主管機關除了守株待兔策略—加強監督管控機制外，也有運用內部優勢，擬定《私立大專校院轉型及退場條例》，以減輕外部威脅影響，並將威脅轉為機遇，讓學校轉型後，未來仍可賡續為社會服務。

OW 策略（Min-Max 策略），係以策略聯盟或轉進的策略。狀態說明：存在一些外部機會，但組織內部有些劣勢妨礙著它利用這些外部機會。策略擬定：利用外部資源來彌補組織內部劣勢。譬如學校部分教學設備不足或遭遇災害損壞等問題，由於政府內部財源有限，編列預算

不及購補，但外部民間力量無窮，或可引進民間多元資金（包括家長會、社會福利基金會、企業或宗教團體等）投入捐助或購贈，以「取之於社會，用之於社會」，並能及時滿足學校正常教學需要。

TW 策略（Min-Min 策略），係以置之死地而後生或避險的策略。狀態說明：外部有威脅，組織有劣勢。策略擬定：減少組織內部劣勢同時迴避外部環境威脅，即不正面迎接威脅，最終置之死地而後生。譬如 2019 年 3 月間的「教師法修正草案」送請立法院審議，教育主管機關內部同仁的行銷雖有創新，但因外部不同利害關係人群體（不同教師會團體、家長會或社會人士）意見未經整合，造成在立法院審查期間，意見分歧，紛爭不斷，除再行召開公聽會之外，教育主管機關亦自行分別邀集不同利害關係人群體開會再討論，最後提出有共識之草案，經委員會多次討論修正後通過。

為進一步深化 SWOT 在教育政策行銷的策略分析之內涵，上述之 SO 策略、ST 策略、OW 策略與 TW 策略，分別賦予乘勝追擊策略、守株待兔策略、策略聯盟及置之死地而後生策略等策略，均宜妥適掌握運用與有效發揮。因此，在組織外在大環境不佳時，等待環境或改變戰場方式為最佳因應方式。譬如學校非急迫性的校舍興建，因為政府財政拮据，預算編列或籌款不易，似可稍緩，等待適合時機再行提出興建，或以 BOT（Build 興建、Operation 營運及 Transfer 移轉）模式辦理，亦即政府提供學校既有土地，再由民間機構投資興建並期約營運，營運期滿，該建設所有權移轉給政府（學校）賡續使用的方式辦理。吳安妮（2017）也表示，透過「借力使力」思維，來掌握外在機會。當外力可以彌補組織之不足時，則借助外力，才易找到「創新策略」，亦即有利組織發展的前提下，充分掌握運用機會與有效強化內在優勢，以鞏固組織領先地位。顯然能將 SWOT 交互影響矩陣組合之策略妥善運用，或者依此四個策略與單獨處理四個策略整合起來，即可呈現 SWOT 分析後之完整策略擬定。交互影響矩陣策略篩選過程，包括將 SWOT 交互影響矩陣展開，依權重（Weight）設定篩選關鍵因素，就如前述將 SO 策略、ST 策略、TW 策略與 OW 策略議題。之後，再重新排序上述策略議題，經依所篩選重新擬定之主要策略議題，就會形成 SWOT 分

析之策略擬定思維。運用 SWOT 分析組合的多層面思維，教育政策行銷將讓利害關係人感受到「共贏、利他及共享」，並分享獲益，建構異體同心穩固的整體概念，教育主管機關亦能順利達成施政目標。

總之，教育政策係教育主管機關為解決教育問題，滿足社會教育需求，謀求教育福祉的作為或不作為。然而，教育政策的議題包羅萬象，制定教育政策之行銷與運用，或可經由理解 SWOT 的策略分析，藉由政策議題進行組織內部優、劣勢或外部環境之機會與威脅之綜合分析組合後，不論運用其單獨策略或是交互影響矩陣策略，都能有效依策略擬定之議題，提出教育策略具體之執行方向，讓社會關心教育人士與利害關係人予以支持、認同與合作，以提升組織能量與永續經營，進而達成教育政策施行預期之標的。

伍　教育政策行銷的功能

教育政策行銷的主要對象，是教師、學生、學生家長、社區人士及關心教育的社會大眾等。教育政策行銷特別是要將社會大眾關注的議題與政策，將其形成的動機、重點等廣為傳銷，以期順利達成教育政策之目標。茲將政府的政策行銷功能（盧延根，2003b；林俊彥、盧延根，2011；盧延根，2019a），彙整為如下六項說明：

一、塑造政府良好形象

政府為達成為民服務的目的，組織經變革再造後，各部門的分工日趨完善，功能性也更為多元化。因此，政府必須確實做好教育政策相關工作，並利用本身既有的優質特點，打造在民眾心目中的良好形象。而決定此一形象之良窳，在於政府施政與為民服務的各個環節周延相扣，再以企業完備機能的經營模式進行行銷，必能塑造與展現正面的形象，有利於教育政策的推動。

二、凝聚社會民眾向心

有人說：「群眾是盲目的。」要社會大眾對施政團隊有向心力，可以藉由宣傳，讓個體對組織擬定的教育政策方案，具有深切的期望與信

念，政府也應當努力的提出承諾，使個體彼此尊重對方的工作職掌，不同意見更應妥善溝通，達成共識，避免發生正面干預或側面批評，俾使國家團隊和諧，順利達成推動教育政策的目標。因此，群眾的心向應透過行銷妥為導引為「內團體」的觀念，使之凝聚成對國家認同的共識，政府教育政策規劃施行對於國民的利益，凝聚向心後方能有助於達成教育政策目標。

三、強化政策周延可行

政府對於教育政策，雖然擁有決定性的「為」與「不為」的決策權，但它仍然必須面對外在批判的壓力，以及相關政策的利害團體、各級政府間或執政者與在野黨間彼此競爭相互攻防的實際狀況。這些都是必然的現象，但經由不同意見之激發，或許更能彰顯問題之所在，經過修正後，制訂出更為可行之政策。因此，教育政策草擬階段的前後，都似宜辦理公聽會，廣泛徵詢各方意見，增強政策周延性，再善用政策行銷機能，提升教育政策方案本身的優越性，強化競爭力，使社會大眾信服，達成教育政策目標。

四、發揮預告俾利推動

政府新草擬的教育政策、方案或措施，直接影響相對應之民眾或學生，為使社會大眾先行瞭解政府的施政目標，就必須透過政策行銷功能的發揮，讓大眾對政府施政產生信任感。譬如高中聯考制度廢止及其替代方案──基本學力測驗（2013年舉行最後一屆）施行之後，2014年又改由「國中教育會考」取代，以及高中職與大學的多元入學相關配套措施等均是。政府頻繁改變考招政策，可能造成學生與家長無所適從，藉由預示通告使民眾充分瞭解，始能順利推動學生入學相關之考招政策。

五、宣導創造需求改變

行銷目的在於創造溝通、傳達具有價值的產品，進行交換（林建煌，2017）。政府的教育政策可以經由各種行銷活動，為民眾創造新

的需求；反之，亦可降低民眾的需求，例如政府對於部分地區的明星學校額滿現象，其學生人數過多，似宜透過宣導活動，讓民眾瞭解其鄰近同級招生不足學校的特色、近期該校師生優異得獎表現情形、或補助經費改建校舍、購補新穎設備等，促使民眾對個別學校觀感的改變，影響認知與改變需求，尋求教育資源的平衡與有效運用。

六、妥善行銷提高品質

行銷活動在創造效用（ulility）上扮演重要角色，效用是從產品或服務得到利益的總和。教育政策行銷的功能，可以有效促進良好的公共關係（Public Relations），透過公共關係的建立，與社會群眾、傳播媒體及政府其他部門維持良好的互動，經此一妥善的行銷，有利於教育政策目標的達成，必然可以提升政府對社會群眾的服務品質。譬如某一地區新興城鎮的規劃良好，生活機能佳，經由妥善行銷，湧入大批人口，學生數自然成正比遞增，校地若來不及經「都市計畫」取得，最快速有效方式，就是情商地區其他單位尚未關用之土地，期能「無償撥用」興建學校，俾以提高效率，即時服務地區的民眾。

綜合上述，教育政策行銷的功能係政府妥善掌握行銷工具，統籌操控整體行銷系統，經過政策行銷後，以消費者——社會大眾回應的情況評估行銷策略的效能，藉由此一循環互動式的組合，有效結合社會群眾整體，使其對所制定之政策產生向心力，塑造政府良好的形象，提升政府的服務品質，並達成教育政策之標的，而使政府的教育政策符合時代與未來的教育目標，不斷地演進與推陳出新，充分滿足社會大眾對教育的真正需求。

陸 結論

國家規劃人力培育之教育政策，應優先以教育專業知能考量。世界先進國家為推動教育政策，達成教育政策施政目標，無不極盡所能地運用各種策略來進行行銷，以博得社會大眾的支持。

民主時代已然是民智大開的社會裡，不若過往運用愚民政策即可施政，因為「民可使由之，不可使知之」僅憑規定、行政命令或法律等，

就可要求社會大眾遵行的時代已經過去了。反之，政府應該藉由「民可使知之，方可使由之」，利用各種不同的協調溝通、網路及媒體傳播管道，主動行銷政府的教育政策，使關心教育的社會大眾欣然接受，且願意配合。顯然，教育政策行銷似宜關注教育政策形成的影響因素，並依各項教育政策實際狀況與時空背景，將影響教育政策行銷之相關因素，運用 SWOT 分析策略後，提出教育政策具體之執行方向，俾讓社會關心教育人士與利害關係人予以支持、認同與合作，提升教育政策能量，方能順水推舟有效地達成教育目標。

因此，「政策行銷」是當今先進國家極為重視的課題。研擬教育政策就是要以行銷達成教育的施政目標，必須發揮「效能」、「效率」、「簡政」、「便民」與「滿意」等功能，尤其更應引進企業界與經濟學的行銷做法與理念，以科學方法來執行現階段教育政策的行銷，俾利於所欲施行教育政策之推動，獲得社會大眾的肯定與支持，如此方有可能達成政府的施政目標。

參考文獻

（一）中文部分

王麗雲（2002）。中文拼音政策的爭議與課程政治面向的反省。**教育研究集刊，48**（**1**），95-131

方源（1998）。**教育政策理念與實務**。臺北：高點。

伍振鷟、林逢祺、黃坤錦、蘇永明合著（1999）。**教育哲學**。臺北：五南。

朱光潛（1987）。**美學再出發**。臺北：丹青。

朱啓華（2000）。時間性（Temporality）。**教育大辭書**。國家教育研究院。

吳安妮（2017）。談以 **SO** 計分卡形成「**創新策略**」（2017 年 5 月 2 日）。2020 年 5 月 12 日取自 https://www.hbrtaiwan.com/article_content_AR0007038.html。

吳清山（1998）。解嚴以後教育改革運動之探究。**教育資料集刊—教育改革專輯，23**，261-275。

吳清基（2014）。從內變革－當前教育政策創新的內省與反思，載於吳清基（主編），**教育政策創新與行政發展**（頁 3-37）。臺北：五南。

林俊彥、盧延根（2011）。國民中小學對外公共關係的特性與功能。**研習資訊，(28)**4，125-130。

林建煌（2017）。**行銷學**（5 版）。臺北：華泰文化。

林建山（2005）。政府政策行銷。**公訓報導，80**，7-13。

季倫（譯）（1989）。大衛‧休謨（David Hume）著。**鑑賞的標準**。臺北：結構群發行。

徐恒醇（譯）（1987）。席勒著。美育書簡。臺北：丹青。

教育部（2014）。十二年**國民基本教育課程綱要**。108 課綱 資訊網。2020 年 6 月 28 日取自 https://12basic.edu.tw/12about-3-1.php。

陳伯璋（1987）。**教育思想與教育研究**。臺北：師大書苑。

陳晉華（無日期）。從兒童的教育需求來省思教師精進專業知能的多元面向。2020 年 5 月 28 日取自 http://www.nhu.edu.tw/~society/e-j/87/A47.htm。

陳清稱（無日期）。**SWOT 分析怎麼做？4** 個面向，為企業和個人指出成功模式！2020 年 5 月 10 日取自 https://www.managertoday.com.tw/glossary/view/15。

國家文官學院（2019）。**薦任公務人員晉升簡任官等訓練──核心職能（上）──策略績效管理**。臺北：國家文官學院。

國教行動聯盟（2019）。**五二六護囝仔、救臺灣、終結教改之亂**（2019 年 5 月 9 日）。2020 年 5 月 10 日取自 https://www.facebook.com/twedumove/posts/1793762454057478/。

黃俊英（2009）。政府行銷的理念與實踐。文官制度季刊，**(1)**4，1-24。

張芳全（1999）。**教育政策分析與策略**。臺北：師苑。

張忠明（無日期）。美學導論──康德的無目的說。2020 年 6 月 10 日取自 https://web.nkuht.edu.tw/97project-2/teaching-2-4.html。

張益勤（2018）。**108 課綱上路｜5 分鐘看懂 108 課綱**。親子天下。2020 年 6 月 10 日取自 https://flipedu.parenting.com.tw/article/4680。

鄭芬蘭（2000）。認知（Cognition），**教育大辭書**。國家教育研究院。2020 年 6 月 8 日取自 http://terms.naer.edu.tw/detail/1313433/

盧延根（2003a）。教育研究發展的功能與精進策略之探究。**臺灣教育，624**，56-64。

盧延根（2003b）。教育政策行銷功能及策略之探究。**臺灣教育，620**，19-27。

盧延根（2019a）。教育政策的本質及行銷策略之研究。立法院法制局專題研究報告，編號：**1483**，1-74。

盧延根（2019b）。我國「新南向政策」對泰國招生與人力交流之相關策略。**商業職業教育，143**，61-72。

簡士超（2017）。**行銷學**。臺北：臺灣培生教育。

戴維揚（2001）。從文化的認知與衍生闡發新課程的十大基本能力與六大議題，中等**教育，(52)**3，110-127。

David（2008）。**SWOT 分析與策略擬定（下）**。2020 年 5 月 14 日取自 https://iknow.stpi.narl.org.tw/Post/Read.aspx?PostID=3068.

James Chiang（2011）。**SWOT 分析與策略擬定**。2020 年 5 月 14 日取自 https://chiangweichung.pixnet.net/blog/post/2840662.

Thinkman（2017）。**SWOT 分析──戰略規劃和競爭情報的經典分析工具簡介**。2020 年 5 月 14 日取自 https://kknews.cc/career/qqa4nr8.html.

Raymond（2014）。**SWOT 分析的策略意義**。2020 年 5 月 14 日取自 https://ray24562749.pixnet.net/blog/post/64279762-swot%E5%88%86%E6%9E%90%E7%9A%84%E7%AD%96%E7%95%A5%E6%84%8F%E7%BE%A9.

（二）英文部分

Apple, M. W. (1979). Ideology and curriculum. New York, NY: RKP.

Gardner, H.(1993). Multiple Intelligences The theory in practice. NY: Basic Books.

Kaufman, Roger, & Jerry Herman (1991), *Strategic Planning in Education: Rethinking, Restructuring, Revitalizing*. Lancaster: Technomi.

Lee, E. & Hannafin, M. J. (2016). A design framework for enhancing eagagement in student-centered learning: own it, learn it, and share it. *Educational Technology Research and Development, 64*(4), 707-734.

Truman, D. L. (1951). *The governmental process*: *Political interests and public opinion*.

New York: Knopf.

Walker, J. L. (1977). Setting the agenda in the United States Senate: A theory of problem selection. *British Journal of Political Science, 7*, 423-446.

問題與討論

一、教育政策本質的內省思維有哪些？

二、面對社會環境變遷，如何依教育政策本質滿足學生學習需求？

三、教育政策形成的內在影響因素？

四、教育政策形成的外在影響因素？

五、請以目前教育部預告《私立大專校院轉型及退場條例》（草案），如何運用SWOT分析策略進行教育政策行銷？

六、教育政策行銷的功能有哪些？

第三章

從大學入學管道探究教育機會公平性

黃宇瑀

如果你爲目標努力，你會達成目標，但你可能無法成長；如果你
爲了成長而努力，你不僅會成長，同時也會達成你的目標。

—— 約翰・C・麥斯威爾

If you shoot for goals, you'll achieve your goals but you may not
grow. If you shoot for growth, you'll grow and you'll achieve
goals.

—— John C. Maxwell

前言

1980 年代，教育思潮發展有三個主要理念焦點：卓越（excellence）、效率（efficiency）以及公平（equity）（吳清基，1990）。而21 世紀的國際趨勢顯示，效能（effectiveness）、效率（efficiency）以及公平（equity）可謂是教育政策的三項金科玉律（陳伯璋、王如哲主編，2014）。此外，聯合國教育科學文化組織（UNESCO）曾提出，教育更新及教育改革，必須是深思熟慮的檢視與了解，必須將「公平」、「適切」、「卓越」三個目標普遍存在教育政策中（引自張鈿富、葉連祺、張奕華，2005）。可見，「公平」議題存乎於一切教育政策中，是政策制定的核心價值與基本原則，同時也是政策追求的重要目標。

公平建立在多元的基礎上，而多元是邁向卓越的重要條件，因此，教育要邁向卓越，除了多元性，還必須要具備公平性。然而，何謂教育機會公平？又如何制定符合公平的教育政策？本文藉由我國近年來高等教育多元入學管道的現況與發展，分析探討教育機會公平性之相關政策思維與作爲，並檢視政策目標落實情形，研究結果提供未來政策精進之參考。

貳　教育公平性意涵

教育公平是當前國際上重要研究課題之一，不管教育改革怎麼進行，公平議題永遠會被提出來討論。檢視教育政策與制度運作，縱使能

發揮效能效率，也符合適切原則，但卻違反公平原則甚或造成不公平的結果，則該政策不僅失去美意，亦可能衍生出其他的問題，因此，「公平」與否實為政策制定時必須加以關注與考量的議題。然而，探討教育公平，首先必須先釐清幾個概念，以下分別說明之：

一、均等、平等與公平

　　依據說文解字的解釋，「均」係指分布或分配的量相等，而「等」則是指質量、程度或地位的差異而作出的區別，「均」、「等」二字，分別隱含量及質的問題。因此，所謂「均等」或「平等」，即是指將資源等量地分配給每個個體，不分性別、種族、階級、教育程度或地理位置的不同而有差異，使每個個體都能獲得相同的等級或結果。而所謂「公平（equity）」一詞，根據韋氏英文大辭典的解釋，其義有二：一是相當於均等（equality）或平等的（equal）的公平概念，另一是根據自然法（權）所獲得的公平概念（引自張建勛，1991:23），前者係指每一個人都應獲得相等的對待與安排，而後者則是指每個人的天賦才能各不相同，發展結果不均等乃自然的現象，因此，應該讓每個人都能獲得相等的資源及機會。應用在教育上，若教育機會不均等的分配係來自人為的安排，則屬教育不公平，但若不均等的分配係為配合個體的天賦才能而有所差異，則屬教育公平。可知，公平其實隱含正義的精神在裡面。「公平」之於自然法，猶如「均等」、「平等」之於人定法，自然法之所以高於人定法，是因為自然法體現了公平，而人定法則無法對所有人實現公平，但是人定法應盡可能實現公平（李富金，2002）。教育政策乃是建立在公平基礎之上的一種人性思維，只有當教育政策是公平時，人們才會願意相信教育，才會促使教育措施多元開放，也才能使學生適性發展。

二、教育機會均等與教育公平

　　教育機會均等，就字面意義而言，係指每個人接受教育以增加知識或發展能力的機會都相等，包括有相同的入學機會以及接受相同的教育過程。然而，隨著時代演進，教育機會均等的意義亦隨之轉變，從最初

強調受教機會量的均等以及經濟障礙之剷除；演變為著重提供資源給予文化不利環境下的兒童；乃至後來，則注重「差異中求均等」的受教機會，認為除了受教機會均等，更應擴大為針對社會經濟或文化不利之學生，有得到補償經驗不足之機會（楊瑩，1999；陳奎憙，1998）。在教育機會均等的演變過程中，很重要的一個概念即是「適性」，適性的考量會隨著時空的變遷與差異而有不同意涵。「適性」一詞，並非如功績主義的計量價值選擇，也與平等享有資源與機會之價值決定有別，而是指尊重個人差異的「適當性」原則。例如，聯考時代，以考試成績評判個人資質的優劣，並作為可能的「適性」分發入學的唯一依據；然而，對於具有特殊專長，或因文化環境不利影響致學業成就低落者，乃至不擅長紙筆測驗的考生而言，「考試取才」並無法「適其性」，所謂「機會均等」僅是量上的平等，亦即分配上的平等，而非真正的「公平」。及至多元智能的觀點逐漸受到重視後，「適性教育」、「適性發展」等思潮因應而生，影響所及，高等教育選才不再侷限於單一的智能表現，學業成就不再是選才的唯一考量，取而代之的則是多元的標準，不僅重視適性也關注差異的存在，因此，所謂教育機會「均等」，不僅包含「平等」的概念，同時也蘊含「公平」的精神在裡面。從上述探討可知，當「教育機會均等」涉及適性發展議題時，即是邁入到「教育公平」的探討範疇。「教育機會均等」是衡量「教育公平」的一項指標，兩者相近，但並非等同，因為，「均等」未必符合「公平」，真正的公平也未必都有相等的分配，而是基於個體的適性發展需求而採取不同的分配方式。依據國內學者陳伯璋、王如哲、魯先華等學者見解，所謂教育公平，係指個體在受教育過程中所被分配到之教育資源（如權利、機會、經費等），能因其差異之背景與需求（如種族、性別、居住地區、社經等）獲得相對應的對待，使其得以透過教育開發潛能及適性發展（陳伯璋、王如哲主編，2014），而教育機會均等要邁向教育公平，關鍵的條件即是公平的「正義原則」。

三、John Rawls 的正義原則

John Rawls 是美國著名的哲學家、倫理學家，在《正義論》一書

中，Rawls 認為人們的不同生活遠景受到政治體制和一般的經濟、社會條件的限制和影響，也受到人們出生時所具有的不平等的社會地位和自然稟賦影響，然而這些不平等卻是個人無法自我選擇的，因此，正義原則即是要通過調節主要的社會制度來處理這種出發點上的不平等，並排除社會歷史和自然方面的因素對人們未來生活的影響，可知，Rawls 的正義論實則是一種具有公平精神的正義理論。

根據 Rawls 的觀點，「公平」指的是「以平等對待平等，以差別對待差別」，而其正義論，一般是指正義的兩個原則：第一個正義原則是：「每個人對於所有人所擁有的最廣泛平等的基本自由體系和相容的類似自由體系都應有一種平等的權利。」第二個正義原則是：「社會的和經濟的不平等，應達到：(1) 在與正義的儲存原則一致的情況下，適合於最少受惠者的最大利益；(2) 依繫於在機會公平平等的條件下職務和地位向所有人開放。」第一個原則是自由的原則，第二個原則則是機會的公正平等原則以及差別原則的結合（黃丘隆譯，1990）。平等原則主張應該調整社會和經濟的不平等，使得各項職位及地位必須在公平的機會平等下，對所有人開放，其理論以公平體現正義，是屬於機會均等原則（石元康，1995）。Rawls 認為他的差別原則達到補償原則的某種目的，亦即提供出身和天賦較低的人某種補償，使他們與出身和天賦較高的人在出發點上的差距能縮小或拉平。要特別留意的是，從一般正義觀「合乎每一個人的利益」到正義的兩個原則最後所陳述的「合乎最少受惠者的最大利益」的轉換，正是理解 Rawls 正義論的重要關鍵。Rawls 事實上是從最少受惠者的地位看待和衡量任何一種不平等，其理論反映了一種對最少受惠者的偏愛，一種亟欲透過某種補償或再分配，使一個社會的所有成員都處於一種平等的地位的一種願望。

然而，「合乎最少受惠者的最大利益」中，其「最少受惠者」的地位如何鑑定？如何衡量人們的利益，或者說合法期望的水準？對於前者，Rawls 認為，每個人都擁有兩種地位，一是身為公民的政治權力平等的地位，另一是在社會經濟和利益上財富分配上的地位，因此，可透過選擇某一特定社會地位，或按達不到中等收入水準的一半的標準來決定最少受惠者。至於對人們合法期望水準的衡量，Rawls 認為期望即等

於基本社會善的指標，如果說善就是理性慾望的滿足，則基本的社會善就是一個理性人透過理性慾望的爭取而獲致的，這些基本的社會善包括自由、機會、收入、財富以及自尊等（黃丘隆譯，1990）。按 Rawls 的說法，正義在某個意義上是正當的一個子範疇，正義即是應用於社會制度時的正當，雖然資源的分布有其客觀存在的事實，但是如何透過制度的運用和處理卻是個正義的價值議題，在他看來，設計一種正義的社會制度就是要使其最大限度地實現平等。他認為正義總是意謂著某種平等，倘若遵循正義的兩個原則，未來社會上的人不僅可獲致制度形式上的平等，而且也能接近事實上的平等。

參 大學入學管道公平性議題探討

大學入學制度的設計對國家高等人才的培養，具有深遠的影響，而各國對其入學制度的建立也各具特色。各大學網羅菁英人才，除了協助優化校園特色外，對於人才選拔過程，也希望能秉持公平開放原則，以促進社會流動。本節主要就國內大學入學管道公平性議題進行探討，首先必須先了解與掌握目前大學入學管道之種類及樣態。國內一般大學招生近年來係採多元併進的方式，除了少數其他類別（如軍警、大陸、外籍生）外，目前主要的入學管道有四種，包括：考試分發、個人申請、繁星推薦以及特殊選才，以下分別就這四種入學管道簡要說明之。

一、考試分發及其公平性議題

（一）傳統大學聯招時期之考試分發（1954-2001 年）

大學聯招始於 1954 年，自實施以來，「聯招」幾乎成為中等以上學校主要的入學制度。以考試為主要取才方式的大學聯招制度之所以能屹立近半世紀，主要是因為建立在假設性公平的基礎之上，其假設任何人都有相同的應試機會，不管家世背景或經濟條件如何，只要憑藉一己的努力，便能翻轉人生，進而促進社會階級流動。這看似「公平」的選才制度預設每個人的天賦才能都是一樣的，只要透過這套技術公平的考試制度，每個人都可以獲得成功的機會。

大學聯招所謂的「公平」，指的是統一的考試內容、統一的評分標

準、統一的錄取標準、在統一的時間裡於控制的環境下統一應試，目標一致，分數至上。大學聯招的公平性與公開性，雖是此一制度能夠長期運作的主要原因，然而，一試定終身、偏重智育科目的成績評量以及以分數高低為分發依據，不僅造成教育功能遭扭曲，也窄化學生的興趣與性向（張芳全，2002）。盲目的升學主義，罔顧才智與適性發展，亦助長了競爭的壓力，是以，學生升學壓力的來源，很重要的原因之一便是受招生方式影響。大學聯合招生制度在技術上雖維持了公平性，卻有無法看出學生實際潛能的缺憾（張新堂，2002）。就大學端而言，聯招制度只是分發學生入學，完全剝奪了大學選擇學生的權利（張芳全，2002）。就學生學習而言，只重智育，忽略個人性向、興趣，而且考試領導教學，窄化學生的學習，因而飽受批評，以之作為唯一的入學方式，終將付出極高的成本與代價。殊不知，每個個體除了聰明才智不同外，性向、興趣以及潛能都有異，受限先天條件不同，每個人所接受的學習機會也都不一樣，若依同樣的框架衡量每個個體的表現，本身即象徵著不公平。再者，教育的本質或許會隨著時代的變遷及社會發展的需要而發生變化，然而若將教育的內涵侷限於知識的習得以及智能的開展，都將扭曲並限縮教育的功能，因此，傳統智育掛帥的考試制度也因為一試定終身、升學惡補、志願不符、轉學休學或重考等弊端而遭受批判，為了改善考試入學制度所帶來的缺失，讓學生適才適所，因而多元入學方案的提出便凸顯其價值性與重要性。

（二）多元入學方案中之考試分發（1992-2001 年）

多元入學的精神即在打破僵化的考試制度，注重大學選才的公平原則，同時提供高中生多元發展與選擇的機會（楊瑩，1998）。誠如學者所言，社會變遷重視公平的選才原則以及提供學生多元的發展或選擇機會，也會影響大學教育現代化的目標，因此，公平選才、學生多元發展與選擇是大學入學制度的革新理念，而其具體作法則落實在入學制度的變革上（楊瑩，2014）。

為讓高中教學正常、培養學生多元興趣與五育均衡發展，教育部於 1989 年成立大學入學考試中心，成為推動改革聯招制度的第一步；

1992 年提出「我國大學入學制度改革建議書——大學多元入學方案」
（大學入學考試中心【大考中心】，1992），並設計「改良式聯招」、
「推薦甄選」與「預修甄試」三種入學管道。另配合市場經濟的需求，
1994 年開始各大學可以有條件的自主決定採行大學聯招、推薦甄選、
申請入學、大學先修等四種多元入學方式，惟大學為達成適性選才目
標，第二階段之指定項目甄試相當重視審查資料及面試表現，對就讀於
學習資源匱乏的偏鄉高中學生相對不利，以致產生「多元」教育即為
「多錢」教育的疑慮，此階段大學多元入學方案在實現社會正義的理念
上仍有改善的空間（教育部，2007；教育部，2013），但多元入學方
式改寫了「一試定終身」的聯招制度，就教育公平性而言，已從制度的
公平邁向選擇機會的公平。不過，要特別說明的是，大學聯招在此期間
縱有些許變革，惟僅在於參加學校、試題與考科等技術層面的改革，政
策上仍維持「統一考試、統一分發」的「考招合一」原則。

（三）多元入學新方案中之考試分發（2002-2021 年）

　　鑑於前述多元入學方案忽略教育資源因長期分配不均導致城鄉發展
落差問題，大學招生策進會（簡稱招策會，為招聯會的前身）於 1999
年成立專案小組，根據 1991 年所提出之「我國大學入學制度改革建議
書—大學多元入學方案」重新評估研擬，並於 2002 年開始實施「多
元入學新方案」，不僅取代原來的「大學多元入學方案」，而且，從
1954 年實施至 2001 年止長達近半世紀的「大學聯招」也正式走入歷
史。新方案秉持「考招分離」、「招生自主」和「多元選才」原則，
「指定科目考試（簡稱指考）」則仍延續聯考制度的精神。可知，「聯
招」一詞雖走入歷史，然「考試取才」的精神依然存在，在歷經若干
變革與調整後，以考試錄取優秀人才的「考試分發」成為入學管道「之
一」而非「唯一」，併同其他入學管道共同肩負人才選拔之重任。

二、個人申請及其公平性議題

　　教育部於 1998 年仿照美國大學試辦「申請入學」制，採用學生在
高中之整體與多項成就表現，並加以口試與審查，以評估學生的入學資

格（教育部，2010）。惟爲改善教育資源長期分配不均導致城鄉發展落差問題，招策會於 1999 年成立專案小組，根據 1991 年所提出之「我國大學入學制度改革建議書－大學多元入學方案」重新評估研擬，並於 2002 年開始實施「多元入學新方案」，取代「一試定終身」的聯招制度，秉持「考招分離」、「招生自主」和「多元選才」原則，招生由各大學自主，可單獨招生或聯合招生，各大學可依特色訂定招生條件，以達適才適所之教育目標。2004 年在「大學多元入學新方案」中，將推薦甄選與申請入學兩者合併爲「甄選入學」，以作爲「多元入學新方案」中與「考試分發」並列之大學多元入學方式（李鍾元，2009）。多元入學新方案揭櫫不以紙筆測驗成績作爲大學取才唯一標準，將考生在高中各項表現納入選才考量，以求在原有大學聯考公正、公平、公開的基礎上，進一步開啓「多元」與「適性」的教育目標。

　　然而，不管多元入學方案或多元入學新方案，甄選入學方式理應可達多元取才的目的，然而實施以來，頂大似乎仍是明星高中生的天下，大學頂尖校系仍是明星高中生的最佳選項，根據學者研究發現，我國自從實施多元入學方案以來，發現具有經濟、知識及教育資源優勢的學生，進入明星大學的比率偏高（邱玉鈴，2008），學校在舉才上仍以智育爲主，因而失去多元入學的目的。就教育的公平性而言，「公平」係建立在「多元」的基礎上，「多元」即是達成「公平」的重要指標，因此，當入學制度失去多元的精神，即代表其公平性亦將遭受質疑。再者，甄選入學考生往往南北奔波、舟車勞頓，不僅耗費時間，高額的甄試費用亦造成弱勢家庭的經濟負擔，也影響了偏鄉學生入學機會的公平性。其三，我國申請入學當初雖仿照美國制度，惟美國申請大學多以 SAT 成績加上在校書面資料審查即可，很少要求面試，但國內大學申請入學往往透過面談方式遴選人才，雖說面試有助判斷學生紙筆測驗以外的能力，不過短時間內是否眞能測出學生的實力與潛力？又，眞人實境的應試過程，主試者是否因個人的主觀愛好及價值選擇而做出偏頗的判斷，亦不無疑問。即便申請入學實施迄今已儼然成爲大學入學管

道主流[1]，然而此種充滿主觀的甄選方式，仍引起家長對其公平性提出質疑。

由於弱勢家庭學生普遍缺乏課外學習資源，往往在考試成績上相對不利，大學難以透過考試入學分發管道優先錄取弱勢學生，因此，爲鼓勵國立大學增加招收弱勢學生，並引導國立及私立大學建立完善之弱勢學生學習輔導機制，教育部自 2015 年起推動「大學校院弱勢學生學習輔導補助計畫」，擴大到弱勢學生入學機會與學習輔導之措施，以全方位扶助弱勢學生就學，並鼓勵大學透過「個人申請入學」第二階段甄試，給予各類弱勢學生優先錄取或加分等優待措施，提升其錄取機會，期望透過這項計畫，增加弱勢學生進入國立大學就讀之比率，落實高等教育對弱勢學生之扶助，以達入學機會公平正義精神。

三、繁星推薦及其公平性議題

大學多元入學新方案中，將推薦甄選與申請入學兩者合併爲甄選入學，然而，「甄選入學」不僅甄試費用造成弱勢家庭的經濟負擔，我國城鄉資源分布不均問題嚴重也影響了偏鄉學生入學機會的公平性。受到城鄉差距的影響，偏遠地區學生所分配到教育資源不均等的問題自然反映在學習成就上。偏鄉學子歷年來考上明星大學的機會微乎其微，爲了讓偏遠地區學生也有機會進入國內一流大學，保障城鄉學習機會不因資源的分配不均而被剝奪，除了思考提供學生多元發展與選擇機會外，有必要努力尋求一套縮短城鄉差距的對策。教育部即在背景下，於 2006年 2 月於行政院院會報告「協助弱勢學生就學措施」即指出，將加強推動優質高級中等學校補助計畫的「繁星計畫」，並於 2007 年試辦，希望透過制度性的設計，達到「照顧弱勢、區域平衡」的目標。

從教育部歷年核定之大學繁星計畫招生辦法及大學甄選入學招生規定即可知，繁星計畫初始目標是要達到「照顧弱勢、平衡城鄉差距」，

---

1 根據教育部提供的最新統計數據，109學年度各入學管道核定比率分別爲：繁星推薦15.21%，個人申請52.2%，考試分發23.06%，其他管道9.97%（教育廣播電臺，2019年10月31日）。

但為避免該計畫之精神屢被誤解為僅照顧經濟弱勢，教育部於 2008 年所核定之「大學繁星計畫招生辦法」中，將其目標修訂為「高中均質、區域均衡」；而在入學方式上，自 2011 年後併入甄選入學，擴大辦理至全部公私立大學，並更名為「繁星推薦」，實施迄今，大致維持著「高中均質、區域均衡、體現大學社會正義」之目標。

繁星推薦提供各校均等的入學機會，保障各校至少有 1 名學生錄取，讓偏鄉地區的高中生有機會就讀都會區的優質大學，同時也讓優秀學生留在當地社區高中就讀，協助偏鄉高中轉型為新型態的明星高中。因為該管道兼顧區域間的差異，因此有助於促進區域間的機會公平。不過，有論者認為，有部分學生衝著「繁星」名義，寧可放棄就讀明星高中而改讀社區高中，因此占用了社區高中真正弱勢學生的名額，凸顯繁星計畫的失敗以及不公平。明星高中學生之所以選擇偏鄉高中就讀，主要是為了擠進校排名，因為在繁星制度底下，明星高中畢業生校排名不及偏鄉高中生優，致錄取優質大學的機會相對被剝奪，因此，表面上看來似乎是明星高中生占用偏鄉高中弱勢名額，實則是明星高中生繁星錄取名額遭到排擠，以致產生不公平。再者，繁星推薦採計高中在校成績，但成績評分缺乏一致性標準與透明化程序，而且教師主觀性評量等也會造成偏頗，以校校等值進行評比，其公平性亦有待商榷（黃宇瑀，2018）。

四、特殊選才及其公平性議題

大學多元入學新方案自 2002 年實施以來，迄今為止，大致維持著兩種主要考試及三種入學管道的基本架構。兩種考試分別為：學科能力測驗（簡稱學測）與指定科目考試（簡稱指考）；三種主要入學管道即繁星推薦、個人申請與考試分發。原則上，參加繁星推薦或個人申請入學管道的學生，須於高三寒假參加學測，以學測成績，加上高中成績或校系指定項目甄試成績進入大學；參加考試入學管道的學生，則以指考成績作為分發依據。以學測、指考作為基本篩選工具，對於部分具特殊才能、經歷或成就之學生，較難以現行方式鑑別其真實能力，因此，教育部於 2015-2017 年開始的「大學辦理特殊選才招生試辦計畫」，期盼

能找尋對特定領域有優異表現且深具潛力的「偏才」，讓偏鄉、弱勢學生擁有更多學習機會，並自 2016 年起，鼓勵國立大學招收弱勢學生及各大學招收不同教育資歷學生（包括境外臺生、新住民及其子女、在地學生）納為招生對象（大學甄選入學委員會，無日期），同時利於大學錄取真正具有潛力與才能的學生。特殊選才從 2015 年招生 12 校 53 名學生、2016 年 21 所大學 151 個招生名額、2017 年共有 30 校 292 招生名額，提供少量名額，以單獨招生方式進行試辦，並於 2018 年起正式納入招生管道，擴大 34 校參加、招收 555 名學生（教育部，2017a；教育部，2017b）。

特殊選才不以學測成績作為選才的依據，大學端可依其特色需求招生，訂定選才標準，也讓學業成績普遍不佳但有專才的學生有就讀大學的機會。此管道大致分為二類：「特殊才能」與「不同教育資歷」，前者包括單一學科的能力出眾、具備特殊才藝或擁有相關／特殊經驗者；後者則包括特殊身分（含經濟弱勢學生、新住民及其子女）、通過國外入學能力測驗（持 ACT 或 SAT）成績的學生，由各高中推薦，招收學業成績不突出但本身資質優秀，具有利他、服務、關懷人格特質者入學。特殊選才主要網羅各領域有專長的學生進入大學，不以測驗成績為評判依據，應可避免遺珠之憾，就入學機會公平性而言，特殊選才為不擅長紙筆測驗但有特殊專長的考生開啟另一扇窗，不僅提供公平適性的發展機會，也為我國人才培育開啟新的里程。

肆　大學入學管道教育公平性分析

在進行入學管道公平性分析之前，必須先對入學管道公平性疑慮進行解析，以及對教育公平性進行再概念化定義。

一、入學管道公平性疑慮

有關入學管道公平性疑慮部分，以下僅以近來民間相關教育團體所提訴求為例。2019 年入學的招生管道中，申請入學第一階段學測自去（2019）年改為 5 選 4 後，其考科鑑別度及超額篩選問題持續延燒到今年，國教行動聯盟於本（2020）年 5 月 26 日召開「增加指考名額、

提高申請入學公平性，讓招生如處理疫情般透明公開記者會」，要求學測各科滿分從十五級分改為三十級分、個人申請不限志願數、解決超篩追求公平，以及提高指考分發名額至少五成以上以維持考試公平性。對此，教育部表示，大學招聯會今年新增「分科篩選」模式，增加篩選關卡降低超額篩選人數，因此整體超篩情形已明顯改善；至於指考招生名額，2019 年核定比例為 22.69%，2020 年核定比例則提高至 23.06%，已有些微提高（章凱閎，2020；林志成，2020）。

　　教育部的回應雖未必對焦解決國教盟所提問題，不過，必須說明的是，各入學管道本有其當初設計的精神，一昧追求形式平等不僅背離多元入學的精神，而且也未必符合正義原則，畢竟，民間教育團體所提方案，不管是超篩問題抑或是增加指考比例，若有不公平，皆可透過技術性加以改良克服，嚴格來說根本無涉政策公平性問題，更何況參加其他管道而未獲錄取者，缺額可以流用到考試分發使用，依歷年統計資料，名額其實不低。再者，以教育部最新核定的 2020 年大學日間學士班各系招生名額可看出，個人申請招生比例占 52.20%、考試入學 23.06%，均較去年微幅上升，繁星推薦及其他管道的比例則略為下降（林志成，2019）。教育部對整體招生比例採「漸進、平穩」方式進行，雖然對招生名額比例有進行控管，不過各校若基於需求經陳報教育部專案核准後仍可超逾，因此，外界及教育團體應可免除對招生名額比例不公平的疑慮。

二、教育公平性的再概念化

　　從上述解析可知，本文所謂「公平性」係從教育哲學角度所進行的價值選擇與判斷，是政策決策的核心理念思維，而非技術性、工具性的技巧操作，為利探究，以下再對公平性概念進一步定義論述。有關「公平」的內涵定義大致有二，一是指每個個體都應獲得相等的對待與安排，是一致性的平等；另一則強調獲得的資源或機會是一樣的，重視差異化對待。從前述教育公平性議題的探討可知，公平的概念從量化的均等慢慢走向質性的差異化追求，若以光譜來比喻，公平的兩個端點，從左邊的水平式公平逐步發展到右邊的垂直式公平，從量的均等到質的擴

充，這當中便隱含著「正義」的精神在裡面。換言之，透過積極性差別待遇補足先天條件的不足，使每個個體都能獲得成功的機會，此種「公平」或稱為「公道」，正是 Rawls 正義的第二個原則所欲彰顯的精神。

　　若再對照我國大學主要入學管道的發展過程，亦可用光譜現象加以解釋。本文四種入學管道的公平性議題，從「考試分發」到「申請入學」到「繁星推薦」再到「特殊選才」，主要以公平的正義原則作為分析的準據。均等有可能是不公平，而公平亦有可能是不均等的，不均等但公平，此中即隱含正義的精神在內。例如，城鄉落差問題嚴重，若將相同的資源分配給偏鄉及都會學校，就資源分配而言是均等的，但卻不符合正義的公平原則；若提供更多資源給偏鄉地區學校，就資源分配上雖不均等，但從正義原則看卻是公平的，因為對偏鄉弱勢學生提供積極性差別待遇正是正義原則所主張的；若提供較多的資源給都會地區學校，因為都會學校本身即擁有較多資源，挹注更多將產生資源的排擠作用，對偏鄉學校不僅不均等也不公平，是以，提供偏鄉學校較多資源以縮短城鄉落差似乎是較符合正義原則。

　　不過，正義的原則不僅適用於偏鄉弱勢生，對於偏鄉資優生亦應基於相同原則，亦即對先天不利者和天生優勢者應當採取不同的量尺，畢竟每個個體即存在差異，以相同的量尺度量不同的個體實際上將產生不公平的現象，也是擴大差異化的重要來源，因此，Rawls 期望達到事實上的平等，而這樣的平等正是建立在一種不平等的基礎上的。對 Rawls 來說，大學入學制度若忽略高中生在入學前各種自然和社會偶然因素的差異對他們的影響，那麼該制度就是不公平的（陶宏麟、吳澤玫，2018）。申言之，理想的入學制度應能針對特別不利者或特殊優異者提供較優惠的措施，必須將學生進入大學前影響學習的主客觀因素一併納入考量，並將所有影響學生校系選擇的變項作最小化處理，才是理想且合乎公平的入學制度。本文即是以此公平性概念分析大學入學管道，主要從政策思維的角度切入，但若執行不當或人為操作而衍生之不公平問題因非本文分析探究重點，因此較少觸及。

三、入學管道公平性分析

　　根據上述對公平性的定義與再概念化，以下即以我國目前大學入學四種主要管道，分析其在弭平階級落差以及城鄉差距是否符合公平性概念？實施的結果是否能體現公平正義的教育理想？以及在各地區存在資源不對等的情形下，尤其都會與偏鄉地區明顯的城鄉差距，如何透過積極性差別待遇實踐 Rawls 所謂「正義」的眞諦？

（一）「考試分發」公平性分析

　　統一考試內容、統一的評分標準、統一錄取標準、統一的應試時間，一視同仁，沒有差別待遇，它提供所有人相同的考試機會，因此被認爲是最公平的，至少在技術上是如此。不過，因爲考試制度僅具形式上的公平，它忽略了個體的個別差異以及區域間資源差異的存在，因此嚴格說來，並不能稱爲眞正的公平，充其量僅是教育機會的齊頭式「平等」。考試入學管道受限學生所享有的教育資源不一，因此，統一的考試分發對於教育資源不足的偏鄉學生而言，即構成先天條件不佳衍生學習表現不良的不公平現象。

（二）「申請入學」公平性分析

　　申請入學體認個體的差異性，希望能對不同的個體提供適性的入學途徑，同時也讓學校端有機會遴選適合的學生。雖然申請入學注意到差異化問題，然而申請入學很重要的一個環節即是第二階段的書審及面試，書審對學習資源不足的偏鄉弱勢生不利，面試往往又參雜主試者的主觀印象與愛好，實務上而言，申請過程所耗費的時間及金錢對於偏鄉經濟中上以上家庭學生尚可負擔，但對於家庭及學校資源均不足的弱勢學生，無疑造成極大的經濟負擔；其次就形式上來說，考生就讀的高中、戶籍地或父母的職業等也會影響主試者的評判，尤其來自偏鄉地區學校學生參加申請時，往往予人程度素質較差的標籤效應，以致參加面試時其競爭優勢不如明星高中學生，因此，其公平性亦屢遭受質疑。另外，有關國教盟主張增加考試鑑別度、提高國立大學考試入學名額、增加申請入學志願數等訴求，由於大學個人申請的精神是「適性」，提供

考生多元機會、避免分分計較，若學測級分越篩越細、申請入學志願不限，導致用分數作為選填志願唯一依據，恐又落入考試分發的窠臼。簡言之，本文認為申請入學公平性分析理應回歸當初政策規劃初衷，否則一昧以「公平性」作為政策批判的口號，對政策本身反而不公平。

（三）「繁星推薦」公平性分析

　　繁星推薦進一步從個人層級拉高到區域層級，考量區域間資源不對等，城鄉資源分配存在嚴重差異，因此以「校」為單位，強調「校校等值」，希望藉由弭平城鄉落差，讓偏鄉學子在校內資源基礎下，透過繁星推薦管道也能有錄取優質大學的機會。由於繁星意識到區域資源分配問題，因此藉由制度設計讓每個學校保有一定比例的名額可以推薦學生，學生只要校排符合規定並且通過學測門檻，即有機會成為頂尖大學或卓越大學的學生，因此，就學校層級及社區層級而言確有助縮短城鄉差距；至於個人層級部分，因為繁星計畫當初設計的標的並非針對個人，而且也未針對經濟弱勢的家庭或學生設計補助機制，因此無法單就個人層級部分檢視其公平性。整體而言，此看似符合「公平正義」的入學制度，但若進一步探究，「校校等值」也僅是形式上的平等，且該管道並未針對資源嚴重不足地區提供額外補償機會，從 Rawls 正義觀點而論，偏鄉資源不足地區僅獲得「相等」而非「更多」的機會，因此亦不符合 Rawls 所謂的公平正義原則。

（四）「特殊選才」公平性分析

　　偏鄉與都會地區在教學設備以及師資條件上明顯存在差異，因此，在環境條件不加以改善、資源未重新配置情形下，唯有改變招生制度才能提供學生公平的入學機會。由於目前大學入學仍以學測、指考作為基本篩選工具，對於部分具特殊才能、經歷或成就之學生，較難以現行方式鑑別其真實能力，因此，教育部於 2015-2017 年開始的「大學辦理特殊選才招生試辦計畫」，期盼能找尋對特定領域有優異表現且深具潛力的「偏才」，讓偏鄉、弱勢學生擁有更多學習機會，並自 2016 年起，鼓勵國立大學招收弱勢學生及各大學招收不同教育資歷學生（包括境外臺生、新住民及其子女、在地學生）（大學甄選入學委員會，無日

期）。特殊選才從 2015 年開始到 2018 年納入正式的招生管道，2019 年正式上路招生，校系及名額有逐年增加的趨勢。

　　特殊選才顛覆了過往的升學制度，因為不以成績為升學導向，符應十二年國教適性揚才的教育理念，提供學生一條專屬的升學管道，正可補足前述升學管道之缺失，尤其，對於具有單一學科的能力天賦、藝能領域專長、創新能力與思維、卓越領導統御能力、乃至不同教育資歷，如境外臺生、新住民及其子女、經濟弱勢學生、實驗教育學生、持 ACT（美國大學入學考試）或 SAT（學術能力測驗）的學生而言，此入學管道不僅克服了弱勢家庭經濟不利因素的影響，也排除了偏鄉或低社經家庭學習資源不足致入學機會被剝奪的問題，更降低了求學過程對分數[2]的過度依賴，雖然該管道上路迄今僅數年，公平性及成效仍有待檢驗，不過相較於其他管道，特殊選才招生在教育公平性上似乎又往前邁進一步。

伍　結論與建議

一、結論

　　本文從大學入學管道探究教育機會公平性，有關公平性的定義主要是採取 Rawls 正義論的觀點，認為齊一式的資源分配未必即是公平，而是應根據個體的條件與擁有的資源建立差異化的調節機制，以降低個體非自願因素對理想校系選擇的影響，因此，資源配置的不均等有時反而更能凸顯制度的公平性。我國大學入學招生政策，從考試分發（聯招、指考乃至因應 108 新課綱未來將實施的分科測驗）所強調的公平、公開，到重視學生興趣與志向的申請入學，再到兼顧公平正義原則的繁星推薦以及特殊選才，歷經數次調整與變革，發展迄今已呈多元併進的

2　美國加州大學系統日前投票決定，未來將漸進式取消申請入學者須提出SAT和ACT成績的要求，為傳統的標準化考試錄取制投下震撼彈。許多民權組織和教育專家數十年來都反對標準化考試錄取制，他們認為，富裕的白人家庭可以砸錢為子女準備考試，對出身貧寒、非洲裔或西語裔的學生相當不公平。據悉，加大將研究開發自己的入學測驗，最晚將在2025年前，全面取消SAT和ACT成績的入學要求（施怡妏，2020）。

樣貌，取才不再局限於考試分發，而是能兼顧學生的多元特質採取適當的措施，從學理上而言，入學方式愈能滿足不同屬性與特質學生的需求，愈能彰顯教育機會公平性。畢竟，除了個人的主觀因素外，學習環境、社經背景以及教育資源多寡等客觀條件，亦會影響個體學習成效優劣，因此，單一入學管道容或能滿足不同條件下的應試者，卻可能因為制度設計無法滿足所有人而衍生出其他非可預期的問題與結果。換言之，任一管道僅能篩選出適合該管道的學生就讀，卻無法普遍適用所有人，只要不適用者，便自然產生所謂「不公平」的疑慮。

從本文的分析探究可知，「考試分發」普遍被認為公平，主要是因為以考試取才的入學制度係建立在公開、透明、最小差異化的原則上，任何人只要具備基本的形式要件，即可報名參加考試，因此，此入學管道較偏向於技術性的公平；「申請入學」強調適性選擇，較能關注個體間的差異性，但未顧及偏鄉弱勢家庭子女學習資源不足的問題，以致公平性遭受質疑，不過對於我國大學招生邁向多元乃至追求公平的入學制度則劃下重要里程。「繁星推薦」以教育機會均等理念為基礎，重視城鄉落差問題，校校等值雖然縮短了學校層級及社區層級的落差，但個人層級仍存在不公平現象。再者，透過制度性的保障，讓每所學校皆有錄取優質大學的機會，其實僅是形式上達致公平，對於無法透過學測成績或在校排名取得入學資格的特殊優秀生，此管道仍有遺珠之憾。而「特殊選才」突破分數的框架，不依賴考試成績，也關注偏鄉及社經背景低落子女的需求，真正讓有特殊專長或才華的學生有圓夢上大學的機會。

四種入學管道各有其政策立論背景，也有其可取與不足的地方，但若以本文公平性的定義進行檢視，從重視分數的「考試分發」、漸次到注重個體適性發展的「申請入學」、再到追求區域均衡的「繁星推薦」，看似有趨向符合正義原則，但其實仍跳脫不出「分數」的架構中，而分數所彰顯的意義其實又攸關到資源配置的問題，也因此，不管上述何種管道，其「公平性」至今仍不斷遭受質疑，而「特殊選才」則超越「分數」的框架，體現以學習者為中心的教育理念，相較前三種入學管道，特殊選才較能關注個人層級的差異與公平。綜上所述，整體

而言，我國的大學入學制度發展迄今已逐漸朝公平正義的方向邁進，人才選拔機制的越臻多元與彈性，有助於十二年國教課綱理念的落實與推動，也唯有入學管道的多元併進以及不以分數掛帥的選才機制，才更能實現適性揚才的教育目標。

最後，套一句愛因斯坦名言：「每個人都是天才，但若用爬樹的本領評判一條魚，那麼，這條魚終其一生都將覺得自己是笨蛋。」是魚就要在大海遨遊、是鳥就該在天空飛翔，如果硬要用一套相同的標準來衡量所有的競爭者，最終將發現，不是沒有人才，而是真正的人才早被不公平的制度給優先淘汰出局了。

二、建議

四種入學管道中，前三者皆受制於測驗成績（指考 / 學測），然而誠如美國加州大學系統主張，測驗成績是一種過時的招生方式，既破壞了公平，也忽略了大學才能的適當指標[3]。過度依賴測驗分數只會凸顯城鄉資源不足的差距，而無法改變個體非自願性的條件選擇，這從 Rawls 的觀點來看是不符合公平原則的；再者，過度重視測驗成績將助長同儕競爭，不僅誤導教學方向，也會形成標籤作用，背離十二年國教適性揚才目標，畢竟，能否出生在教育資源充足的縣市或家庭，不是學生能決定，公平的入學制度應盡可能降低各種外在因素對理想校系名額分配的影響（陶宏麟、吳澤玫，2018）。我國大學入學管道已逐漸邁向公平正義的目標，但以目前各地區存在資源不對等的情形下，如欲落實教育公平性，教育主管機關應更強化積極性差別待遇的理念與實踐，具體作法建議如下：

3　因為SAT、ACT測驗受到種族、收入和父母教育水平影響很大，光是考試的費用所費不貲，不僅對母語非英語的考生產生閱讀障礙，且SAT考場的條件未必都適合盲胞生參加，若之後決定廢除，將更能夠解決出身貧寒、非洲裔和西語裔學生在測驗中的不平等對待（施怡妏，2020）。

（一）挹注偏鄉資源，縮短城鄉落差

　　公平的入學制度應能提供弱勢族群較有利的學習機會，也能協助資優學生獲得適足的發展。由於教育主管機關過往對「城」、「鄉」缺少具體定義，以致都會中潛藏的資源弱勢族群以及偏鄉中可能的優勢族群往往被忽略或錯誤歸類。為實踐教育機會公平原則，確保各地區教育之均衡發展，並因應偏遠地區學校教育之特性及需求，教育部爰訂定《偏遠地區學校教育發展條例》，依據該條例於 2018 年 5 月 30 日發布《偏遠地區學校分級及認定標準》，明定偏鄉應有明確定義並劃定範疇，也應重新設定照顧對象，針對資源嚴重不足者，應由政府積極介入，不論是師資員額、硬體設備、財源經費乃至數位化教學環境的建置，都有賴政府挹注更多資源，以縮短和都會學校的落差。

（二）提供差異化課程，有助適性揚才

　　誠如前述所言，大學入學制度若忽略高中生在入學前各種自然和社會偶然因素的差異對他們的影響，那麼該制度就是不公平的。挹注偏鄉資源僅能縮短區域間資源落差，然而，對於區域內的個體也可能存在資源落差以及資質落差的問題，同樣需要積極性的差別待遇以落實公平正義原則。資源落差部分，可由各高中檢附學生中等教育階段的學（戶）籍資料據以認定「弱勢」與否，而非一概以就讀學校認定，以便精準對焦到學習不利之學生個人。凡屬偏鄉（包括偏遠、特殊偏遠及極度偏遠）弱勢學生，應針對其教育資源不足部分提供相應補救措施或差異作法，以弭平因家庭資源落差衍生的學習機會不均等的問題。至於資質落差部分，個人聰明才智不同有先天也有後天因素，但若將資優生和平庸生置於相同的教學環境下，提供資優生一般的課程，也可能剝奪資優生的學習資源，甚或導致集體的平庸化。因此，基於公平正義原則，也應提供資優生優質且適性的教育，才能真正落實公平正義的教育目標。

參考文獻

大學入學考試中心（1992）。我國大學入學制度改革建議書—大學多元入學方案。臺北市：大學入學考試中心。

大學甄選入學委員會（官網，無日期）。**特殊選才（單獨招生）**。取自 www.jbcrc. edu.tw/srecruit.html

石元康（1995）。**當代自由主義理論**。臺北市：聯經。

李富金（2002）。**論自然法的精神**。2020 年 5 月 23 日，取自 www.lawtw.com/article.php?template=article_content&area=free_browse&parent_path=,1,783,&job_id=2109&article_category_id=849&article_id=2106

李鍾元（2009，3 月 14 日）。多元入學新方案中分發入學制的由來。**選才電子報**，175，取自 http://www.ceec.edu.tw/CeecMag/Articles/175/175-14.htm

林志成（2019 年 11 月 1 日）。**中時電子報**。大學錄取管道 考試入學比例微升，自 https://www.chinatimes.com/newspapers/20191101000648-260114?chdtv

林志成（2020 年 5 月 27 日）。**中時電子報**。較團籲學測滿分改為 30 級分。取自 https://www.chinatimes.com/newspapers/20200527000560-260106?chdtv

邱玉鈴（2008）。「從『繁星』誰而閃亮？談多元入學方案」。**臺灣教育，652**，45-49。

吳清基（1990）。**精緻教育的理念**。臺北市：師大書苑。

施怡妏（2020 年 5 月 22 日）。ETtoday 新聞雲。弱勢者一開始就輸在起跑點？加州大學淘汰 SAT、ACT 成績要求，取自 https://www.ettoday.net/news/20200522/1720484.htm

章凱閎（2020 年 5 月 27 日）。**聯合新聞網**，取自 http://udn.com/news/story/6925/4592846

陳伯璋、王如哲主編（2014）。**教育公平**。臺北市：高等教育。

陳奎憙（1998）。**現代教育社會學**。臺北市：師大書苑。

教育部（2007）。大學繁星計畫—大學增加名額受理各高中職學生入學招生方案。**十二年國民基本教育實施計畫：子計畫 8「推動大學支持高中職社區化」方案 8-1**【教育部 96 年 10 月 11 日臺高（一）字第 0960154293 號函訂定】。

教育部（2010）。第八次全國教育會議十大中心議題：升學制度與 **12** 年國民基本教育——大學多元入學方式改進。臺北市：作者。

教育部（2013）。擴大辦理大學「繁星推薦、技職繁星」——引導就近入學高級中等學校方案。十二年國民基本教育實施計畫子計畫 **8**「推動大學支持高中職社區化」方案 **8-1**【教育部 102 年 4 月 16 日臺教技（一字）第 1020056569 號轉行政院核定函】。

教育部（2017a）。多元入學方案【大學招生委員會聯合會 106 年 3 月 29 日 105 學年第 1 次會員大會通過，教育部 106 年 4 月 19 日臺教高（四）字第 1060051855 號函核定】。取自 https://ws.moe.edu.tw/001/Upload/23/relfile/8005/53254/6e8cc7a9-c980-4759-9988-90f5617b3011.pdf

教育部（2017b，10 月）。107 學年度特殊選才招生正式上路 提供不同才能學生升學便利通。**教育部高教司即時新聞網**。取自 https://depart.moe.edu.tw/ed2200/News_Content.aspx?n=90774906111B0527&sms=F0EAFEB716DE7FFA&s=BBC8CF8B9991946A

教育廣播電臺（2019 年 10 月 31 日）。**109 學年度各大學招生管道名額教育部今公布**。取自 https://www.ner.gov.tw/news/5dbab9e6f50be8000649dec5）。

張芳全（2002）。**歷任教育部長的政策**。臺北市：商鼎文化。

張鈿富、葉連祺、張奕華（2005）。大學多元入學方案對入學機會之影響。**教育政策論壇，8**(2)，1-23。

張新堂（2002）。大學多元入學方案的挑戰及因應途徑。**教育資料與研究，47**，126-132。

張建勛（1991）。**我國教育機會均等政策之分析**。臺北市：正中書局。

黃丘隆譯（1990）。John Rawls 著。正義論（A Theory of Justice）。臺北市：結構群文化。

黃宇瑀（2018）。我國大學繁星計畫之政策發展與分析（未出版之博士論文）。國立臺灣師範大學教育學系，臺北市。

楊瑩（1998）。當前臺灣地區教育機會均等問題的探討。載於中華民國比較教育學會、中國教育學會（主編），**社會變遷中的教育機會均等**。臺北市：揚智。

楊瑩（1999）。**教育機會均等——教育社會學的探究**。臺北市：師大書苑。

楊瑩（2014）。我國高等教育受教機會公平性之探討。載於中國教育學會（主編），
　　教改 20 年回顧與前瞻。臺北市：學富文化。
陶宏麟、吳澤玟（2018）。從效率與公平評估臺灣的大學入學制度改革。中央研究
　　院人文社會科學研究中心，31(3)，pp.385-426。

問題與討論

一、何謂教育機會公平性？您覺得目前大學入學管道中，哪一種比較符合
　　公平原則？

二、「考試分發」、「申請入學」、「繁星推薦」基本上都是依據測驗成
　　績（指考或學測）或在校成績作為入學依據，而「特殊選才」則強調
　　用成績以外的成就或學習歷程作為申請條件。您覺得用測驗成績選才
　　的優點是什麼？缺點是什麼？不用成績取才的優缺點又是如何？

第四章

從知識演化論看技職教育發展

彭淑珍

「一切的『真』，一切的『美』，都不在於遵循已有的什麼，而
在於重新的創造。」

──海德格

壹 前言

　　科學哲學是西方文化的精華，是從西方文化內部醞釀出來的思考方法，舉凡邏輯實證論、否證論、典範轉換論、現象學、知識演化論等概念，引領西方科學不斷的追求進步（黃光國，頁 173）。這些進步過程所累積的知識，造就了人類前所未有的物質文明，卻也為地球生態帶來空前浩劫，各種環境汙染、貧富差距、溫室效應、生化武器威脅等，尤其 2020 年新冠肺炎（COVID-19）疫情爆發以來，截至 2020 年 6 月下旬，全球死亡人數已超過 50 萬人，這些自然力量的反撲，讓人不禁反思科學的侷限性及適切應用之道。而當西方科學哲學的主流由「實證主義」轉向「後實證主義」，科學活動的焦點已經從「命題的檢驗」轉向「理論的建構」。科學哲學關注的主要問題是科學「發現的邏輯」，而不只是科學命題的實證或否證（黃光國，頁 174）。這樣的思維轉變，代表人類從以往被動接受知識的角色，已轉為主動創造知識的個體，這對教育內容與教學方式產生了極大的影響。

　　回顧百年來臺灣教育史，大幅移植西方新式教育，技職教育亦為其中之一。這種幾乎是全盤結構、課程內容的移入方式，因為潛層文化思考習慣的差異，移植式的教育改革難免發生水土不服現象。學者（蔡仁厚，1995，頁 2）分析，西方哲學首先正視「自然」，故以「知識」為中心，講求「理性」過程，重視客體性；中國哲學首先正視「人」，故以「生命」為中心，講求心性之學與成德之教，學與教合一。身為東方文化之一員，技職教育的發展，實應對自身文化起源有所認識，國內產業特色有所掌握，辨析中西文化的內在差異，才能發揮己身所長，展現存在的價值。

　　幾年前監察院教育文化委員會調查臺灣推動教改對技職教育走向的影響後，對行政院提出了糾正案，監委認為高等技職教育體系的學術化，對技術人才的培育與產業發展造成嚴重不利的影響（劉曉芬，

2015）。技職教育學術化一詞，頓成學校熱議的名詞。究竟技職教育與學術的關係爲何？學術與科學有何關聯？以下茲從科學哲學的理論之一——知識演化論的角度，解析國內技職教育的變異歷程，並分析該理論對技職教育發展的啓示。

貳　知識演化論的內涵

知識演化論（evolutionary epistemology）是科學哲學中的代表理論之一，其源於波普（Karl Popper, 1972, 1984）的批判理性論（詹志禹，1997），代表人物還包括 Konrad Lorenz（1977），Donald Campbell（1974a 等）和 Stephen Toulmin（1967, 1972）等人（Bradie, M. & Harms, W., 2020）。

一、波普的批判理性論

在 Moore, J.（2010）的「科學哲學—特別思考到行爲主義作爲行爲科學的哲學」一文中，回顧了科學哲學的代表人物及歷史發展，在 Moore 眼中，邏輯實證論是科學哲學的發端。邏輯實證論認爲只有透過感官經驗到的實在，才是「純粹的實在」，波普反對這種說法，他認爲一切的理論或原則都不能當作知識的不變的基礎，人在建構理論過程中能發揮主體性與主動性，他說：「我斷言，我們不是從觀察開始，而總是從問題開始，它們或者是實際問題，或者是已經陷於困境的理論。一旦我們碰到問題，我們就可能開始研究它。我們可按照兩種嘗試來做：按照第一種嘗試，我們可以猜想或推測問題的解答；然後我們就可以試圖去批判通常有點模糊的猜想。有時，一個猜想或推測可以暫時經受住我們的批判和實驗檢驗。但一般說來，我們不久會發現，我們的推測能被駁倒，或者它們並不解決我們的問題，或者它們只部分的解決問題；並且我們還會發現，就連最好的解答——它們能夠經受住最精彩、最巧妙的意見的最嚴格批判——不久就會引起新的困難，引起新的問題。」（張巨青、吳寅華，1994，頁 67-68）

波普在《客觀的知識》一書中，將知識分爲主觀的形態和客觀的形態，並將世界劃分爲三類：第一、物理客體或物理狀態的世界；第二、

意識狀態或精神狀態的世界，或關於活動的行為意識的世界；第三、思想的客觀內容的世界，尤其是科學思想、詩的思想以及藝術作品的世界（資料來源：MBA 智庫百科）。儘管這三個世界是相互聯繫的，但它們各自獨立且客觀，因為它們可以獨立於主題進行測試和演示。知識一旦被知識創造者創造出來，就脫離了創造者精神活動的領域；也就是把外顯（第一）或內隱（第二）世界的知識創造出來後，就成為第三世界的知識，波普的這套理論也為日後的知識經濟學奠定了基礎。

波普在方法學上最大的貢獻是提出演繹證偽法，以證偽原則解釋「什麼知識才是科學」，也就是科學的劃界問題，他認為「可以作為劃界標準的不是可證實性而是可證偽性」，「可證偽性」指的是邏輯上或事實上有可能被經驗證偽，而不是在邏輯上或事實上已經被證偽。一個理論只要在邏輯上或事實上有可能被證偽，那就是科學的；否則，就是非科學的。他認為科學追求的是越來越豐富的經驗內容，而不是確實性越來越高的概率。以歸納法追求高概率的結果卻削弱了理論的經驗內容，因為高概率是和經驗內容的豐富成反比的（張巨青、吳寅華，1994，頁 63）。

從上述可知，波普肯定人類具有主動創造知識的能力，且強調科學的進步在於不斷的找出證據「挑戰」、「否證」既有理論，而不是「驗證」既有理論。在波普的批判理性論中，其主張「大膽猜測、自由批判」，鼓勵嘗試錯誤，人類的想像力可以無限發揮，如果有任何框架或限制，都是人類自己設定的。

二、知識演化論的知識觀

「知識演化論」一詞，是由唐納德・坎貝爾（Donald Campbell, 1974）提出。知識演化論是試圖從演化的觀點出發，以解決知識理論中的問題。知識演化論有一部分是從演化生物學中提取模型和隱喻，以試圖表徵和解決知識論和概念變化中出現的問題，例如：演化論強調變異與選擇是最基本的歷程；生物的變異來自基因的突變，而演化的機制是自然選擇。知識演化論是知識論的一種自然主義方法，它強調兩個主要作用（role）中自然選擇的重要性。在第一個作用中，「選擇」是我們

的感覺和認知機制以及這些機制與世界之間「契合度」的可靠性的產生者和維持者。在第二個作用中，嘗試錯誤學習和科學理論的演進被視為是「選擇」的過程（Bradie, M. & Harms, W., 2020）。「選擇」在知識演化論中有著關鍵性的地位，即便結果是不良的，也是選擇的結果。從知識觀而言，知識演化論探討的中心議題包括：知識的本質是什麼？知識如何成長？其採取的觀點如下（Bradie, M. & Harms, W., 2020）：

（一）人類認知機制的生物學演化：心智在某種程度上是由遺傳決定的，並且其結構和功能反映了適應性，這是有機體與環境之間相互作用的過程。因此，隨著時間的流逝，人類適應的特徵越來越普遍，而無法適應的基因會越來越少出現。人類與動物的生物特徵，像大腦、感覺系統、運動系統等，都可以從生物演化過程中得出模型和隱喻。認知機制演化的歷程也是如此。

（二）知識本身透過自然選擇而演化：指將生物演化的概念應用於人類知識成長的理論，並認為知識的單位本身，特別是科學理論是根據選擇而演化。在這種情況下，科學理論都是暫時性的，即便理論經過科學嚴格的經驗考證，也不代表該理論可以在未來倖存。

　　從上述可知，知識演化論具有以下特性：

1. 相信人類富有主動性與主體性。
2. 科學知識並非一成不變。
3. 科學是極力發現變異或矛盾，力求合理性解釋的知識。
4. 科學是不斷批判、選擇的知識。
5. 科學是客觀、追求理性的知識。
6. 科學理論是人創造出來的，也就是說，科學是人類的創造性事業。

參　從知識演化論看技職教育發展

一、技職教育的相關概念

　　技職教育一詞，因各個國家歷史傳統、經濟發展或教育環境的差異，而有不同的定義。相關的名詞包括職業教育、技術教育、專業教

育、生涯教育及職業訓練等。歐洲國家對職業教育與職業訓練常是代表相同的事情。生涯教育常被指爲廣義的技職教育，技術教育或職業教育或職業訓練常被指爲狹義的技職教育。

面對技職教育定義分歧，聯合國教科文組織（UNESCO）爲促進國際合作，爰於 1984 年提出《技職教育辭典》（terminology），對技職教育及相關名詞做了清楚的界定。簡言之，技術及職業教育（technical and vocational education）是綜合性名詞，包含普通教育、科技與相關科學的學習、社會生活及經濟活動所需之實用技術與相關知識的獲得（簡明忠，2005，頁 11-14）。在我國學制中，國民義務教育之上，有技術及職業教育（簡稱技職教育）和普通教育兩大主流並駕齊驅。技職教育體系主要分職業學校（現稱技術型高級中等學校）、專科學校及技術學院（或科技大學）三個學校層級（黃政傑、李隆盛，1996）。

從字面上來看，技術及職業教育顯然是「技術教育」及「職業教育」的組合語。因此，要定義這個詞，非得先釐清什麼是「技術教育」、什麼是「職業教育」。以技術教育而言，大專層級的技術教育最終目的是要培養學生具備產業所需的實務能力。甚麼是實務能力呢？以工程爲例，在我國雙軌體制的教育制度下，普通大學較注重理論科學（也就是學術性質的知識），課程偏重複雜的數學與科學科目，以培育工程研發人才爲取向；而技專校院的人力培育則以應用科學爲基礎，實務爲主，本質傾向技術能力的應用，偏重學生的實務（hands-on）經驗。普通大學的工程教育（engineering education）聚焦在理論與概念的設計能力，而技術教育（technological education ）則著重在實際應用與實作的能力（ABET, 2005）。

至於職業教育，最狹義的說法是大專校院以下層級（通常爲中學階段）的職業準備教育，這個層級的職業教育原本著重於充實學生工作與生活的能力，以便在某一職業領域順利就業和長足發展。但隨著越來越多學生升學大專校院，中學階段的職業準備教育逐漸質變爲兼重就業和升學的職業取向的教育。由於科技和社會變遷等因素的影響，許多成人有修習職業教育學程，以習得就業或改換工作所需基本工作能力。爲了區分中學階段和大專階段的職業教育，不少國家將中學階段的職業教育

稱為「職業教育」，大專階段的職業教育稱為「技術教育」（technical education 或 technological education）（黃政傑、李隆盛，1996，頁10）。

對於普通大學重視的理論科學，也就是科學基礎，以及技專校院強調的應用科學，也就是科技基礎，均與產業有著密不可分的關係，科學、科技與產業的關聯，詳如圖1。

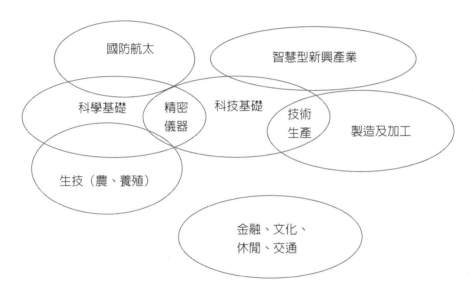

圖1　科學、科技與產業結構之間的關聯

資料來源：引自黃光國（2002，頁157）

至於前言提及的監察院糾正案中，外界認為技職教育學術化，無非是技專校院學生的實作能力與學習態度未能符合產業期待而招致的批評。這股批評的聲浪也種下了日後技職教育知識變異的因子，讓技職教育的專家在選擇課程時，增加實習實作課程的比重，其相應概念如圖2所示。

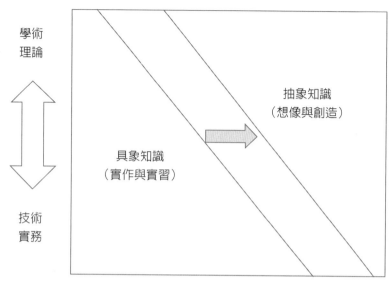

圖2　技職教育學術化與課程調整方向示意圖

二、技職教育知識的演化

　　從知識演化論可知，科學知識的增加繫於「變異」與「選擇」的過程；技職教育知識的演化亦然。影響技職教育知識發展的變異因子包括政治、經濟、文化及社會環境等變革的壓力（陳恆鈞、許曼慧，2015）。而從技職教育知識的核心概念看來，不同時期，選擇的方向有異。遠從帝制時代起，技職教育是為了個人求得生存而學習的知識，出發點是「利己」；進入民主社會後，為了產業發展與經濟活絡，技職教育的知識幾乎可說是為產業服務，這可以化約成是「利物（產業）」；到了知識經濟時代，技職教育與終身學習結合，知識的價值已不只有利於產業，更是為了利於他人與生態環境，以提升社會整體生活品質，可稱之為「利他」。而技職教育知識受到變異因子的影響之後，從重大會議的決議及相關法規內容的研修，可以看出技職教育知識選擇的方向。以下分就不同時期技職教育知識核心概念的演化說明之：

（一）「利己」的技職教育

　　古代科技文明最早發展的知識，是與人們生活相關的學科或技術，其特點是經驗性、技術性、實用性，其目的和價值就是滿足當時人們最樸素的生活和生產的需要。自古以來，技職教育是傳承人類謀生技能的一種教育形式。其演變的形式包括父傳子、母傳女、工作崗位訓練、師徒制及學校教育。夏商周三代，職業是世襲的，如《國語・齊語》記載：「士之子恆爲士，工之子恆爲工，商之子恆爲商，農之子恆爲農。」因此，這階段的技職教育，是以親族相傳爲主。而科技書籍的出版，則爲技術的發展做了系統性的彙整。《考工記》，成書於春秋末、戰國初，是中國現存最早的關於手工業技術的國家規範，該書記述了三十項手工業的設計規範，是一部有關手工業技術規範的總匯（黃政傑、李隆盛，1996，頁 23-24）。

　　臺灣傳統的職業教育，是中國大陸傳來的學徒制，學徒學藝期限通常三年以上，師傅教育程度不高，無法運用科學的理論與方法，學徒制度完全依國俗習慣，而非契約，師徒之間有濃厚的道義關係（簡明忠，2005，頁 165）。這個時期的技職教育知識目的，無非是爲了養家餬口，利於生存。從馬斯洛的需求階層論來看，是處於滿足生理需求的階段。

（二）「利物（產業）」的技職教育

　　利物（產業）的思維，出現在職業學校的開始。簡單來說，職業學校是爲了產業的發展而存在，其生產的知識也是爲謀求產業最大的利潤與價值，而技職教育人才的培育是爲了滿足產業運作所需。

　　民國 11 年（西元 1922 年），教育部頒布新學制，仿美國六三三四制，中等學校採綜合性質，除施行普通教育外，得設各種職業科……。民國 17 年（西元 1928 年）第一次全國教育會議，決議中華民國教育系統案，對此新學制未做重大變動。……民國 21 年（西元 1932 年）12 月 17 日國民政府公布《職業教育法》，將普通中學與職業學校重行分開設立，分職業學校爲初、高兩級，目標「以培養青年生活之知識與生產之技能」。職業學校制度至此始告確立（詳參中華民國教育年

鑑，網址：https://www.naer.edu.tw/files/15-1000-7986,c1311-1.php）。

職業學校的建立代表技職教育進入科學化的時代。而技職教育受到外在環境轉變的壓力後，其發展方向的選擇多半來自全國教育會議或重大教育會議的決議。例如：民國 50 年召開第四次全國教育會議，會中決議：普通大學致力品質提升，專科教育配合經濟發展而增設。該次會議以選擇「專科教育增設」為技職教育未來發展方向。

技職教育的發展與產業息息相關，臺灣產業發展可概分為幾個時期，分別是 1945-1960 年代勞力密集的工業社會形成時期；1961-1980 年代勞力密集的工業社會時期；1981-2001 年代技術密集的工業社會時期（簡明忠，2005）。2002 年迄今，臺灣已進入知識密集的工業社會時期（陳文棠，2011）。在勞力與技術密集的工業社會中，技職教育宛如鑲嵌在產業地圖中的一條生產線，不斷的產出人力，供產業發展壯大。技職教育本身的知識價值，以獲取最大的經濟利潤為導向，至於生態環境的保護常非首要考量。

民國 80 年代（西元 1991 年代），政府致力於改善國內投資環境、革新調整政府組織及職能、提升國民生活品質以及強化政府行政效率等，推動六年國建、亞太營運中心計畫。為配合產業結構的轉型及社會的需要，高等技術人才需求遽增，技術學院之設立目的亦與以往有所差異。技術學院所賦之目標與功能略述如下：1. 依照學校特色與專業人才培育之定位，規劃辦學方針和發展策略，培養優秀的技術人力，配合國家經濟建設等需要。2. 重視實務教學與技術學習，將產學合作及研究成果融入教學，教授應用科學技術，養成各類高級技術、經營及服務人才。3. 強調建教合作，讓學生直接學習新產業知識與技能，注重學生證照的取得，奠定學生就業基礎與能力。4. 配合國家發展及地方需要，推動產業界人員在職訓練，提供進修及研究發展機會，重視業界與學界的互動與交流。5. 辦理技職教師在職教育，提供職業學校及專科學校專業科目教師進修管道。6. 因應科技發展趨勢，成立各類技術研究發展中心，推動科技理論暨應用研究（詳參中華民國教育年鑑，網址：https://www.naer.edu.tw/files/15-1000-7986,c1311-1.php）。從技術學院的定位，可明顯看出技職教育為產業服務的政策導向，而這也讓技職教育偏

重於實用技術知識的教學，而非啓發學生的創造力或想像力，這些方向對整體產業轉型或附加價值的提升效果有限。

　　從另個角度來看，相對於「利己」階段的技職教育知識而言，產業可視爲外在之「物」。從臺灣產業發展過程，尤其是勞力與技術密集階段，技職教育完全陷入產業需工的架構中，然而臺灣的產業以中小企業爲主，穩定性不足，技職教育要透過產業界的實習實作，以「提升」技術知識的價值與層次，有著一定的難度。

（三）「利他」的技職教育

　　利他，是一種以「生命」爲本位的思考模式，不是只有自己好，更能想到其他的生命，想到生態環境的存續問題。當技職教育所生產的知識只是爲產業服務時，很容易流於經濟利益掛帥，忽略物質成長背後的生態環境維護。近幾年來，技職教育已開始強調社會責任與永續發展；「永續」，並非時髦的口號，而是在知識的選擇上，均衡經濟利益與生態環境的需求。

　　104 年 1 月 14 日制定公布《技術及職業教育法》，該法第 4 條第 1 項規定：「爲培育符合國家經濟及產業發展需求之人才，制定宏觀技職教育政策綱領，行政院應定期邀集教育部、勞動部、經濟部、國家發展委員會及其他相關部會首長，召開技職教育審議會……（第二項）前項綱領，至少每二年應通盤檢討一次並公告之。」技術及職業教育政策綱領（以下簡稱綱領），首度於 106 年 3 月 2 日訂定公告。在綱領中所揭櫫技職教育面臨的問題，包括：社會重視學歷文憑輕忽實務、產業亟須從單一規模經濟轉型爲高附加價值的跨域整合經濟型態。技職教育的知識發展從過去的利己、利物（產業）的閉鎖狀態，有必要轉向開放系統，成爲利他的結構。

　　聯合國教育科學文化組織（UNESCO）於《2030 年仁川教育宣言及行動框架》中，強調至 2030 年時，具備技術、就業、有尊嚴勞動及創業家精神之青少年及成年人應持續成長；且於 2016 年提出之《2016-2021 技術及職業教育與訓練策略》中，強調應優先培養青年就業及創業之重要性。擁有 80 個會員國的國際最大技能發展組織 WorldSkills，

也開始展開一系列的 BeChangeMaker 賽事，該競賽的目的是基於技能，發展社會創新，並同時回應社會永續 SDGs 與自由市場。這意味著技職人才使用所學技能時，應融入更多社會議題，嘗試透過技能解決社會問題（黃偉翔，2018）。技職教育知識演化歷程意象圖，如圖 3。

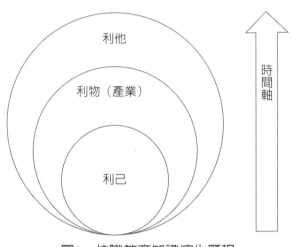

圖3　技職教育知識演化歷程

肆　知識演化論對技職教育發展的啓示

人類知識的演化，受到外在環境變異力量的影響，需要適時作出選擇，以適應社會的變遷。今天的技職教育，受到知識經濟發展的影響，也需從打破產業現況的框架開始，以「利他」的角度，檢視知識的實際效用和價值。知識演化論對技職教育未來發展，具有下列啓示：

一、以批判角度檢視所學知識

長期以來，技職教育受到邏輯實證論的思想影響極深，事事講求效益產出，過度重視數字績效。波普告訴我們，理論是人針對問題而提出來的，任何觀察都受一定理論或理論傾向的指引，因此，理論不是由經驗事實歸納出來的，而是用批判的理性思考演繹出來的，演繹是以不斷的檢驗作為演繹前提的猜想。波普也認為科學理論只是科學家的猜測

而已，是人類強加到客觀世界上的；科學是一種不斷要求演進的事業，一種猜想替代另一種猜想，一種理論替代另一種理論，在科學活動中必須不斷思考、不斷批判、不斷否證。因此，抱持批判思維反思所學知識，將是適應未來社會的必要思考方式。

二、營造利於創造知識的環境

創造力就像人類其他的智能（intelligences）如閱讀、說、寫、音樂、影像、語言、人際關係、數理、運動、領導能力等一樣（Garner, H., 2006）從知識演化角度來看，想像力與創造力是未來社會亟需的基本能力，這兩種能力的養成並非一蹴可幾。一個自由表達意見的環境，是孕育創造力的重要條件。試想，會有多少人有哥白尼的勇氣，挑戰當權宗教領袖所傳達的世界觀與知識觀？如果期待技職教育培養出的人才具有豐富的創造力，提供溫暖、支持的包容環境是不可少的。在創造的過程中，錯誤是必然發生的狀況，鼓勵學生勇於嘗試錯誤，增強挫折容忍度，以「失敗為必然，成功為偶然」為信念基礎，知識的創造才有可能。

三、培養終身學習的態度

知識的分類有多種，管理者通常把知識分為五類：顯性知識和隱性知識、內部知識和外部知識、個人知識和組織知識、實體知識和過程知識、核心知識和非核心知識。這種分類方法的好處在於用動態的知識觀看待知識，能將更多的注意力集中於知識的共用、創新、適應、學習、運用和溝通這一動態過程（資料來源：MBA 智庫百科）。因為知識是動態且持續演化中，因此技職教育更應融合終身學習理念，將學制彈性化，建立技專校院學分與社教機構學分互相採認的機制，以學生為學習主體來考量，建立一個持續追求知識進步的社會。

四、重視團隊合作與學習

知識經濟的社會，誰能掌握知識研發與創新，誰就擁有經濟優勢。在知識增加快速的今天，單打獨鬥、閉門造車的時代已經過去了，只有

懂得與他人合作，爲知識的交流、創新和運用奠定互信的基礎，才是未來產業所需人才的特質。哈佛商學院教授法蘭西絲卡・吉諾（Francesca Gino，網址：https://www.hbrtaiwan.com/article_content_AR0009320.htm）從她的研究裡，歸納出六項成功合作的技巧，其中，「傾聽，而不是發言」列在首要技巧。研究顯示，當別人發言時，我們常會爲了自己後續的發言而忽略聆聽他人說話的內容，層級越高，這樣的情形越常出現；只要我們用心傾聽，將會更能理解他人的意見初衷，益於合作與學習。

五、關心國際趨勢與在地產業

隨著科技的快速進步，網絡無遠弗屆的力量，將人類知識推向更高的境界，然而，2020 年新冠肺炎病毒的急速擴散，也改變了人與人之間的社交距離，甚至國際強權之間的外交攻防。技職教育走向國際化是近幾年來政府極力推動的政策，這無異拓展了技職教育知識與國際交流的機會，也讓技職教育知識來源更爲開放、多元。此外，自 2018 年起，政府力推「大學社會責任實踐計畫（USR 計畫）」，連結地方創生概念，強化大專校院與區域城鄉的合作，透過協助解決區域問題，鼓勵教師帶領學生以跨系科、跨團隊或跨校聯盟的方式，結合地方政府及產業資源，共同促進在地產業聚落、社區文化創新發展，並增進學生對在地認同，實踐社會責任，這些都是促使技職教育知識不斷演化進步的機會；藉由不斷汲取國際與在地的實務養分，促進技職教育知識適應環境的能力。

伍　結語

德國哲學家海德格指出：「要眞切了解一個問題，一定要追溯到歷史上第一批哲學家對於這個問題的提問。」同樣的，要了解技職教育的問題，也必須追溯歷史上技職教育知識的發展。從波普的理性批判論及知識演化論可以看出歐美注重科學哲學思考的演進及開創新知精神的脈絡，反觀國內在技職教育知識的發展上，也已經從自掃門前雪的利己觀點，逐步重視產業所需的利物觀，再進步到今天力求均衡產業與環境的

利他觀。

　　有人認為，臺灣的技職教育，特別是與工業相關的高等技職教育，在過去 20 年的改制浪潮中，有著結構上根本的變化。原本所強調與產業結合的實作精神，在競逐升格、競逐學生、競逐排名與競逐經費的雜務中也逐漸消磨耗損（蔡孟利，2016）。但也有人從技職教育國際化與在地化的政策推動中，看到技職教育知識內涵不斷充實與進步的契機。

　　知識演化論與技職教育的關係，就如同「理論與實務」一樣，知識演化論扮演著科學哲學理論的角色，而技職教育則是不斷從實務中驗證科學理論的適切性；二者的關係如下：1. 邏輯的關係－理論與實務是不同的領域，實務是理論的應用。2. 運作的關係－理論工作者透過實務的檢驗而形成理論。3. 問題解決的關係－透過實際問題的界定與解決，由實務中產生知識或理論。而理論則旨在解決實際問題。4. 辨證的關係－理論與實務不二分，而是在彼此中看到自身的問題。實務即是行動中的理論，理論隨著實務情境的移轉而調整（周淑卿，2002）。面對全球經濟、政治、社會、人口結構、環境及科技之變遷與挑戰，未來技職教育所培養之人才，除須具備產業所需之專業技術與實作能力外，更須具備創造與批判思考的特質，才能符應產業升級與新興產業之發展，均衡經濟與環境生態的需求。

　　知識的演化需要變異因子的刺激，加以開放的心靈包容各種批判的聲音，做出理性的選擇。相信透過培養技職學生擁有批判與終身學習的精神、鼓勵勇於創造、樂意與他人合作學習，未來的技職教育在關心與耕耘在地產業之餘，也能放眼世界！

參考文獻

（一）中文部分

中華民國教育年鑑，網址：https://www.naer.edu.tw/files/15-1000-7986,c1311-1.php

周淑卿（2002）。誰在乎課程理論？課程改革中的理論與實務問題。**國立臺北師範**

學院學報，15，1-15。

張巨青、吳寅華（1994）。**邏輯與歷史——現代科學方法論的嬗變**。臺北：淑馨。

陳文棠（2011）。2020年臺灣產業發展願景與策略。產業情報研究所簡報。網址：https://www.cyut.edu.tw/teacher/ft00005/687341.pdf

陳恆鈞、許曼慧（2015）。臺灣技職教育政策變遷因素之探討：漸進轉型觀點。公共**行政學報，48**，1-42。

黃光國（2002）。**科學哲學與創造力：東亞文明的困境**。臺北：立緒文化。

黃政傑、李隆盛（1996）。**技職教育概論**。臺北市：師大書苑。

黃偉翔（2018）。如何打造新時代技職人才？——從《技職教育政策綱領》談起。網址：https://opinion.udn.com/opinion/story/9899/3448258

詹志禹（1997）。從科學哲學的發展探討「理性」的意義及其對教育的含意。**當代教育哲學論文集II**。臺北：中央研究院。1-42。

蔡仁厚（1995）。**中國哲學史大綱**。臺北市：臺灣學生。

蔡孟利（2016）。臺灣的技職教育，如何在未來工業發展下的就業與創業浪潮中突圍？**科學月刊**。網址：https://pansci.asia/archives/123180

簡明忠（2005）。**技職教育學**。臺北市：師大書苑。

劉曉芬（2015）。技職學術化的歧義與破譯。**臺灣教育評論月刊，4**(11)，7-11。

（二）英文部分

Bradie, M. & Harms, W. (2020). *Evolutionary Epistemology.* Stanford Encyclopedia of Philosophy. Retrieved from https://plato.stanford.edu/entries/epistemology-evolutionary/

MBA 智庫百科. Retrieved from https://wiki.mbalib.com/zh-tw/%E7%9F%A5%E8%AF%86%E5%88%86%E7%B1%BB#3.E3.80.81.E6.8C.89.E7.85.A7.E7.9F.A5.E8.AF.86.E5.B1.9E.E6.80.A7.E5.88.86.E7.B1.BB

Moore, J.(2010). Philosophy of Science, with Special Consideration Given to Behaviorism as the Philosophy of the Science of Behavior. *The Psychological Record*, *60*, 137-150.

問題與討論

一、知識演化論的内涵為何？

二、請分析技職教育知識的變異來源？

三、請分析知識演化論對技職教育知識的啓示？

第五章

自社會融合觀點省思
技職教育政策之實踐

胡茹萍、陳美蓮、曾璧光

人只有獻身於社會，才能找出那實際上是短暫而有風險的生命
的意義。

—— 愛因斯坦

個人離開社會不可能得到幸福，正如植物離開土地而被扔到荒
漠不可能生存一樣。

—— 列夫・托爾斯泰

壹　前言

　　我國技術及職業教育（以下簡稱技職教育）包含了高等教育的工程
技術教育及技術教育與中等教育的職業教育。教育部技術及職業教育司
與教育部國民及學前教育署的業務範圍涵蓋國中技藝教育學程、高級中
等學校實用技能學程、技術型高級中等學校（以下簡稱技術型高中）、
專科學校（含五專、二專）、技術學院（含四技、二技、碩士班）、科
技大學（含四技、二技、碩士班、博士班）。

　　職業教育的傳遞方式，無論古今中外，都是從早期的模仿、父傳子
或師徒關係，演變到今日的納入正規學校教育體系。其範圍包括從傳統
的手工藝、技藝訓練，跨越至近代的工業、商業、農業等各種產業（胡
茹萍，2010）。我國近年來勞力經濟產業快速萎縮，國內外環境面臨
瞬息萬變的轉變，政府必需適時因應與時俱進；而隨著國家經濟的成
長、產業結構的改變、社會的需要、人力的需求，以及科技的躍進，職
業教育也應從原先以中學生為主的職業訓練模式不斷地調整，以符應時
代潮流所需（陳威凱，2016）。高等技職教育在 1997 年後發展迅速，
專科升格為技術學院、技術學院改名為科技大學，學生人數占高等教育
一半以上，高教、技職之資源投入應再求平衡（饒邦安，2019）。而
近年，因為少子女化及產業變化，學校逐步產生招生困難及面臨崩解的
窘境（蔡卓杰，2018）。

　　近年在國際上，尤其是歐盟對於社會融合的重視，以及透過社會融
合（social inclusion）達到族群平等的手段。歐盟對抗社會排除政策著
重於社會權與就業的保障，歐盟運用開放協調方式及促進社會夥伴的

參與，來達成解決失業與對抗社會排除。技職教育除了解決國家關鍵性經濟問題外，也是改善低技能年輕人解決未來工作問題的關鍵所在（Fleckenstein & Lee, 2018）。就社會融合的角度而言，技職教育政策不僅具備關鍵性國家解決經濟問題的能力，尤其在全球性少子女化的衝擊下，更彰顯其重要性。換言之，技職教育對社會而言，具有超越勞動市場機能的許多潛在好處，而是否有效則取決於其政策在國家體系中對社會融合是否能發揮作用（Preston & Green, 2008）。

　　本文的目的，旨在藉由社會融合理論的觀點，進行初步反思我國近年技職教育實踐之問題與改進策略，了解技職教育發展取向重點與近五年技職教育重大政策發展之互動關係。藉由社會融合觀點中所強調之核心要素「社會參與」及「提升就業力」，對技職教育近期政策或計畫之執行經驗，進行反思，冀望有助於了解技職教育如何善盡社會融合之功能。

貳　社會融合意涵與歐盟社會融合國家行動計畫

一、社會融合意涵

　　在社會融合理論中，同化論（Assimilation）、多元文化論（Pluralism or Multi Culturalism）、區隔融合論（Segmented Assimilation）被認為是三個重要理論（黃清賢，2018）。其中，同化論是傳統的社會融合理論，由 Park 與 Burgess（1921）提出，他們將社會理念發展成為學術理論。至於多元文化論、區隔融合論，則是非傳統的社會融合理論，前者如 Kallen（1956）的著作，後者如 Hurh 與 Kim（1984）的著作。

　　社會融合意指根據市場運作、機會開放、企業社會責任的使命及支持組織的和諧互動，確保社會所有成員享有福利與發揮個人潛能之生活過程。從社會融合的觀點檢視，就業不僅能獲得生活的經濟來源，更能賦予自我評價與社會認同，透過正式與非正式的教育與職業訓練，能協助個人提升潛在的技能與增強就業能力，可視為是取得社會融合的最佳寫照（王潔媛，2018）。

　　一般認為從對抗「社會排除」的角度可檢視社會融合的概況，但

否定性定義不應將「社會融合」視為社會排斥的邏輯反義詞（Silver, 2010）。社會排除的概念起源於歐洲，歐盟不僅推展及應用此一概念，更規劃具體措施將對抗社會排除列為社會政策目標（孫碧霞，2018）。歐盟主要是一個共同市場，與社會指標相比，經濟指標已經發展完善，因此歐盟官方指標主要針對經濟剝奪形式，尤其是各種人口群體的相對貧困或失業風險。社會融合的政策著重強調：(1) 多管齊下的干預措施跨越傳統的官僚體系，並針對被排斥的個人和群體的多元問題；(2) 過渡階段中的長期序位、追蹤、介入和整合的過程；(3) 被排斥者參與他們自己的融入經濟和社會生活，與他人重新建立聯繫。以歐盟國家的作為來觀察，歐盟對抗社會排除的政策，即「社會融合國家行動計畫」（National Action Plans for Social inclusion，以下簡稱 NAP inclusion），該項計畫所關注的議題在於「社會權」及「以就業來改善貧窮與社會排除」，促進被排除者的社會融合。

二、歐盟社會融合國家行動計畫（NAP inclusion）

社會排除是當前全球化現象的結果之一，國家政策與制度對於社會排除具有重要的影響力，社會排除是指由社會制度和價值所架構的社會標準中，某些個人及團體被有系統地排除於能使他們自主的地位之外。Littlewood 與 Herkommer（1999）在其研究中，提出社會排除的面向至少有：(1) 就業排除：亦即被勞動市場排除而處於失業或位於勞動市場的邊陲地位；(2) 福利排除：亦即有限制的福利提供而仍處於貧窮的狀況；(3) 政治及社會參與的排除：即決策、投票等參與性的排除；(4) 人際孤立：即親友、社區網絡支持的排除；(5) 空間排除：即被限制、排除在某些居住的區域。

歐洲議會也請求其會員國執行「社會融合國家行動計畫」（NAP inclusion），以對抗貧窮與社會排除。此計畫的核心理念乃基於社會權，透過機會與資源的提供，使公民能參與經濟勞動、教育訓練、社會與文化生活，享受基本的生活水平與福利設施。其採取的措施包括研訂具體目標，考慮國家或地方及區域間的差異，列出評估表現與檢視指標。在此計畫之下，對抗社會排除政策係包括一系列的共同目標，轉變

為各會員國的國家推動政策，以適合個別國家的環境、社會支持體系與社會服務本質。此計畫的重點如下（European Commission, 2004; Government of Ireland, 2007）：

（一）就業參與方面

1. 強調經濟勞動、貧困與社會排除三方面的連結，就業是社會融合的關鍵議題，不僅產生收入，亦可促進社會參與與社會發展。

2. 促進經濟勞動投入，強調就業的適切性。

3. 發展「積極勞動市場策略」（Active Labor Market Policy）與發展連貫性終身學習的多面向策略，以增加就業市場的融合。

（二）社會安全方面

1. 重視提升教育程度或是提供再次接受教育的機會（Second Chance Education）。

2. 加強職業訓練，以解決社會排除問題。

3. 重視健康促進（Access to quality health services），預防疾病與失能衍生之社會排除風險。

4. 建構社會安全體系，確保社會安全給付範圍之充分。

（三）社會融合方面

1. 減少因貧窮衍生之社會排除的問題，如提供語言教學、介紹課程及就業市場訓練。

2. 高風險者被排除之預防，協助其社會融合：包括開發以知識為基礎的社會潛能，預防個人生活週期中所可能面臨的危機，發展社會服務與訓練的設施和提供。

3. 關注被排除地區：包括重視貧窮與社會排除的差異情形；改善居住環境；成立特別基金，對不均衡發展的區域，進行補貼。

綜上所述，歐盟的「社會融合國家行動計畫」（NAP inclusion）的重點策略主要包括有：(1) 提高參與勞動的機會與能力，例如，提供以勞動為基礎的職業教育訓練；(2) 預防高風險者被排除情形；(3) 協助社會弱勢者的社會融合與統合。基此，歸納出自社會融合觀點中所強調

的核心要素，如增進「社會參與」與「提升就業力」，得用以檢視我國技職教育政策之依據。

參　我國技職教育之取向與實踐

一、我國技職教育發展取向重點

過去數十年來我國技職教育之發展，緊密結合國內經濟建設、社會發展與教育政策的需求，不斷進行調整。民國 70 年代提出以發展職業教育為主的十二年國教的教育政策，民國 80 年代是在暢通技職教育升學管道的政策下，鼓勵及輔導技專校院轉型或改制為技術學院或改名為科技大學，企圖建立技職教育成為「第二條教育國道」。民國 90 年代的技職教育，則以教改訴求作為發展重點，期望建立多元化、彈性化、精緻化的技職教育。在學制上，技術學院改名為科技大學、專科學校改制為技術學院並得附設專科部、辦理綜合高中、推動回流教育及高中職社區化等，用以建立具多樣、完整及一貫特性的學制（侯世光、黃進和，2012）。

在體制上，進行行政、組織、課程、招生、學籍等事項的鬆綁與自主，促進技職教育的多元化、專業化、精緻化、特色化的發展。針對過去發展所面臨的問題，與未來必須面對的挑戰，技職教育應有明確的發展方向，相關取向重點如下：

（一）務實致用與強化教學，提升技職學生競爭力

技職教育強調取得技能，從而創造熟練的就業力，為產業、科技與國家發展，提供所需人才。技職教育須能迅速符應學生與勞動力之需求轉換，技職校院專業科目或技術科目之教師，應在學校創造讓學生能將理論與實踐結合於實務工作場域的類產業環境。然而，臺灣技職校院師資多數來自一般大學，且未具備業界實務工作經驗，使技職教育在落實實務教學之配套措施上略顯不足，技職校院畢業生因所學無法即時與產業需求銜接，產生學用落差問題（洪榮昭、葉建宏、范靜媛，2019）。

技職教育之主要功能在培育各級技術人力，實務教學應是技職學校的主要特色。但因國內技職體系長久以來欠缺實務經驗，未能充分結

合企業所需培育的人才，凸顯技職教育的缺失。因此，若期望技職教育在未來能繼續發展，再次創造臺灣經濟奇蹟，首要工作就是要落實技職學校的實務教學。再者，提升技職學生競爭力，宜從加強課程發展與教學著手，學校應發展多元精緻的課程（李懿芳、胡茹萍、田振榮，2017），且應強調能和企業接軌的實務能力，及改善師資設備與學習環境來吸引學生，而不是僅依賴招收優秀學生或要求開放招收高中畢業生來提升競爭力，否則科技大學與普通大學無異，技職教育將難以彰顯其特色。

（二）推展技職院校產學合作，增進技職教育之質與量

　　高等技職教育在 1997 年後發展迅速，專科升格爲技術學院、技術學院升格成科技大學。一經畢業，人人皆爲大學生。爲滿足升學導向，技職升學管道逐年通暢，技職教育功能角色順應產生變化。在提高技職升學率的同時，技職教育與普通教育的混合效應也逐漸發酵，兩者之間的定位及區隔漸進模糊，換言之，技職教育缺乏明確的定位及發展方向（陳恆鈞、許曼慧，2015）。

　　專科學校改制技術學院，技術學院改名科技大學，科技大學增設研究所，招收碩士班、博士班，使得近年來技職教育呈現蓬勃發展，技職體系畢業的大學生與研究生急速增加。然而，量的提升，雖有助於暢通技職教育學生的進修管道，惟「質」是否相當，亦待檢證。因此，如何提升教育品質，應是技職教育政策應著力之面向。而調整課程架構與教學內容，培養產業界所需之專業人才，推動課程改革，協助學生至企業見習與實習，讓學生所學與企業所需接軌，培育與就業市場需求之人才，提升畢業生之就業競爭力，乃爲技職教育發展取向。此外，技職教育也必須推動國際化，學習國外技職教育的優點，延聘國外專業人才擔任教職，提升技職學校國際競爭力。另一方面可增廣學生國際觀，學習最先進的高科技知識，使國內技職教育和先進國家接軌，且間接促進國內產業升級，並強化技職教育功能。

（三）透過社會融合達到族群平等，導正國人技職教育觀

　　雖然每年國中畢業生有超過 40% 升學就讀職業類科，技職學生升

學管道暢通，政府不斷透過廣播、名人開講、博覽會等各種管道宣導技職教育。但仍然無法將技職教育推向教育金字塔的頂端，成為學生心目中的最佳志願選擇。近幾年在「還給技職教育學生教育選擇權的自主性」與「暢通技職教育升學管道，建立我國第二條教育國道」的政策引導下，確實已打通技職教育的任督二脈，成功撕去終結教育的標籤。但是現實的問題仍然存在私立技術型高中呈現招生嚴重不足、教育資源不足、教育品質參差不齊、畢業生就業競爭力問題。因此，如何扭轉國人「重人文，輕技術」的觀念，除了繼續推動技職教育改革，建立多元化與精緻化的學習環境外，更有賴加強技職教育之品質，翻轉國人對技職教育之觀念。

二、我國近五年技職教育重大政策發展

　　技職教育與臺灣經濟建設發展關係密切，過去培養不少技術人才，造就臺灣經濟奇蹟，技職教育在國家技術人才培育的重要性毋庸置疑；而為回應外界對技職教育的期待，技職教育唯有隨著整體環境與社會需求變化，及參考先進國家作法，有效結合產業需求，致力強化產業人才的培育，始能落實技職教育政策的精神與目標，重現臺灣技職教育的榮景（吳明振、林雅幸、陳培基，2014）。2016 年新政府上任，持續推動技職教育改革，以解決「學用落差」等相關問題，近五年技職教育重大政策發展情形，茲摘要如下表。

表1　近五年技職教育重大政策發展情形簡表

法規訂定／計畫	時　間	政策發展重點
1. 推動〈產學攜手合作計畫〉及〈產業學院計畫〉	2006 年起至今	1-1 鼓勵技專校院與產業建立人才共育機制。 1-2 量身打造專班學程，為產業儲備人才。
2. 賡續推動〈第二期技職教育再造計畫〉	自 2013 年至 2017 年	2-1 結合產、官、學、研資源建立一致性之技職教育發展策略。 2-2 培育產業發展所需的優質專業技術人力，畢業生都具有立即就業的能力。

法規訂定／計畫	時　間	政策發展重點
		2-3 改變社會對技職教育的觀點，落實技職教育政策一體化。
3. 推動〈青年教育與就業儲蓄帳戶方案〉及〈青年就業領航計畫〉。	2017 年起	3-1 鼓勵高級中等學校應屆畢業生探索自我。 3-2 透過職場、學習及國際等體驗，累積多元經驗，並更清楚自己未來目標。
4. 公告及修正〈技術及職業教育政策綱領〉	2017 年 3 月 2 日公告，2019 年 2 月 25 日修正	4-1 提供 3 大目標及 6 大推動方向，供中央及地方各級政府作為規劃技職教育政策的圭臬。 4-2 以培養具備實作力、創新力及就業力之專業技術人才的技職教育願景。
5. 健全學校校外實習機制及強化實習生權益保障	2017 年 9 月 22 日及 2019 年	5-1 修正《專科以上學校產學合作實施辦法》及研訂《專科以上學校校外實習教育法》（草案） 5-2 提升專科以上學校辦理實習課程規範之法律位階，俾實習生實習權益保障明確化。
6. 建立〈教育部促進產學連結合作育才平臺〉	2018 年起	6-1 掌握產業發展趨勢，分析人才需求，培育優質專業技術人才。 6-2 鏈結技術型高中與技專校院，推動產業與學校共同協作實務教學與實作學習。 6-3 建立客製化人才培育模式，媒合產學需求及深化交流合作。
7. 推動優化技職校院實作環境	2019 年 5 月起	7-1 配合政府創新產業發展政策及各項前瞻計畫所需人才，投入教學設備與建置實習場域。 7-2 因應國內外新產業與新技術之發展，與產業共構實務導向課程及資源共享機制。 7-3 培養具有跨領域、符應國際產業發展脈絡的技職人才。

法規訂定／計畫	時　間	政策發展重點
8. 實施十二年國民基本教育新課綱	2019 年 8 月	8-1 重視培育技術型高中學生自發、互動、共好的基本素養。 8-2 新增技能領域，以培育各群跨域間之共同基礎技能，以培育技術型高中各群學生之跨域協作能力。 8-3 加強一般科目之素養導向教學，使一般科目兼具工具導向及素養培育之功能。
9. 修正公布《技術及職業教育法》第 25 條及第 26 條	2019 年 12 月	9-1 針對 2019 年 7 月 31 日以前已取得各高級中等學校專業群科合格教師證書的教師，保障其參與教師甄試的權益。 9-2 明定高級中等學校專業群科教師前往與任教領域有關產業進行研習時，與技專校院分流辦理。

資料來源：教育部（2014），教育部部史全球資訊網（2020）。

肆　技職教育政策實踐與社會融合

一、技職教育法規研訂與社會融合

　　在歐盟等國的社會融合國家行動計畫中，強化技職教育以強化就業力，提升國民的社會參與，一直是社會融合措施中相當重要的一部分（European Commission, 2004; Government of Ireland, 2007）。反思我國技術專業人才缺乏，常被歸因於教育制度與企業需求之間存在嚴重落差，或是當今學習與培訓情況不能符應產業環境，因此，許多先進國家等之高等技術及職業教育重新訂定教學及研究之實務方法（胡茹萍，2012），以建立更高品質的勞動力所需之人才養成機制，臺灣亦當如此。

　　如果《技術及職業教育法》是技職教育的憲法，那麼〈技術及職業教育政策綱領〉就是臺灣技職教育的發展藍圖（黃偉翔，2018）。〈技術及職業教育政策綱領〉係由行政院召集及協調各部會所共同制定，以跨部會議題，透過國家教育政策引導，重新思考技職教育方向，也是多

年來技職教育工作者們的期望。此綱領明示技職教育的未來圖像，成為各技職相關政策制訂的依據。政策綱領提供 3 大目標及 6 大推動方向，供中央及地方各級政府作為規劃技職教育政策的準則，以培養具備實作力、創新力及就業力之專業技術人才的技職教育願景。此一技職教育未來圖像期能促進以下之社會融合：

1. 是專業人士，也是創新者的未來技職人才：政策綱領強調未來技職教育不僅教授各領域的實作技術，技職生更需具備改良技術的能力、對未來世界的想像及創業家之精神等，另外，也以未來職業創造者作為志業，帶動產業之創新與發展。技職人才不只學技術，還需具備知識基礎與創新職業的潛力，即需「具備知識基礎的專業技術人才」。

2. 是產業的領航者，也是經濟的帶動者：實驗教育三法通過，讓許多培養技能人才的實驗教育興起，加上少子化及私校退場等的衝擊，也讓原本處於弱勢的技職教育辦學受到更多的挑戰，確立技職教育在人才培育上的定位，並合宜地與職業訓練、大學教育及實驗教育有所區隔。

3. 不僅回應產業需求，也回應社會需求：技職教育真正要回應的不僅是產業需求，且是「社會需求」。許多人談論如何讓技職教育被看見、被重視，不能只強調技職教育的經濟面功能，還要讓社會看見技職群體的社會參與，更甚而藉由高等技職教育促進社會階級流動的機會。社會目的指向的社會問題、偏鄉議題，更需包含基礎技術與技能、創新創業思考，還得加入社會人文關懷、國際格局、社會永續思考，才是新時代的技職人才。

4. 技職教育發展，需要再納入更多組織力量：產官學協力培育技職人才，需融合更多元利害關係方的互動，建構多方利害關係人共同促進技職教育革新，如何以教育力量協助培育人才。特別是，培育優質人才已是最重要的國家大事，產業須配合教育機構培育人才亦是天經地義（饒達欽、賴慕回，2018）！讓技職教育發展不再淪為少數人決定，而是融會多元意見、價值、思想、領域，建立更整全的論述。

二、技職教育政策推動與社會融合

1. 提升「就業力」方面：包括職業教育訓練：例如，(1) 建立「教

育部促進產學連結合作育才平臺」，以鏈結技術型高中與技專校院，推動產業與學校共同協作實務教學與實作學習；(2) 推動產學攜手合作計畫及產業學院計畫鼓勵技專校院與產業建立人才共育機制，量身打造專班學程，為產業儲備人才；(3) 持續推動「技職教育再造」第二期計畫，針對 3 個面向規劃 9 項策略，特別強調技職教育畢業生的就業能力的培養，以充分提供產業發展所需優質技術人力，並期望改變社會對技職教育的觀感（吳明振等，2014）；(4) 推動優化技職校院實作環境，配合政府創新產業發展政策及各項前瞻計畫所需之人才，投入教學設備與建置實習場域，以因應國內外新產業及新技術之發展，與產業共構實務導向的課程及資源共享機制，培養具備跨領域、符應國際產業發展脈絡之技職人才。

2. 提供「社會參與」方面：例如，(1) 修正公布《技術及職業教育法》第 25 條及第 26 條，針對之前已取得各高級中等學校專業群科合格教師證書的教師，保障其參與教師甄試的權益，明定高級中等學校專業群科教師前往與任教領域有關產業進行研習時，與技專校院分流辦理；(2) 推動青年教育與就業儲蓄帳戶方案與青年就業領航計畫，鼓勵高級中等學校應屆畢業生探索自我，透過職場、學習及國際等體驗，累積多元經驗，並更清楚自己未來目標；(3) 健全學校校外實習機制及強化實習生權益保障，提升專科以上學校辦理實習課程規範之法律位階，俾利實習生實習權益明確獲得保障。

三、技職教育發展與社會融合

促進國民之社會參與，一直是有助於社會融合的重要方法，在歐盟等國的社會融合國家行動計畫中，將提供國民健康促進的能力與再次接受教育（Second Chance Education）視為重要的政策方案，藉以提升國民的教育程度，有利於社會參與及社會階級流動（European Commission, 2004; Government of Ireland, 2007）。我國的技職教育，在高中階級，技術型高中之進修部或進修學校，以及技術學院或科技大學的進修部，可說是具體發揮了提供再次就學的機會，不論是早年因故失學或是新住民、外籍配偶，或社會不利階層與團體，皆可經由技職教育之回

流教育體系，得以接受健康促進新知及技術能力的培育，更有機會因此獲致較高層級的學歷，一則得以獲致社會參與的基本能力，二則可因學歷及學力的增進，得到社會階級流動的機會，對於促進不同階層、團體或族群之社會融合，發揮具體、實質的功效。

伍　結論與建議

在教育的版圖中，有一塊過去輝煌發光，但隨著教育制度及產業變遷而稍微沉寂寞落了些時間，但現在又逐漸重返榮耀，恢復昔日神采，那就是技職教育。技職教育之目標明確，主要爲培養產業所需之國家社會人才。而這個目的緊扣著產業發展及經濟成長，甚至是提供產業未來需要的人力，故技職教育是產業重要的人力供應站。進入工業 4.0 時代，我國的技職教育也需快速翻轉。從社會融合的觀點省思技職教育政策之實踐，技職教育不僅符應政策綱領的願景，以「量變」帶動「質變」，強化企業社會責任，重視社會融合、增進國民社會參與、提升人力資本與安定國家社會，同時需透過產學合作，提升就業力，也提供更多接受回流教育的機會，減少貧窮與社會排除等之負面作用。茲以強化社會融合功能觀點，就我國技職教育之政策作爲與發展，提供建議如下：

一、持續推動及訂修技職教育相關法規

近年來技職教育的改革發展，引起社會廣泛的討論，尤其是技職校院的定位發展問題，更成爲爭議的主題。再者，近年來技職回流教育迅速擴增，技職終身教育體系儼然成形，更需要有明確的法令規範以引導方向。建立完整的技職體系需要有法源依據，未來須立於《技術及職業教育法》之基礎上，針對促進技職教育人才之社會參與及就業力提升，再進行相關條文之修正或研訂授權法規，以利完備技職教育法規體系，確立技職教育之發展根基。

二、加強實務導向課程，培育學生創新思考的能力

爲培育技職學生實務能力，落實技職校院實務教學，需結合產業經

驗，修訂學校課程，發展產學合作機制，強化教師專業實務能力，鼓勵學生參與證照考試及投入企業實務工作，並結合地方產業特性，發展學校特色；同時，學校應重視培養學生發展創新思考、解決問題的能力，提升學生在數位科技時代之就業力，以面對高科技時代知識經濟的挑戰。因此，未來技職教育除了原有技能培育外，應更著重於課程的設計與發展，形成以專業知能學習為基礎的創造思考教學活動，並藉由專題製作課程、技能競賽、創作競賽等活動，激發學生創造思考、運算思維、設計思考等能力，解決課程上或學習上的問題。

三、推動技職教育國際合作，增加國際競爭力

過去數十年來技職教育配合國家經建發展，創造臺灣經濟奇蹟，成功的技職教育經驗早已成為世界各國觀摩與學習的對象，歷年來國際技能競賽，我國參賽選手都被各參賽國視為競爭的對手，競賽結果均能獲得優異的成績，可見我國的技職教育具有國際競爭力。因此，應更加強推動技職教育國際合作，除可提升各校整體發展與學術地位，促使技術人才具備國際化特質與國際視野，更能促進國內產業界之競爭能力。推動技職教育國際化、拓展國際學術交流、推動我國技職教育與國際學術主流對接，以促進整體學術研究與教育品質提升，乃是今後推動技職教育國際化的主要目標。具體作法包括積極推動國際學術合作，鼓勵各校從事互訪、交換學生、交換教授、專業技能之雙語學習、資訊出版品與技術專刊交流、技職教育體系輸出等活動。

四、掌握學習成果，建立學習評鑑指標，並加強技職教育宣導工作

在提升技職教育品質方面，除了加強基礎學科知識、強化通識能力、落實技能實務教學外，具體作法建議如：技專校院宜儘速訂定學生學習評鑑指標，掌握學生學習成果，並作合理的篩選。另外，教育部須持續技專院校的評鑑工作，以有效掌握整體教育品質的提升。而技職教育宣導工作，雖然教育部透過年度工作，例如技職博覽會、技藝教育宣導、技職百分百節目製播等，然而多數考生仍以普通高中或大學為第一選擇。顯然，技職教育宣導工作仍有加強的空間。具體建議教育部應責

成專人負責規劃與推動技職教育宣導工作，每年進行成效評估，作爲改善宣導工作的參考依據，並且持續加強辦理宣導工作，以強化導正國人既有偏見，進而提升技職教育的地位。

參考文獻

（一）中文部分

王潔媛（2018）。跨國社福移工的訓練與在地經驗：社會融合觀點。**臺大社會工作學刊，39**，153-204。

李懿芳、胡茹萍、田振榮（2017）。技術型高級中等學校技能領域課綱理念、發展方式及其轉化爲教科書之挑戰。**教科書研究，10**(3)，69-99。

吳明振、林雅幸、陳培基（2014）。技職教育再造的挑戰與展望。**中等教育，65**(2)，6-20。

侯世光、黃進和（2012）。第五章：技術及職業教育。**中華民國教育年報**，175-209。

胡茹萍（2010）。韓國的職業教育。**臺灣國際研究季刊，6**(4)，71-92。

胡茹萍（2012）。以色列教育初探。**臺灣國際研究季刊，8**(2)，149-172。

洪榮昭、葉建宏、范靜媛（2019）。技術及職業教育政策之接受度：實踐研究新視角。**教育科學研究期刊，64**(1)，181-211。

孫碧霞（2018）。社會排除與社會融合：比較歐盟與臺灣的政策。《人文與社會》**學報，3**(7)，49-76。

教育部（2014）。十二年國民基本教育課程綱要總綱。臺北：教育部。

教育部部史全球資訊網（2020）。重大教育政策發展歷程——技職教育。取自：http://history.moe.gov.tw/policy.asp?id=4。

陳恆鈞、許曼慧（2015）。臺灣技職教育政策變遷因素之探討：漸進轉型觀點。**公共行政學報，48**，1-42。

陳威凱（2016）。臺灣職業訓練探討——以德國爲借鏡與比較。**科技與人力教育季刊，3**(2)，14-38。

黃清賢（2018）。社會融合理論視野下的兩岸融合發展。取自中國評論新聞網 http://hk.crntt.com/doc/1052/6/8/9/105268972_2.html?coluid=247&kindid=17652&docid=105268972&mdate=0104180735

黃偉翔（2018）。如何打造新時代技職人才？──從《技職教育政策綱領》談起。取自鳴人堂 https://opinion.udn.com/opinion/story/9899/3448258

蔡卓杰（2018）。崩解的技職體系及改善建議。臺灣教育評論月刊，7(12)，頁 60-64。

饒邦安（2019）。私立技專校院轉型與退場。臺灣教育評論月刊，8(4)，頁 06-11。

饒達欽、賴慕回（2018）。建構產學研合作培育人才之新機制。繁榮與進步：教育的力量，教育政策與經濟發展國際研討會。

（二）英文部分

European Commission. (2004). *Joint Report on Social Inclusion 2004*. Luxembourg: Office for Official Publications of the European Communities.

Fleckenstein, T. & Lee, S. C. (2018). Caught up in the past? Social inclusion, skills, and vocational education and training policy in England. *Journal of Education and Work, 31*(2). pp. 109-124.

Government of Ireland(2007). *National Action Plan for Social Inclusion 2007-2016*.Retrived from http://www.socialinclusion.ie/documents/NAPinclusionReportPDF.pdf

Hargreaves, J. (2011). V*ocational Training and Social Inclusion. At a Glance*. National Centre for Vocational Education Research (NCVER).

Hurh, W. M. & Kim, K. C. (1984). Adhesive Sociocultural Adaptation of Korean Immigrants in the US: An Alternative Strategy of Minority Adaptation, *International Migration Review*, No.2, pp.188-216.

Kallen, H. M.(1956). *Cultural Pluralism and the American Idea: An Essay in Social Philosophy*, Philadelphia: University of Pennsylvania Press.

Littlewood, P. and Herkommer, S. (1999). "Identifying Social Exclusion: Some Problems of Meaning," in Littlewood, P., Glorieux, I., Herkommer, S., and Jönsson, I. (eds.) *Social Exclusion in Europe:Problems and Paradigms*, pp. 1-19. London: Ashgate.

Nilsson, A. (2010). Vocational education and training – an engine for economic growth and a vehicle for social inclusion? *International Journal of Training and Development 14*:4. pp. 251-272.

Park, R. E. & Burgess, E. W. (1921). *Introduction to the Science of Sociology*, Chicago: University of Chicago Press.

Preston, J. & Green, A. (2008). The role of vocational education and training in enhancing social inclusion and cohesion. CEDEFOP (ed.) *Modernising vocational education and training Fourth report on vocational education and training research in Europe:* background report Volume 1.

Silver, H. (2010). Understanding Social Inclusion and Its Meaning for Australia. *Australian Journal of Social Issues, 45*(2), 183-211.

問題與討論

一、何謂「社會融合」？

二、社會融合對我國技職教育實踐之啓示為何？

第六章

從補救教學到弱勢者學習扶助的檢視與改善

白雲霞

　　我們要提出兩條教育的誡律，一、「不要教過多的學科」；二、
「凡是你所教的東西，要教得透徹」。

——英國・羅素

壹　前言

　　教育部（2004）在《教育政策白皮書》（草案）中指出，影響個
人參與教育機會及學習成就的不利因素，以「身心障礙」、「少數族
群」以及「其他社會不利條件」為主，而「差異」（difference）的造
成，有被解釋因社會結構的壓迫與社會再製所產生的矛盾與不平等，傳
統學校教育制度，強調篩選與淘汰，某種程度犧牲了部分學生多元發展
的空間。而弱勢者只能在菁英培育的教育制度進行學習。因此少數族
群、偏遠地區、社會經濟文化因素不利學生更易遭遇學習障礙，或而成
為學業成就低落的學生，這也產生弱勢家庭子女在升學機會、受教資源
不平等的現象，整體的教育脈絡對於這一類型的學生相對不利。（洪儷
瑜，2001；譚以敬、吳清山，2009）。而周仁尹和曾春榮（2006）根
據弱勢的成因，將弱勢族群分為十類：一、家庭經濟貧窮而產生的弱
勢；二、教育階段經費分配不均而產生的弱勢；三、少數種族而產生的
弱勢；四、文化差異而產生的弱勢；五、居住地區而產生的弱勢；六、
受到社會排斥而產生的弱勢；七、數位落差而產生的弱勢；八、身心障
礙而產生的弱勢；九、教學歷程不公平而產生的弱勢；十、教育財政經
費補助不均而產生的弱勢。

　　面對弱勢者教育，教育部自 1996 年起辦理「教育優先區」計畫，
2006 年，整合相關計畫形成「攜手計畫課後扶助」，2007 年訂定的《教
育部國民及學前教育署補助國民中小學弱勢學生實施要點》，在 106
年，更修改為《教育部國民及學前教育署補助國民中小學及幼兒園弱勢
學生實施要點》，將補助對象擴大為幼兒園與國民中小學弱勢學生。主
要任務在執行五歲幼兒免學費就學補助相關配套措施、教育優先區計
畫、兒童課後照顧服務班與中心設立及管理辦法、協助國民中小學急困
學生計畫、夜光天使點燈專案計畫、國民小學及國民中學推動夏日樂學
計畫整合式學習方案、城鄉共學夥伴學校締結計畫、教學訪問教師計

畫，整合了各項與弱勢者支持有關的教育計畫。其協助的內容不僅僅只有經費與設施設備的支持、免學費就學等補助，更包含巡迴輔導、師資駐點訪問與共學的計畫。

　　整體而言，學習扶助計畫範圍相當廣泛。然而，就學習成就而言，主要是從攜手計畫、課後扶助作為一個重要的關鍵點，開始較大規模的進行補救教學。而在106年更將補救教學納入整體學習扶助概念當中，然而從補救教學到學習扶助是否應該在觀念上以及範圍上要有更擴大的思考空間？補救教學實施多年，而筆者曾參與多年的縣市補救教學訪視工作，卻仍然發現許多亟待改變的現象與未來可以發展的方向，因此本文將從補救教學政策進行檢視，提出轉變為學習扶助可以改善的相關作法。

貳　從教育優先區、攜手計畫、補救教學到學習扶助的轉變

　　自1996年起，教育部辦理「教育優先區」計畫，加強扶助弱勢家庭學生，並於2006年整合相關計畫形成「攜手計畫課後扶助」方案，結合現職教師、退休教師、大專學生等教學人力，提供弱勢且學習成就低落國中小學生小班的個別化之免費補救教學（教育部，2014）。

　　教育部透過辦理攜手計畫課後輔助補助要點推動「攜手計畫—課後扶助方案」，100年開始進行「國民小學及國民中學補救教學實施方案」，至102年，整合「教育優先區計畫—學習輔導」及「攜手計畫—課後扶助」，公布《教育部國民及學前教育署補助直轄市、縣（市）政府辦理補救教學作業要點》，持續推動補救教學政策，幫助需要學習協助的國中小學生提升國語文、英語文、數學等基本學力。同時開始辦理補救教學績優楷模選拔，每年舉辦學習扶助計畫績優教學團隊學校、教師教學典範與學生學習楷模，透過鼓勵績優楷模的，帶動更多學校與教師投入學習扶助，讓學生學習持續進步。

　　102年，教育部更公布辦理「教育部國民及學前教育署補助國民中小學課中實施補救教學試辦計畫」，進一步推行「課中補救」政策，在一般上課時間，將有需求的學生抽離原班，透過小班教學進行學習扶助，引導學生適性學習。至108年3月27日，教育部國民及學前教

育署更修正《教育部國民及學前教育署補助辦理補救教學作業要點》，於臺教國署國字第1080028564B號令中發布修正為《教育部國民及學前教育署補助辦理國民小學及國民中學學生學習扶助作業要點》，改以「學習扶助」取代「補救教學」的名稱。

而在學習扶助學生的篩選機制上，中小學運用「國民小學及國民中學學習扶助方案科技化評量」對學生學習情形進行檢測。在106年之前，國語文、英語文、數學的各年級的通過標準皆為60分。但至106年起，通過標準依據學生試題年段（篩選測驗為學生「該年段」學習內容，成長測驗為「前一年段」學習內容），訂定通過標準如下（教育部，2017）：

1.試題年段四年級以下（即篩選測驗四年級以下／成長測驗五年級以下）：80%答對率為通過標準。

2.試題年段五、六年級（即篩選測驗五、六年級／成長測驗六、七年級）：72%答對率為通過標準。

3.試題年段七年級以上（即篩選測驗七年級以上／成長測驗八年級以上）：60%答對率為通過標準。

究其原因，主要認為年齡愈低的低成就學生，及早介入，投入各種資源，如時間、師資、教材教法、設備等，進行補救教學，其效果愈好。是以訂定較高的通過標準，以奠定往後學習的良好基本能力。

綜上所述，從2006年攜手計畫開始，到2020年學習扶助計畫。補救教學已有14年，其間經歷多次的修正與調整，各縣市亦有不同方式的訪視與督導，以期能夠使學習扶助工作更加落實。

但由於加入課中補救方式，因此，學習扶助的方式也趨有多元化。然而，各校在進行學習扶助工作時，教師是否能夠確實的落實補救教學工作以達成補救教學或學習扶助的目標，以及學校行政的督導與支持情形，仍需再進一步的檢視。

參　當前補救教學的問題與困境

從過去的攜手計畫到102年的補救教學作業要點，補救教學搭配科技化測驗平臺，相當程度的帶給弱勢學生學習扶助的機會，同時，近幾

年學生的學業成就也有相當程度的進步率提升。然而筆者在訪視各學校學習扶助計畫實施時，仍不免發現部分問題，以下彙整相關文獻與筆者參與縣市補救教學訪視所記錄的現象，說明目前補救教學的一些問題與困境。

一、行政安排方面

1.行政人力支援有限：行政人力有限，特別是在課後進行補救教學，當學生缺席時，教師由於須進行教學，無時間聯絡家長，學校行政單位亦無專人於課後留下負責此事，形成學生出缺席通報困難的現象。所以當學生沒有於課後前往補救教學班級時，教師只能登錄為缺席，卻無法充分掌握學生的動向。

2.班級內有非補救需求學生隨班附讀的現象：補救教學學生的兄弟姐妹常一起放學，因此少數家長會要求非需求補救教學的子女可以一起參加，方便接送。

3.合適的補救教學時間規劃不易：補救教學時間若安排於放學後，則可能面臨學生經常在精神不佳的情況下學習而使補救教學效果不彰。但若是利用早自習進行補救教學，則學生在各班教師自行訂定的早自修自習計畫與接受補救教學二者間，較傾向與班級的作息同步。

4.課中補救面臨教學內容的兩難問題：課中補救猶如抽離式的補救教學，於該年級領域授課時段予以及時性補救教學。許多國中採用課中補救的方式，避免與第 8 節課或者學生的課後活動衝突，但是由於課中補救的時間與原本上課的時間相重疊，因此，教師常常為了讓學生跟上同年級的進度，補救教學的內容常是該年級的教學內容，形成教師往前補強其先備知識不足的機會較少。

5.學習扶助班級之師資不易尋找：原學校的教師常常受限於自己的時間與精力，而偏遠地區則因為地處偏遠等因素，所以學習扶助的師資不容易覓得。因此部分班級高達 12 人以上受輔，教師即使有心，也不容易實施差異化或個別化教學。

6.學生課後活動安排與學習扶助的時間重疊：學生放學後多有補習班或安親班的行程，再加上學校的辦理學習扶助，多半一週兩次，每週

其餘課後時間不易規劃，再加上小學學生可以參與一週五次的課後照顧班，較符合家長需求，因此，學生參加學校的補救教學班意願不高，致使受輔率不高，或人數過少，不容易開班。

7.行政工作繁瑣、宣導、招生、施測、督導、接受訪視等，導致承辦人員常採輪流兼辦，使工作銜接常有落差。

8.縣市教育局的推動與校長的支持與重視，亦是學校補救教學行政工作順利推動的重要因素。

二、教學輔導方面

1.學習扶助輔導小組會議討論內容偏重行政安排：有些學校未能每學期定期召開 3 次以上的學習扶助輔導小組會議，且在會議中的討論多半偏重於行政流程及課務的安排，較少探討學生在基本學力內容之指標應如何達成的教學方式。

2.補救教學教師應接受 18 小時的師資課程，具有高級中等以下學校合格教師證書者，應接受 8 小時學習扶助師資培訓，但仍有少部分學校教師資格不符。

3.班級教師與補救教學教師缺乏對話的機會與機制，較難共同協力協助學生。

4.缺乏補救教學知能的增能支持，教師在基本培訓時數完成後，後續較少參加有關補救教學知能的研習或工作坊。

三、教材教法與評量方面

1.在擬定教學計畫時，部分教師未能夠參酌學生在「國民小學及國民中學學習扶助方案科技化評量」（以下簡稱科技化評量）系統中的評量結果，未針對所應達成的各項基本學力指標設計搭配的教材。

2.補救教學策略與技巧運用的適切性影響教學成效：因為學習扶助的學生經常有個別的需求，教師若未能夠察覺並因應之，或是教師之補救教學技巧若不足，或在教學時僅運用講授或練習教學的方式，教學成效自然受到影響。目前仍有許多教師的教學偏重團體的講授與練習方式及使用共同的課程內容，差異化或個別化的教學使用較不常見，特別是

在學習扶助班級人數高達 12 人或以上時。

3. 校內教師擔任二級學習扶助工作，常面臨備課時間不足的困擾：校內教師由於課務繁多，較難抽出時間，準備學習扶助教材。因此許多教師只得選擇使用坊間出版的教材進行教學，而未能針對學生未達成之基本學力指標，進行有效的差異化或個別化的課程設計。

4. 校內教學資源或設備使用受限：學習扶助教師在放學後較難以使用校內教學資源或設備，若該教師為外聘教師則更不易使用校內資源。

5. 進步成績的不穩定性易高估或低估學生進步情形：實際走訪現場的時候，亦曾發現有少部分教師掙扎於進步率的魔咒，在成長測驗前對學生加強複習，以取得好成績。然而當學生在測驗平臺上獲得的進步成績並非基礎的補強所形成時，可能會因為高估或低估而錯失了下一次學習扶助的機會，回班後，到再下一次被診斷出來的時間將成為一個學習缺口。

四、評量系統面向

1. 學校教師對於評量系統之功能及操作，宣導尚待落實：教育部自 100 年 6 月起著手從課綱以及各種版本教科書中，萃取國中、小各年級國語文、英語、數學等工具學科之學生必須學會的基本內容，於 101 年 6 月 30 日前建構完成試行版（教育部，2014），並根據基本學習內容發展補救教學補充教材。基本學習內容皆有對應的能力指標，多數教師雖然知道可以從科技化評量系統中，了解學生在各能力指標上的達成情形，但是在筆者訪視多數學校，並測驗教師系統操作能力，多可以發現教師對於科技化評量系統的使用並不熟稔。

2. 依賴坊間測驗卷或以設計評量卷作為教學的主要內容：部分教師在學習評量時仍有依賴坊間測驗卷的傾向，或是評量的時候未能夠針對學生的原先起點行為不足或是在測驗平臺上學習基本能力指標不足處加以評量。

3. 學習扶助評量篩選成績及格水準落點提高，致使學習扶助班級內學生差異增大，考驗教師教學能力。

五、學生方面

1.學生本身學習動機較為低落，對學習的自我概念相對弱，因而參與學習扶助意願不高。

2.同儕因素或擔心標籤化作用：許多家長或學生，由於擔心參與學習扶助可能會被標籤化，因此參加補救教學動機較低。部分學生更是因為同儕有進步，回到原班級上課後，因為缺少同伴相陪而不願意再繼續留在學習扶助班級上接受輔導，而亦有少數家長因為害怕標籤作用，不願孩子接受學習扶助。

3.家庭因素影響學生參與動機：部分學生因為家庭因素，家長無法接送，部分經濟弱勢學生需要協助家中生計，在偏遠地區的學生，更有些在農忙之時要幫忙家裡的工作，亦有少數的學生，因為若參與學習扶助，跟兄弟姐妹回家時間不一致，而無意願參加。

肆　學習扶助的改進措施

補教教學是一種「評量─教學─再評量」的循環歷程。學生在接受一定時間的補救教學後，應能回到其年級應有的學習基礎線上，以跟上原班級的教學進度。因此，學習扶助應在此補救教學的歷程中，同時發揮評量與教學的功能，同時善用評量，以達到教學的成效。以下分別就系統面、行政面、教材教法、教學輔導等方面說明。

一、系統方面

經濟合作暨發展組織 OECD（2012）在《教育中的公平與品質：支持不利學生與學校》《*Equity and Quality in Education: Supporting Disadvantaged Students and Schools*》的報告書中提到教育系統的設計，會加劇起始點的不公平現象，並對學生的動機和參與產生負面影響，最終導致其輟學。因此其提出弱勢者教育的作法，應從系統層面著眼，去除妨礙公平的障礙，改善弱勢學生的公平性問題，卻又不會妨礙其他學生的進步。他們認為減少學校教育失敗可以強化個人和社會回應衰退的能力，從而貢獻於經濟成長和社會福祉。事實上，OECD 自 2003-2007

年期間，即以「教育公平主題式檢視」爲題進行研究，分析他國政策經驗以改善教育公平現況，並將研究內容聚焦於探討義務教育公平性、教育中輟、不同教育進度對教育公平的影響，以及教育制度中移民和少數族群的融合等。

　　因此，從政策上或教育系統上改善，對於補救教學或學習扶助工作的推動是相當有意義的。

（一）落實三層級的學習支援系統及教師第一層級支援的增能

　　從三層級的學習支援系統（3-tier intervention）來看，對於教育來說，從教學上或學校層級的學習政策推動，來有效改善教學，成爲一種學習的支持系統，對於學習來說將是更有效率的，就某種層面而言，它可以有效的減低學生進入第二層級補救教學或學習干預的可能性。

　　三層次學習支援，源自心理學家將公共衛生之三級預防模式運用於學校輔導工作，依危險程度分爲初級、次級和三級的預防，而後來Mellard 等人（2010）把三級預防模式運用在補救教學，希望能夠透過三層級支援系統的預防工作，縮短低成就學生達到精熟學習的差距、減少學習困難，並能夠降低第三層需要高密度特殊教育的學生人數（引自洪儷瑜，2012）。

　　筆者在訪視學校工作學習扶助推動情形，經常發現班級教師較少使用教育部科技化測驗平臺系統，與學習補助班級的授課教師，也較少有機會聯繫，在三層次學習資源模式下，第一層級補救教學（初級預防階段），如同洪儷瑜（2012）指出，第一層的教學方法良好可以讓超過八成的國小一年級學生有顯著的進步，閱讀困難學生的比率減少33%。因此，筆者建議如果能讓學生在第一層的班級教學當中就能獲得對課程內容的理解，將可減少學生進入第二層補救教學的機率。是以，教師在班級實作或者問答的過程當中宜充分觀察學生的反應，或者隨堂小型測驗，了解學生學習情形，並在班級內實施隨堂補救或者差異化教學，依照學生在課堂內學習的成果，進行分組，給予不同的學習任務或教材以便進行差異化教學並隨時調整教學方式，特別是針對單元內基礎能力或重要概念有困難學生，進行記錄，持續監控學生學習情況，或採用小組

合作學習方式，給予同儕鷹架支持及早補救學生學習不足之處，達到預期目標，避免累積太多困難而難以補救。

　　第一層初級預防階段的成功，有賴班級教師深入了解補救教學學生的學習風格、學習心態與隨時觀察評估學生的學習成效，同時具備第一層補救教學方法和策略之基礎如差異化教學、個別化教學方法等。雖然目前許多縣市要求縣市內教師必須進行補救教學或學習扶助的研習，但是研習時數多以補救教學一般理論介紹為主，對於實際如何進行差異化教學、學習任務的分派與學習教材的編輯，並未深入的探究。因此也有許多教師表示，課堂內不易進行差異化教學，或者不太了解如何進行。因此，落實教師第一層學習扶助的增能措施，更形重要。

　　根據 King 和 Bouchard（2011）的研究，學習成就受教學質量的影響最大。進一步而言，其受到學校在下列五方面增能的影響：1. 教師的知識、技能和性格（課程、教學法、評估和班級經營的專業能力，以及對學生學習的高度期望）。2. 學校的專業社群。3. 計畫的連貫性（學校中學習者和教師課程的協調程度、明確且持續的學習目標導向）。4. 技術資源（高質量的課程、書籍和其他教學材料、實驗室設備、電腦和足夠的工作空間）。5. 有效的校長領導。其他如組織有效性和組織學習文化的改變等等。關於這一點，McCharen 及其同事（2011）也指出，組織創新與學習組織的文化方面至關重要。Waldron 和 McLeskey（2010）在談到融合教育時，也曾使用「全面學校改革」（Comprehensive School Reform）一詞來描述「重新培養」（reculturing）學校以使其變得更加有效和包容。換言之，教師應該儘量改變過去低成就學生學不會資源班或者是課後補救班教師來提升學生學習成就的想法，而想辦法在課堂內讓低成就學生儘量同步達到同儕學習水準。因此，筆者建議縣市端改變過去研習聽講的模式，並且增加對此方面了解的學習時數，針對教師在學習扶助能力進行系列化的增能學習，例如學習扶助教學方法、策略、小組或個人學習任務編排、教材設計、評量策略等的實作工作坊。讓教師針對目前班級學生學習落後情形，設計合適的學習扶助教材與策略，在班級內實際實施並觀察成效。另外，針對三級學習資源系統第一層部分，教師專業能力並不僅僅只有在提升部分學生學習成

效，關於教師對全體學生應有的責任、教室內整體學習文化、學習包容等觀念的建立，皆可以加強。此外，筆者建議在師資培育機構師資生，應在職前養成階段具有補救教學或學習扶助支持的能力，待其將來進行半年的教育實習時，便可在班級內協助教師進行學習扶助的工作。

就多層次學習支援系統來說，在第一層初級預防未能成功的學生，將進入第二層補救教學系統。多項研究（洪儷瑜，2012；陳淑麗、洪儷瑜、曾世杰，2005；曾世杰、陳淑麗、蔣汝梅，2013）皆指出第二層的補救教學可以有效提升低成就學生學習成就低落的問題，使其回到同儕平均水準。第二層級的補救教學，乃是外加式之額外教學，針對低成就學生學習困難點進行教學設計。關於第二層學習資源系統的探究，將於本節第二部分進行說明。若是經二級介入仍無法成功提升學習成就水準的學生，則須評估進入第三層級之補救教學接受更小組或更符合特定需求的補救教學（Gersten, Compton, Connor, Dimino, Santoro, Linan-Thompson, Tilly, 2009）。通常第三層係指特殊教育的抽離教學，由具有特教專業之師資，擬定個別化教育計畫，另定學習內容進行教學，此為特教系統的教學，本處略過不談。

（二）及早診斷與提高學習扶助學生的人力支援

就此方面而言，筆者認為芬蘭的教育系統值得參考。芬蘭在2016年8月，學校開始根據新的《國家核心課程》實施課程（國家教育委員會，2014），新的核心課程中描述了新的三層支持模式，2013年，有關學生福利服務的法律也進行了改革，新的核心課程和改革後的立法都強調了發展學習和學習者福祉的整體觀點的重要性。他們責成許多在學校和教育領域工作的專業團體共同行動，以實現這些共同目標。這項改革背後的主要原因之一是要減少特殊教育轉診人數的增加。改革之前，學習扶助（support）是分為普通學習扶助（general support）與特殊教育，兩者均基於高質量的基礎教育。普通學習扶助的對象是給需要臨時學習幫助的任何人，而特殊教育則需要根據學校心理學家或醫生的聲明做出正式的行政決定（Graham & Jahnukainen, 2011）。歐洲特殊需求教育與融合教育辦事處（European Agency for Special Needs and

Inclusive Education）在芬蘭的報告書中提到，芬蘭在改革過程中，普通教育和特殊教育的劃分被三層支持模式所取代。除某些例外，只有事實證明上一層不足的情況下，才可以轉移到下一層。出現任何問題時，應立即提供第一層一般支持。在此階段，一級干預可以在學校或班級進行。同時對於班級內的低成就學生，芬蘭某些地方教育當局允許學校利用某些經費聘請一些資源老師，他們本身沒有配有班級，其為支援教師，某種程度降低了班級人數。在芬蘭的基礎教育法案當中，包括補救教學、部分時數的特殊需求教育、口譯、協助服務及特殊需求服務，在學習支持三層次系統中，每一個階段都可以使用上述的服務。因此，教師在班級教學的過程當中，有一些特殊需求的孩子，旁邊是可以由助教輔助的，這些助教不負責教其他同學，只負責這些學習困難的孩子。這些彈性的作法可以作為國內未來學習扶助支持系統安排的考量，以提供早期定期和及時的支持。

（三）師資培育機構提供補救教學或學習扶助教學課程

　　許多師資培育機構畢業的儲備教師，在未成為正式教師之前，經常成為代理老師、代課老師或學習扶助班級的教師。而在實際學校教學現場上，也有許多代理代課教師協助學校學習扶助班級的教學工作，因此，與其提供進修研習，職前培育階段即進行補救教學或學習扶助的系統化培育相關課程，將有助於學生畢業之後進入教育現場任教時，運用相關策略及方法協助有需要的學生。同時，在其半年的教育實習階段，若其實習輔導教師在教室內進行差異化教學和個別化教學時，亦可成為學習困難學生的助理教學者。另外，對於高比例代理教師、高流動率地區教師提供有目的性的在職進修或研習，及早診斷與提高學習扶助學生的人力支援亦有所助益。

（四）教育當局和學校制定支持性協助與保留教師的策略。

　　學習扶助政策有賴增強學校和教師的能力，以適當回應學生的學習需求，但處於教育優先區的學校，教師的流動率較高，常形成學校新進教師教學經驗較不足，或是高比例代理教師的現象。因此，教育當局或學校應提供有目的性的在職進修或實務工作坊，提高弱勢學校、學生與

教師素質，確保教師具備學習扶助所需的教學技能和知識，同時學校應為新進班級教師、學習扶助班級授課教師提供輔導計畫，以支持性的協助方式，提高教師的教學效能。

（五）教育系統鬆綁學期週數

由於學習扶助的時間難以安排，若利用暑假時間可能擔憂未能達到及早介入的效果。因此。若教育系統能夠鬆綁學校學期時間與學習週數的安排，例如讓中小學自主安排，將寒暑假平均分配到學期的週數裡面，如每月休一週，或者每一個半月休息兩周等方式，學校則可利用大部份學生休假的時段來，補強學習落後學生的學習不足或釐清其學習概念迷思。

二、行政方面

（一）彈性安排學習扶助時間

目前學習扶助工作多半應用早自修、課後或放學後進行學習扶助。但是。由參加率來看，許多家長與學生對於目前學習扶助時間的安排，支持度尚未提高；而使用早自習又經常會面臨到該時段教師另有安排的問題，是以也有部分學校採用課中補救的方式來進行。因此建議學習扶助時間除了原定的課後每週兩節或每週一節之外，可以彈性運用社團時間、校訂課程（彈性學習課程）時間，進行學習扶助工作，此外，若同學或是家長有意願在假日上課，亦可彈性考量之。

（二）營造具支持性的學校氣氛和學習環境

學生之所以不願意進入課後學習扶助班級上課，有部分的因素來自於心理因素，有部分的因素來自於標籤作用等環境因素。因此，學校應積極地建立支持性的學校氣氛與環境，幫助教師發展積極的師生與同儕關係。對於非學習落後的學生應賦予正確的學習觀念，同時適時視情形給予進步的學生公開表揚與獎勵，公開表揚樂於協助學習落後者的學生，營造共同學習與學習共同體的學校氣氛。

（三）教育優先區的學校可主動走入社區，增加家長與學校的互動

因為多種經濟和社會原因，弱勢父母往往較少參與子女的學業，這種現象在教育優先區的學校較為常見。學校應改變其溝通方法與策略，辦理各種與父母和社區的聯繫活動，走入社區，如公開展演等讓家長了解學校辦學的努力成果，提供家長學生進步成效的證據增加家長對於學習扶助工作的信心。

（四）學校主動分析學校相關數據以診斷及辨識學生學習困難或學習障礙的因素，並適時的學生學習諮商與輔導，指導升學徑路

學校應主動分析學生在診斷後的學習困難所在。對於整體學生共同的問題，教師可透過社群探討學習現象與教學問題從而擬定共同教學策略及差異化策略，以協助學生克服學習困難。

（五）學校可結合官方與民間團體共同致力於學習扶助工作

學校在開班的時候除了有學習時數安排困境外，另外，依照《教育部國民及學前教育署補助直轄市、縣（市）政府辦理補救教學作業要點》的規定：「各校規劃開班時，得於二百四十四節之總量管制前提下，依實際需求於各期別間彈性調整運用。」以二百四十四節，一學期進行 20 週作為計算基準，每週約 12 節，再分配到各科（國英數）各年級後是不足。這也讓學校在安排學習扶助工作的時候，沒有辦法得到週一到週五全面性的安排，因此家長寧願送去補習班或安親班，而非進入學校的學習扶助班級。因此建議學校可以結合官方或民間團體，共同致力於學習扶助工作，將官方經費與民間團體的協助，一併考量，以整體規劃學習扶助工作。目前有許多民間團體自發性地加入補救教學或學習扶助工作，如永齡文教基金會、博幼文教基金會、中興保全文教基金會、聯電暨竹大播撒希望種籽課輔計畫、新希望基金會的小太陽計畫與東光計畫等等機構，透過公私部門合作模式，安排全系列的學習扶助計畫讓學生更加受益。

因此學校可與學校周圍的社區建立聯繫，尋求企業的支持，以加強學校的學習扶助措施，筆者曾經在訪視新竹縣國中的學習扶助計畫實施時，經由訪談發現，該校由於爭取社區企業的補助，學生全數於放學

後留下來繼續學習。部分需要接受補救教學的學生，則全數進入補救教學班級中接受補救教學；而不需要接受補救教學者則參加額外的課業輔導、練習或加深加廣的學習。如此一來。參加補救教學的學生則不會覺得只有自己的學習時數增加，而感到心理上的不平衡。

三、教材、教法方面

（一）運用多元化教學方法

多元化的教學方法除了可以配合不同學生的學習風格、學習形態外，同時也可以增加教學的趣味與維持學生在課堂上的學習動機。因此，教師可以對班級學生進行學習風格調查，從而擬定合適的教學方式與策略。除各種不同教學方法的運用外，運用多元化的教學策略，也是值得參考的做法，例如除透過文本進行學習外，角色扮演、觀賞影片、發表、各種小組合作學習、討論、實作、實地踏查測量、運用電腦學習、桌遊、辯論、文學圈、視訊互動、非同步網站學習、獨立研究與探索、概念構圖、問題／任務本位等皆可以視課程內容交互使用。

（二）兼採差異化教學或個別化教學法，彈性調整教材教法

相關研究（郭明堂、黃涵鈺，2009；Huang & Yang, 2015）指出，補救教學可以同時提升學習動機與學習成效，而余民寧、李昭鋆（2018）更指出個別化教學不但能直接影響補救教學學生的學習成效；且以個別化教學方式可透過自我歸因、學習動機等因素而影響學習成效。因此，在班級教學時或是進行補救教學，教師宜盡早在班級內對低成就學生進行「個別化補救教學」，而教育局更應該在規劃學習扶助增能課程時，增加教師個別化教學知能以提升學習扶助成效。

實施差異化教學可以從內容差異化、過程差異化、學習成果差異化、學習環境差異化來進行設計：1.內容差異化可以考量必學或選修、多層次教材（同一主題，不同讀本）、不同層次學習任務規劃等，因此，教師可以透過工作分析，彈性降低部分學生學習層次或是減量學習，對於能力較強者，彈性提高難度與份量；練習方式亦可以彈性調整為獨立練習或是在協助下進行練習。2.過程差異化可以考量學生不同學

習型態與學習風格，設計不同教學策略以符合不同學生需求，例如角色扮演、觀賞影片、閱讀文字、發表、小組合作、討論、實作、實地考查測量、運用電腦學習等學習策略，也可以與其訂定學習契約。3.結果差異化係指學生展示學習成果樣態的多元化，由於過程差異化，學生的學習方式不同，因此教師可以讓學生採用多元化方式表現其學習成效。4.學習環境差異化可以讓學生在不同的學習環境下學習，一方面增加學生的新鮮感，一方面貼近情境學習的模式，如在不同專科教室上課或校外參觀、讓學生運用不同的教具學習等。

（三）善用科技輔具、軟體與線上學習網站

目前有許多網站如 cool English、因材網、PaGamO、均一教育平臺、GeoGebra 等數位學習資源，提供所需學習扶助資源，許多教師在這方面網站的使用，仍然較爲缺乏；此外，相關教學 APP 或軟體如 Kahoot、PhET 科學實驗互動模擬教學、Google 3D 街景動畫、Arguman 論辯地圖、各種心智圖軟體等，皆可以協助教學事半功倍，學生亦可透過實作、視覺變化，提高學習動機與學習效率。此外，學校若僅透過研習，教師亦未必會在班級內使用，因此，學校可以邀請具使用心得的校內外教師進行分享，或組成社群，定期分享使用心得，有助提升教師的使用意願及使用率。

（四）關心學生、建立自我概念與學習認同感

學習落後學生學習動機、自我認同感、自我概念普遍有較低的現象，因此讓學生感受到老師的關心、善意、鼓勵與包容，營造溫馨氛圍的班級氣氛，讓學生感覺溫暖與被支持，並與家長保持溝通讓家長了解學生學習情況，則更有助於學生學習成長。

（五）確保課程和評量的促進皆是以學生為中心的教學

學校和教師應使用診斷工具以及形成性和總結性評估來監測兒童的進步，並確保他們獲得良好的理解和知識，確保學校提倡高期望和邁向成功的課程。

（六）教學應著重於學生起點行為不足的補強與概念的建立與釐清，並據以設計個別化的教學計畫

　　在訪視學校學習扶助計畫執行時，筆者常發現教師最重視的是學生的進步率，這樣的情形同時存在於原班的教師與學習扶助班教師的身上，因此科技化測驗平臺所測量出來的學生學習成果及其所呈現未達成的學習指標，常常未得到授課教師的首要重視。補救教學授課教師經常使用補救教學學生同年級的學習教材，作為學習扶助上課時的教材與製定教學計畫的依據。因此，透過練習，學生在學習成就上看起來有所提升，但是基本概念常常還是模糊不清的，這種現象常見於數學。因此教師應該改變對於分數的迷思而著力於其基本能力指標的不足，針對基礎的不足設計個別化教學計畫，加以補強、建立或釐清。

四、教學輔導方面

　　學校領導也是相當重要的因素，好的學校領導者常常是績效較低學校轉型的契機，偏遠地區學生學習弱勢的問題，更有賴有效的教學領導給予協助。然而，偏遠地區學校領導者，在目前校長任用的制度下，常為新進校長，為了增強其能力，教育當局應提供一般專業知識和教學領導專門知識，學校領導所面臨挑戰提出應對策略，學校當中如何提升弱勢學生的學習成就與關懷輔導，也是其中非常重要的環節。教育當局應提供教學領導的進修、師傅校長的指導和學校領導者的網絡支持。學習扶助工作，不僅是行政領導上的帶領與支持，更是需要課程與教學的領導，因此，學校的教學領導工作應該落實學習扶助工作小組會議。目前學習扶助工作小組會議，常見的問題是較偏重討論補助的內容例如經費及其使用方式、開班的人數或班級數是否達到一定的就輔率、進步率與召開學習扶助會議的次數是否達到縣市教育局所訂定的標準等，較偏向於行政督導層面；但對於進行學習扶助的教學歷程，卻是較少提供協助。因此建議學校可以成立工作圈或者學習扶助社群，針對弱勢教育的部分進行研討，並且定期額外安排學習扶助班級與授課教師進行會談與專業對話，以增加二者之間的溝通。同時，學校也應該提供學習扶助授課教師有關學習扶助的進修輔導，或設立 Mentor 教師，提供教學的諮

詢與協助等。

參考文獻

（一）中文部分

余民寧、李昭鋻（2018）。補救教學中個別化教學對學生學習成效之影響分析。**教育科學研究期刊**，**63**(1)，247-271。

李孟峰、連廷嘉（2010）。「攜手計畫—課後扶助方案」實施歷程與成效之研究。**教育實踐與研究**，**23**(1)，115-143。

周仁尹、曾春榮（2006）。從弱勢族群的類型談教育選擇權及教育財政革新。**教育研究與發展**，**2**(3)，93-122。

洪儷瑜（2001）。義務教育階段之弱勢學生的補救教育之調查研究。**師大學報**，**46**(1)，45-65。

洪儷瑜（2012）。由補救教學到三層級學習支援。**教育研究月刊**，**9**，13-24。

洪儷瑜、陳淑麗與曾世杰（2005）。以國語補救教學診斷原住民學童是否為學習 障礙：轉介前的效度考驗研究。**特殊教育研究學刊**，**29**，127-150。

教育部（2014）。**國民小學及國民中學補救教學實施方案**。

教育部（2017）。**各年級通過標準設定**。取自「國民小學及國民中學學習扶助方案科技化評量」平臺。https://exam.tcte.edu.tw/tbt_html/index.php?mod=news/index/news_id/224

教育部（2019）。**教育部國中小學習扶助兼顧課中與課後學習讓課業更進步**。擷取 03https://www.k12ea.gov.tw/Tw/News/K12eaNewsDetail?filter=9F92BBB7-0251-4CB7-BF06-82385FD996A0&id=4dd5dc0d-88ce-418e-ac3d-fb9c680451da

郭明堂、黃涵鈺（2009）。國小高年級英語低成就學生補救教學之行動研究。**屏東教育大學學報——教育類**，**32**，101-138。

曾世杰、陳淑麗與蔣汝梅（2013）。提升教育優先區國民小學一年級學生的讀寫能力——多層級教學介入模式之探究。**特殊教育研究學刊**，**38**(3)，55-80。

譚以敬、吳清山（2009）。臺北市弱勢學生教育政策的現況及其未來因應措施之研

究。教育行政與評鑑學刊，**8**，77-94。

（二）英文部分

European Agency for Special Needs and Inclusive Education. (n.d.). *Raising the achievement of all learners in inclusive education-country report: Finland.* Retrieved from https://www.mathplayground.com/thinkingblocks.html

Gersten, R., Compton, D., Connor, C., Dimino, J., Santoro, L., Linan-Thompson, S., & Tilly, W. D. (2009). *Assisting students struggling with reading: Response to intervention (RTI) and multi-tier intervention in the primary grades.* IES practice guide. (NCEE 2009-4045). Washington, DC: National Center for Educational Evaluation and Regional Assistance, Institute of Education Sciences, U.S. Department of Education.

Graham, L. J. & Jahnukainen, M., 2011. Where art thou, inclusion? Analysing the development of inclusive education in New South Wales. *Alberta and Finland' Journal of Education Policy, 26*(2), 263-288.

Huang, C.-T., & Yang, S.-C. (2015). Effects of online reciprocal teaching on reading strategies, comprehension, self-efficacy, and motivation. *Journal of Educational Computing Research, 52*(3), 381-407.

OECD (2012). *Equity and Quality in Education: Supporting Disadvantaged Students and Schools.* OECD Publishing. http://dx.doi.org/10.1787/9789264130852-en

第七章

從 OECD 報告分析對臺灣教師專業成長的啟示

顏國樑、胡依珊

People become people through other people

教育是育人的工作，最重要的是人，不是機器。相信70年後、100年後，教師還是會存在，但希望是與現在不同方式的存在。

無論社會如何演變，我們相信也希望教師永遠存在，在高科技社會中發揮人性的光輝！這不正是教師存在的價值？

—— 歐用生教授

前言

　　國際社會自21世紀日益關注並積極推動「教育一體化」，為了了解各國教育政策與教師團隊建設的實況，經濟合作發展組織（Organization for Economic Co-operation and Development，簡稱OECD）展開了全球性持續調查的活動，並依據調查報告，分析了一系列的報告。可見，教育事業不再是關起門來自耕自田，自給自足的事了。教師的質量與學生學習的質量具有密切的關係。因此，基礎教育素質更是奠定教育基礎的關鍵因素。在素養導向的教育目標下，建構高素質、跨領域、多元融合基本能力的教師隊伍已是教師教育領域的共同目標，但要真正落實，是世界性的難題。

　　自2002年開始，OECD國際性的調查，多項相關教育領域（學校領導、教師、學生）的資料蒐集與分析、及時而可比的數據，已成為國際的重要標竿。學校教育質量的良窳攸關教師團隊的能力水平，而教師是提升教育質量的關鍵。李安琪、洪明（2019）認為，新世紀以來，追求教育質量已成為世界性的課題。OECD的職能原以各國和全球社會政經問題為研究主題的國際機構，為了了解各國教師政策的實施與教師團隊建設的情況，近年來也逐漸緊密關注教育課題而展開了如「有效的教師政策—來自PISA的見解」（Effective Teacher Policies: Insights from PISA，簡稱有效教師政策），其為國際教師教育提供了藍圖和依據。雖然PISA考試主要測評介於15至17歲年齡段學生的學科能力，但教師質量與基礎教育學生的學習質量脫不了關係，而社會對教師教學問題的關注力也隨之增強。

　　於此，「有效教師政策」在 2015 年對 19 個國家進行的調查當中發現，能夠在 PISA 考試中獲得高分的國家，其教師隊伍的建設相對較為完善，報告歸納出以下共性：教師職前培訓機制嚴格、學校本位支援充足、教師評鑑制度健全且落實到位、在職教師流失率低、校長管理和創新能力強、學校擁有教師任用自主權。然而，在快速變革的知識經濟時代，面對經濟全球化的不斷衝擊，教育系統面臨的諸多挑戰，學校教育需要變革，以適應社會需求（張素貞、李俊湖，2012）。而身負傳道、授業、解惑重任的教師，則必須關切自身的能力，以符應現今抑或是未來世界公民之教育需求。

　　再者，OECD 自 2008 年起展開「教學與學習國際調查」（Teaching and Learning International Survey，簡稱 TALIS），其主要調查對象為國民小學、國民中學、高級中學教育階段的學校及教師，每五年調查一次，至今進行了三次的大規模調查，第三次即時 2018 年度，從 2008 年的 24 個國家參加，2013 年的 34 個國家參加，到 2018 年的 48 國家參加，可見其受重視程度。TALIS 主要針對學校學習環境與教師工作情況做大規模的調查。調查對象為校長與教師，其主要調查的內容有：師資職前教育與教師進入職場的準備、教師的教學實務與工作現況、投入教職的動機與工作滿意度、教師背景特質與職場關係、教師的自我效能、教學創新、平權及全球化與多元及多語情境下的教學、教師專業發展類型與需求、學校政策與學校領導、學校氣氛與校園工作環境（OECD, 2019a）。臺灣則參與了 2018 年的調查，其中共 200 所國民小學、202 所國民中學、151 所高級中學參與受訪（柯華葳、陳明蕾、李俊仁、陳冠銘，2019）。本文藉由了解臺灣首次參加 TALIS 調查的整體表現，以及臺灣與各國或國際水平上的表現進行探究，並提出對臺灣教師專業成長的啟示。

貳　TALIS 關注的議題

　　TALIS 的調查項目最初的調查框架大量來自於其在 2002 至 2004 年進行的一項 25 國的教師政策研究（OECD, 2004）。該研究總結，整體上各國在教師隊伍建設方案主要關切的是從事教育行業的吸引力、教

師知識和技能的發展、吸收、選拔與聘任，或將優秀教師留在學校等幾個方面，這些政策與 INES[1] 的指標相結合行程 TALIS 調查框架的雛形（朱小虎、張民選，2019）。其涵蓋 15 個指標領域：

表 1　TALIS 指標領域與對應的政策問題

政策問題	指標領域
吸引人才成為教師	a. 足夠的教師供給和教師短缺 b. 新教師的基本特徵 c. 新教師的動機和早期職業經歷 d. 高效的選拔和聘任過程及職業吸引力
發展教師專業能力	a. 師資培育的的基本特徵 b. 師資培育的分布和頻率 c. 師資培育的有效性及滿意度
留住教師隊伍人才	a. 教師流失 b. 工作滿意度和人力資源管理 c. 教師評鑑（含反饋與獎勵）
學校政策和有效性	a. 學校領導 b. 學校氣圍
高質量教師和教學	a. 教學行為、信念、態度 b. 教師質量（驚訝、資格、負責任） c. 時間管理

資料來源：OECD（2019a）.*TALIS 2008 technical report.* (p.26). Paris: OECD.

一、TALIS 2008 首次調查

　　教師的專業發展與教學成效一直是各國所關注的，而教師的教學質量的評估主要以提高教育品質，促進學生的學習成效為目標。然而，學生的學習成效的提升始終是困擾教育體制改革的問題（張繼寧，2010）。OECD 於 2006 年首次針對學生學習環境及教師工作條件進行

---

[1] 1988年OECD啟動了國家教育系統發展指標（Indicators of National Education Systems, 簡稱INES）項目，力圖建立一整套指標來量化描述各國教育系統。其最初報告的內容為學生人數、畢業率及教育資源等標準化指標。

調查──「教與學國際調查」（簡稱 TALIS）。並在 2008 年發布了調查報告。該調查至今進行了三次，其數據經已成爲國際上教育政策的參照標竿。

　　TALIS 主要透過教育現場教師與校長的視角，檢視三個主要面向的議題（OECD, 2009）：（一）學校領導與經營；（二）教師評鑑與專業發展；（三）教學實踐、教學活動、教學信念及教學態度。在首次的調查中共有 24 個國家、超過 7 萬名的教師與校長參與。其調查發現如（OECD, 2009）：1. 絕大多數的國家教師對於教學工作感到滿意。2. 多數教師會先透過衡量自己的時間及財務狀況，再考慮參與教師專業發展活動。3. 四分之三的教師表示，即使努力提升自己的教師素質，也不會得到校方獎勵或同儕的讚揚。4. 四分之三的教師表示在自己的學校中，教師不會因爲具有高效能而獲得獎勵；同時，表現不佳的教師也不會受到校方的懲罰。5. 整體而言，積極接受教師評鑑與教學回饋的教師，表現出持續精進教師專業的意願。各國教師普遍認爲，教師評鑑制度並不僅僅是教育官僚的管控機制，該制度亦能促進教師在工作上的成長動機。6.「教師專業發展」必須符合成本效益及供需平衡。7. 大多數國家的教師認爲，本身在教學上以傳統教學多於以學生需求爲中心的教學。8. 促進教師參與專業發展活動的關鍵因素在於學校領導，其能夠有效地鼓勵組織教師協同合作團隊，促進從事教學創新與滋生融洽的師生關係。9. 學校氣氛、教學信念、教師合作、教師工作滿意度、專業發展、不同教學技巧的應用等六者之間具關聯性，有助於形塑正向且有效學習的環境。10. 由於教師對自身工作的投入程度、教學信念、成長需求皆有所差異。由上而下的單一政策已無法滿足對未來發展的需求了。

二、TALIS 2013 第二次調查

　　2013 年，34 個國家參加了第二次的調查（當年新加入的國家爲日本和新加坡），在第二次的調查中，在首次調查內容向度的基礎上增加了一些新的向度。主要包括：1. 學校領導力，包括團體領導。TALIS 主要關注學校管理委員會的決策權和責任承擔者、處理領導事務所用時間和頻率、對主導型管理委員會的看法、限制委員會效用的因素、教師

評估的頻率、學校氛圍、教師工作指導、工作滿意度。2. 教師培訓，包括專業發展和教師教育。TALIS 主要關注被調查成員國教師為了實現專業發展參與培訓的狀況，如需求是否實現和實現規模等。3. 教師評鑑和反饋。TALIS 主要關注學校如何評鑑教師工作，這種評鑑對教師專業發展是否具有促進作用；教師如何獲得對教學工作的反饋，包括反饋的來源和頻率；評鑑制度在獎勵表現優秀教師的同時，如何為需要專業支持的教師提供幫助；不同的評價與反饋系統如何作用於學校文化、教師之間合作等問題。4. 教師的教育信念、態度和教學實踐，包括學生評估實踐。TALIS 項目重點調查各國教師教實踐活動，同時關注學校領導、教師教學信念、教師背景差異對教師產生的影響。5. 教師自我效能、工作滿意度和工作環境氛圍。此向度主要了解教師的課堂管理與學生參與情況，同時調查教師對工作環境與工作氛圍的滿意度（OECD, 2014）。其主要調查教師的六個向度：

表2　TALIS 2013 調查指標

向度	主要指標
教師專業發展	教師專業發展的投入、參與教師專業發展的期待程度、近期參與的活動、參與專業發展活動的持續性及效果、教師入職項目、校方對教師專業發展的支持度、教師專業發展的障礙
教師評鑑與反饋	評鑑方式（直接觀察、調查）、評鑑重點（學科知識、實踐能力）、評鑑的積極影響（得到認可、生涯發展、工資待遇、教學實踐）、教師評鑑與反饋的認同感
一般教學	教與學的理念（教師和學生地位、知識和實踐的平衡）、合作或小組協作討論學習、相信並鼓勵學生、培養學生批判性思維、要求學生遵守課堂規範、多元評量與多元教學策略。
特定班級教學	重視學生特殊需求、適性教學、關注特殊學生、差異化教學、對特殊生的評量方式
學校氛圍與工作滿意度	師生與家長共同承擔責任、合作型校園文化、師生關係、對教師職業的認同感、工作滿意度、傾聽學生、同儕關係
教師移動力	海外培訓經歷（主題學習、語言學習、建立校外聯繫、教學）

資料來源：OECD (2014). *TALIS 2013 results: An international perspective on teaching and learning.*(p.28). Retrieved May 5 2016 from https://www.oecd.org/edu/school/TALIS-2013-Executive-Summary.pdf

三、TALIS 2018 第三次調查

　　TALIS 自 2008 年相續至今每五年進行一次大規模的國際調查，臺灣首次參與調查即爲 2018 年。2018 年的全球正式版本的調查分爲學校問卷與教師問卷，其較 2013 年增加了兩個向度。學校問卷的內容包括校長個人背景資料、學校背景資料、學校領導、教師工作考評、學校氣氛、導入方案與教學輔導實施、多元環境下的辦學、工作滿意度八個向度。教師問卷的內容則包括教師個人背景與教師資格、工作現況、專業發展、教師回饋、教學的一般情形、特定班級的教學、多元環境下的教學、學校氣氛及工作滿意度、教師移動力九個向度（OECD, 2019b）。OECD 在 2018 年度的調查向度當中增加了多元環境下的教學，主要基於全球化和人口的移動，多元文化，甚至多語環境下的教學亦是TALIS 所重視的提議，其涵蓋的項目有：妥善處理多元文化班級的挑戰、因應多元文化的學生調整教學、確保移民與非移民背景學生之間的合作、提升對學生之間文化差異的覺察、減少學生間對族群產生刻板印象。然而，相較於其他國家，臺灣的族群還算比較單一，主要不同族群的現況爲原住民、新住民。因此，依據柯華葳、陳明蕾、李俊仁、陳冠銘（2019）調查分析，臺灣國小教師自覺在對於多語環境下教學的準備度、妥善處理多元文化班級的挑戰、因應多元文化的學生調整我的教學、確保移民與非移民背景學生之間的合作，相對於國際平均水平是比較弱的。

　　綜合所言，比較過去三次 TALIS 調查內容與框架可發現，其每一的微調均離不開教學與專業成長的核心內容。如教師教學行爲、教師信念、教師態度、教師專業發展、教學領導、教師評鑑與反饋、學校氛圍等幾個項目皆是調查項目的核心。可見得無論是學校教育的有效性，抑或是政策考量，教師的教學與教師的專業成長都居於教育政策的核心地位。

參　OECD視角下各國的教師專業發展的方式

OECD 在 2019 年 7 月 4 日在法國塞夫雷斯舉行的七大工業國組織

（Group of Seven，簡稱 G7）的教育部長級會議中的總結報告的數據作為課題的開始，主要藉由對 OECD 數據的分析，發現各國教師在專業成長及教師專業學習社群的學習現況、發展及需求。TALIS 高級分析師 Karine Tremblay 根據「TALIS 2018 年成果（第一卷）：教師和學校領導」總結了 TALIS 2018 年關於七大工業國組織（G7—加拿大、法國、德國、義大利、日本、英國、美國）的教師職前和在職專業發展的調查結果（OECD, 2019b）。其目的是根據教師對專業學習的態度、觀點提供最新數據。

OECD（2019c）指出，教育不再只是教學生一些東西，而是開發一個可靠的指南針和工具，讓他們自信地在日益複雜、動盪和不確定的世界中導航。如今，那些易於教學和測試的知識已經變得容易數位化和自動化，社會不再僅僅樂見學生所知，而是需要運用所知解決生活上或世界性的難題。而教師需要幫助學生提升思維能力及加強與他人合作的能力，拓展視野格局，並發展個人的能動性。隨著資訊時代的迅速發展，學習方式隨之改變，社會因此對教師產生了更高的期望，除了對學科與課程有深入而廣泛的掌握外，學生的學習方式、學習情境、學習媒介、學習環境、學習狀態，以至於學生的心理都是必須被同時關注的。同時，教師被期望充滿激情、富有同理心、讚賞與鼓勵學生，並回應不同背景、不同需求的學生。因此，教師在入職前的師資培育內容與正式入職後在教學上所應具備各方面知能的一致性與連貫性，以及入職後得到的支援至關重要。

一、教師職前訓練與入職後所獲的支援

教師的職前訓練與學校系統如何在教師職業生涯中為教師提供成長性的支援？而教師是否願意持續擔任教師這個職業，關鍵在於入職後的首五年，而這五年當中是否得到充分的學習機會、能否在教學工作及專業上得到相應的支援，是至關重要的。教師往往在入職後得到的支援來自於校長或有經驗教師的督導、一般行政介紹、參與計畫會議；反之校內同儕協作、參與校外專業社群等相關提升教學質量的支援是比較少的。於此，TALIS 決定以三個核心要素（所教授的學科內容、教學法、

課堂實踐）作爲教師具高素質教學準備作爲審查。

　　Initial Teacher Preparation（簡稱 ITP）研究還審議了教師職前教育和培訓的內容（OECD, 2019b），並得出結論：

（一）連貫和全面的職前教師教育課程涵蓋內容和教學知識，並發展與理論知識相關的實踐技能。

（二）確保資訊即時更新和新的教學模式定期納入職前教師教育，需要不斷反思教師的知識，以及學校與教師教育之間的牢固夥伴關係。

（三）應向大學和學校教師教育工作者提供機會，擴大他們的知識並參與社區合作調查，因爲他們在培養教師方面發揮著關鍵作用。

　　OECD 認爲，無論職前的教師教育有多好，都不能指望教師在第一次正式聘用時，爲他們所面臨的挑戰做好準備。然而，倘若教師在剛入職階段即獲得全面的支援，其所教的學生比沒有獲得這種支援的教師所教的學生享有更大的學習效果。OECD（2019b）在關於有效教師政策的一份報告指出，作爲初始教師教育的一部分，或開始教學時的強化入職或輔導方案，是強制性的、長期的課堂實踐，這是一個高績效和公平的教育制度的重要元素。

二、適性的教師在職培訓

　　對於在職教師參與專業發展及需求方面，義大利的例子相當成功。義大利政府注重教師激勵措施與教師的專業發展需求保持一致。義大利政府於 2015 年引入「良好學校改革」（la Buona Scuola），將在職培訓作爲強制性、永久性和結構性的培訓。這項改革旨在解決義大利教師專業發展活動參與率低的問題。義大利政府投入大量資金（15 億歐元），專門用於系統技能（學校自主、評估和創新教學）和 21 世紀技能（如數位技能、學校工作計畫）和技能領域的培訓，包容性教育。該方案之所以引人注目，是因爲它爲教師根據自己的需要參加專業發展活動，提供了量身訂製的方法和選擇範圍。教師的「教師卡」每年可獲 500 歐元，使他們能夠參加培訓活動並購買相關資源（書籍、會議門票）。

三、運用 ICT 教學

將資訊與通訊科技（Information and Communications Technology，簡稱ICT）融入教學和學習是教育系統面臨的另一個挑戰（OECD, 2019）。在 G7 國家中，校長認為，數位教學技術短缺或不足影響了學校教學品質（其中法國和義大利的校長占 30%，日本有 34%，OECD國家中，平均約有 25%）。然而，OECD 早先的分析表明，除非教師接受過使用 ICT 的培訓，否則僅僅接觸技術不會改善學生的學習能力（OECD, 2014）。因此，必須掌握教師對 ICT 專業發展的需求。然而，在 2013 至 2018 年，法國、義大利、日本的教師參與此類專業發展活動的數量有逐年大幅增加的跡象。

臺灣在 2018 年第一次參與 TALIS 的調查中發現各教育階段（國小、國中、高中）皆不認為優質教學受數位缺乏的阻礙程度高（僅6-11%），且對 ICT 教學的需求偏低（低於 24%），這現象亦可從調查報告中的「讓學生運用 ICT 完成專題」的比例遠低於國際平均（40-60%）（臺灣介於14-25%）。但在於過去一年有參與ICT教專活動的比例的教師卻是與國際平均水平相仿的（介於 60-66%）。然而，僅僅一成的校長認為該校有數位硬體的需求，也就是說，學校已經具備相應的硬體設備，但使用率相對的低。閔詩紜、顏國樑（2018）指出「科技資訊與媒體素養」是國民小學教師具備度次低的層面，其知覺素養較低項目為「培養學生具備科技與資訊應用的基本素養」。另外，在 108 課綱國中與高中職階段新興科技領域，更需科技領域的教師與專業成長需求。然而，疫情的肆虐衝擊了一般的社交活動，學校教學活動亦然（柯華葳、陳明蕾、李俊仁、陳冠銘，2019）。程介明（2020）認為，在社交距離的限制之下，大班制的班級授課方式被迫調整，線上教學與線下自主學習的混成學習（Blended Learning）方式亦成為必然的趨勢。

再者，OECD《2030 年學習羅盤》所理解的，學生作為能動者（student agency）的概念源於學生有能力和意願積極影響自己的生活和周圍的世界（OECD, 2019c）。因此，學生作為能動者被定義為設定目標、反映和負責任地採取行動以實現變革的能力。這是積極主動的表現，即

「行動」而非「被行動」；「塑造」而不是「被塑造」；學生做出負責任的決定和選擇，而不是接受別人決定的決定和選擇。

當學生成為學習的推動者時，他們在決定學習什麼和怎麼學習時，往往會表現出更大的學習動機，並且更有可能為自己的學習確定目標。這些學生也更有可能「學會學習」，這是他們一生中能夠運用的寶貴技能。「能動性」可以在道德、社會、經濟、創造性等不通背景下行使。雖然良好的「能動性」是個人實現長期目標和克服逆境的有利條件，但學生需要基本的認知、社會和情感技能，這樣他們才能將「能動性」應用在自身和對社會有貢獻的方面。然而，學生在教育中發揮積極作用的概念是學習指南針的核心，越來越多的國家正在強調這一點。

在鼓勵學生能動性的教育體系中，學習不僅涉及教學和評價，還涉及共建。教師和學生成為教學過程中的共同創造者，而學生、教師、家長和社區共同努力，與學生朝著共同的成長目標邁進。

肆　TALIS 2018臺灣調查現況

TALIS 2018 除了有 48 個國民中學教育階段的國家或地區參與外，國民小學階段參與的有 15 個國家，高級中學教育階段參與的則有 11 個國家。臺灣在 2018 年首次參加 TALIS 調查，國小、國中、高中三個教育階段皆參與調查。如前述，參與的國小有 200 所、國中 202 所、高中 151 所，各校除了填答校長問卷外，也隨即抽出 20 至 30 位的教師填答教師問卷，調查結果校長問卷填答率 100%；教師問卷填答率 94%。可見臺灣教育人員對 TALIS 調查之重視程度。

TALIS 調查教師針對不同主題的專業發展活動的需求程度評估，其問卷內容包含：任教科目領域的學科知能、任教科目領域的教學知能、課程的知識、學生評量實務、應用於教學的資源與通訊科技（ICT）技能、學生行為輔導與班級經營、學校管理與行政、個別化教學取向、身心障礙學生的教學、多元文化與多語情境下的教學、教導跨學科學習的技能（例如：創造力、批判思考、問題解決）、學生評量結果的分析與應用、親師合作（親含監護人）、與不同文化或國家的人們溝通（柯華葳、陳明蕾、李俊仁、陳冠銘，2019）。

　　本文摘選影響教師專業成長相關類別如師資培育課程、自我效能、壓力源、教師專業輔導與成長、專業發展的阻礙方面作進一步探析（柯華葳、陳明蕾、李俊仁、陳冠銘，2019）。

一、師資培育課程

　　在師培階段，90% 以上的教師學習的課程涵蓋教育概論、學生發展、班級經營等課程。學習任教科目（content knowledge）及任教科目教學法（pedagogy content knowledge）則有 85%。至於差異能力的教學與跨學科學習技能方面則不到七成的職前教師修過。另外，近六成教師學習國應用於教學的 ICT 技能。但是，相較於國際水平，臺灣在師培階段的課程培育內容與教師感受師培課程對教學所提供的準備度上在「學生差異能力的教學」、「跨學科學習技能」及「應用於教學的 ICT 技能」方面是較不足的（如圖 1）。

表 3　臺灣各教育階段教師調查結果

類別	項目	教育階段		
		國小	國中	高中
師資培育課程	師培時修課比例相對少的課程	教導跨學科學習技能（68.8%）	學生差異能力教學（67.1%）	學生差異能力教學（64.7%）
		學生差異能力教學（65.7%）	教導跨學科學習技能（66.9%）	教導跨學科學習技能（64.1%）
		應用於教學的 ICT 技能（57.7%）	應用於教學的 ICT 技能（59.2%）	應用於教學的 ICT 技能（56.4%）
		多文化多語情境下教學（43.2%）	多文化多語情境下教學（43.3%）	多文化多語情境下教學（42.1%）

類別	項目	教育階段		
		國小	國中	高中
壓力源	要為學生學習表現負責	45.2%	43.4%	42.8%
	行政工作過多	38.5%	34.6%	38.9%
教師專業輔導與成長	一對一輔導	10.4%	8.3%	10.3%
	教師最常參與的專業發展活動主題	任教科目領域的教學知能（90.6%）	任教科目領域的教學知能（95.9%）	任教科目領域的教學知能（93.5%）
		任教科目領域的教學知能（91.4%）	任教科目領域的教學知能（94%）	任教科目領域的教學知能（90.6%）
		課程的知識（90.6%）	課程的知識（91.5%）	課程的知識（91.4%）
	教師具高度需求的專業發展活動主題	教導跨學科學習技能（29.1%）	教導跨學科學習技能（26.1%）	教導跨學科學習技能（29.1%）
		ICT 應用於教學的技能（23.3%）	ICT 應用於教學的技能（24.2%）	ICT 應用於教學的技能（23.3%）
專業發展的阻礙	填答同意或非常同意的百分比	工作忙碌（65.8%）	工作忙碌（71.8%）	工作忙碌（71.3%）
		家庭責任（55.8%）	家庭責任（58%）	家庭責任（51.7%）
		缺乏誘因（50.4%）	缺乏誘因（55.2%）	缺乏誘因（49.4%）

資料來源：研究者修改自柯華葳、陳明蕾、李俊仁、陳冠銘（2019）。**2018教學與學習國際調查臺灣報告：綜整報告（頁2-3）**。新北市：國家教育研究院。

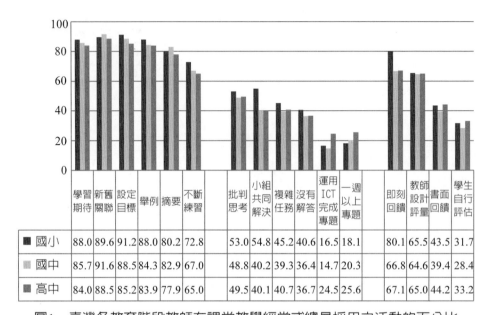

	學習期待	新舊關聯	設定目標	舉例	摘要	不斷練習		批判思考	小組共同解決	複雜任務	沒有解答	運用ICT完成專題	一週以上專題		即刻回饋	教師設計評量	書面回饋	學生自行評估
■ 國小	88.0	89.6	91.2	88.0	80.2	72.8		53.0	54.8	45.2	40.6	16.5	18.1		80.1	65.5	43.5	31.7
▨ 國中	85.7	91.6	88.5	84.3	82.9	67.0		48.8	40.2	39.3	36.4	14.7	20.3		66.8	64.6	39.4	28.4
■ 高中	84.0	88.5	85.2	83.9	77.9	65.0		49.5	40.1	40.7	36.7	24.5	25.6		67.1	65.0	44.2	33.2

圖1　臺灣各教育階段教師在課堂教學經常或總是採用之活動的百分比

資料來源：柯華葳、陳明蕾、李俊仁、陳冠銘（2019）。**2018教學與學習國際調查臺灣報告：綜整報告**（頁**6**）。新北市：國家教育研究院。

二、壓力源與專業發展的阻礙

　　臺灣教師普遍滿意其工作，但仍然感受到不同的壓力源，其壓力源主要是「要為學生表現負責」（43%-45%）及「行政工作過多」（35%-39%），而教師專業發展的阻礙主要以工作忙碌、家庭責任、缺乏誘因為主因。但相較於國際水平，臺灣各階段教師的工作壓力源皆稍比國際水平低（如圖2）。

三、教師專業輔導與成長

　　三個教育階段的教師在職前師培課程中，修課比例較少的課程為跨學科學習技能、學生差異能力教學、應用於教學的 ICT 技能、多文化多語情境下的教學。依據十二年國教 108 課綱核心素養重視學生學習歷程、與生活情境結合、跨域學習的目標下，教師職前師資培育應加強跨域學習技能的教學能力，以符應新課綱的目標。另外，應用於教學的

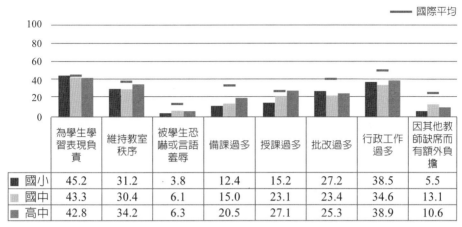

	為學生學習表現負責	維持教室秩序	被學生恐嚇或言語羞辱	備課過多	授課過多	批改過多	行政工作過多	因其他教師缺席而有額外負擔
■ 國小	45.2	31.2	3.8	12.4	15.2	27.2	38.5	5.5
□ 國中	43.3	30.4	6.1	15.0	23.1	23.4	34.6	13.1
■ 高中	42.8	34.2	6.3	20.5	27.1	25.3	38.9	10.6

圖2　臺灣各教育階段教師工作壓力來源為多或非常多的百分比

資料來源：柯華葳、陳明蕾、李俊仁、陳冠銘（2019）。**2018教學與學習國際調查臺灣報告：綜整報告（頁11）**。新北市：國家教育研究院。

ICT 技能方面的訓練不足則與教師專業輔導與成長類別中，教師具高度需求的專業發展活動主題中，ICT 應用於教學的技能及教導跨學科學習技能相符。前述項目相較國際水平，臺灣的三個教育階段皆與國際水平的百分比相去甚遠，尤其運用 ICT 完成專題的項目。於此，說明三個教育階段的教師在 ICT 應用於教學的職前訓練不足，以及在課堂教學中實際運用於的比例少有極大的相關性。

伍　疫情衝擊下的學習新常態

全球自 2019 年末，遭遇顛覆性的 Covid-19 疫情襲擊，各國被迫封城；經濟停滯，各行各業接連倒閉。研究者不禁思考，教育在此時應扮演的角色該是如何的呢？我們的教與學的方式該如何因應呢？是學校教育的「停課不停學」，按照日常學習進度，應付各項不同階段的考試？還是該視「危機」為「契機」，一改過去教育工作者一向「想為而無法為」，受限於課堂教學而無法眞正融合學生的生活情境；有效關注學生的學習歷程，眞正讓學生解決生活上的眞實問題；抑或是有效結合科技的深度學習？於此，因全球疫情衝擊而促成的社會生活新常態，教育該

如何隨之改變，才能促成有效學習或自主學習？

　　誠如前述，隨著 OECD 近十年對教育的重視，過去三輪的 TALIS 國際性調查框架中逐步深入關注教師教學行為和信念與態度、教師專業發展、教學領導、教師評價和反饋、學校風氣等幾項教師面向的調查。同時 G7 亦將相關 TALIS 2018 報告作為主要探討教師發展的參照。可見，無論從學校教育有效性或政策重要性考量，教師教學和專業發展都居於教師政策的核心地位。

　　2008 年至今，TALIS 已經進行了三次的調查。國際上參與 TALIS 的國家從最初的 24 個增加到 2018 年的 48 個。TALIS 從最初只針對初中階段，發展到包含小學至高中各學段，並且提供 TALIS－PISA 連接選項。全世界近 26 萬名教師參與 TALIS 2018 調查。其代表著 48 個參與國家的 800 萬名教師。過去，在科技迅速發展，改變人們的生活型態，甚至思維模式。然而，學校和教師從未被如此密切的關注。教師不僅僅需要具備傳統意義上的學科知識、教學知識和學科教學知能，還需要通過持續學習、探索和研究，成為專業成長的終身學習者。

　　在常態學習的情況下，教師除了需掌握學科知識、教學知識、課堂實踐外，教育教學關注更聚焦課堂、關注師生間的互動、教學設計，以及 ICT 的融入運用等。在教師們對學科知識、教育專業知能方面的掌握已不成問題，僅僅需要琢磨更精進，帶領學生從關注能力到探索素養導向教學的當兒，ICT 依舊是 21 世紀數位時代需要教師們探索如何有效融入教學與學習任務中的新興議題。

　　然而，自 2020 年 2 月開始，COVID-19 疫情爆發以後，為了讓學習不中斷，各國教育教學依然不停擺，不約而同地把可近距離互動的課堂改為線上互動。當所有實體教學被搖身一晃，只能侷限在屏幕與指尖上的互動後，社會的活動被按暫停時，我們似乎應該慶幸科技的發達，人手一機，寬頻覆蓋，只要人在，教育教學可以不停擺。但是，當各國紛紛因疫情肆虐，被迫施行行動管制，抑或是封城封國，當人們只能宅在家時，對於基礎教育而言，究竟教學、學習還能有效的進行嗎？遠距教學（或稱線上教學、網課）的施行，其效果如何？有學者認為，所謂的「停課不停學」，是「課」沒停，形式依舊，只是「學習」

停擺了？還是如大家所望，「學習」依舊，效果彰顯呢？

　　程介明（2020）以各國教師因應疫情，學校在因應突如其來的封城，從一開始的毫無準備，勉強應戰，將課堂搬到線上，到因短期內復刻無望，逐步轉移模式至轉換思路，將線上教學做了許多的創新，一直到探索疫情後的新常態，以準備復課。當世界衛生組織及病毒專家認為，病毒在短期內不可能消失，人們的生活，社交活動必然進入新常態，教育亦然。因為侷限，卻意外發展出更多的可能性，如精簡節約講授時間，學生有更多靜默、思考、自學的時間，過去一般實體課堂教學，一節課 40 分鐘，教師往往較不易掌握講授時間的「度」，時而說多了，活在課堂分組調度的過程中消耗了時間。而遠距教學在時間上的調整以後，授課內容更講究步驟與系統，甚至在線上演示、手動製作、烹飪、家務等都能夠有效學習，教師更有機會進行小組聊天或線上家訪，因此學習與生活的結合更不在話下。

　　危機與契機的一念之差，疫情當前，教育工作者第一反應無一不認為，線上教學的隔空授課、進度受阻、難以觀察學習效果以及需要揣摩學生的反應，效果肯定不如近距離面對面授課的彰顯。然而，當「進度」被捨棄的時候，創意即得意彰顯了，教師們不再（不能）抱著課程進度，努力的趕課的時刻，反而更關注個別學生的學習狀態了。這不就是教育長期要求，亦即教師們一直渴望能夠「關注每一個孩子」的理想狀態嗎？同時，促發思考的是，過去倡導的集體教學、期望達至同儕互助的分組教學等，是否是讓積極主動、善於表達的孩子有表現的機會，而遏止了內向不善言辭的孩子被埋沒了呢？遠距教學進行的當兒，孩子們處在各自獨立的空間裡，身旁少了跟學習無關的事物干擾，可專注在螢幕前與教師與同儕的聚焦於學習上的互動。這意外的使得平常在課堂中不活躍的孩子更為積極。

　　綜合所言，遠距教學的實踐，為教與學產生了新的嘗試，亦有了新的發現，如新的學習空間、教師與學生的另類的互動、不趕教學進度的而產生的另類的學習內容、教師對個別學生的關注增強了主動性、對個別學生的關注更深入了、精簡了教學的講述騰出更多的學習時間。即便得知了遠距教學的「得」，新常態的發生似乎少了人與人的「溫度」，

教師與學生的在校互動如體育活動、群體交往、實體動手實驗、集體活動、體驗式的學習皆是令人「懷念」的，卻因此而「失」了。然而，我們清楚知道，在校的課堂教學中的特徵如「劃一的教學內容」「劃一的教學過程」「劃一的學習要求」「同一環境下教學整體觀，無法有效關注個人」「固定的教學時間，缺乏空間」「統一的教學空間，缺乏多元個性與手段」，種種皆有別於遠距教學的學習成效。

當然，各項階段性考試、能力測驗，還是存在的，所謂的劃一要求、基本標準、既定的概念性知識還是需要學習的。因此，是否在要求應考、升學的基本條件底下，就無法達成創意、多元、個人靜默的學習空間、抑或是必須犧牲在校的種種實體活動呢？是否應捨棄傳統的課堂教學才能達成真正「適性」呢？

陸　對臺灣教師專業成長的啟示

透過上述對於 TALIS 關注的議題，OECD 視角下各國的教師專業發展的方式、TALIS 2018 臺灣調查現況、疫情衝擊下的學習新常態等方面的分析，提出對臺灣教師專業成長的啟示。

一、立足在地，著眼全球（act locally, think globally）

Robertson（1992）提出，全球在地化是藉由全球資訊（information）、技術（technology）、思想（idea）、資本（capital）與人才在國際間快速流動的幫助，在地方進行互動發展的過程。教育亦同，透過 TALIS 的調查，各國或地區在大規模的調查中自我理解與理解他國的教育現況之下立足在地，著眼全球。

（一）立足在地，深耕師培專業知能

臺灣在第一次參加 2018 年的 TALIS 調查以後，對於過去長期在教育政策、教師專業成長方面的表現得到了一次「肯定」。原因無他，相較國際水平，臺灣各教育階段教師在職前與在職的學科專業知能、學科教學專業知能、班級經營的訓練及平權、工作滿意度、投入教職動機等皆與國際水平相近，甚至高於國際水平，且三個教育階段的教師在專業

發展上皆十分接近。於此，可以發現臺灣的教育環境在人文素養的培育方面是相當成功的。

（二）著眼全球，栽培學習者成為具素養與幸福感的世界公民

臺灣 TALIS 2018 數據反映教師在激發學生認知教學活動，引導學生高階思維、自學能力、運用多元評量、運用 ICT 融入教學的頻率偏低。然而，在十二年國教的核心素養精神中所提及的三面九項中的同心圓，培養一位具終身學習能力的世界公民，亦即在促進學生自主學習的方面還需深耕琢磨。王智弘（2019）認爲，臺灣新課綱的素養面向和聯合國教科文組織（United Nations Educational, Scientific and Cultural Organization，簡稱 UNESCO）教育 2030 的觀點類似，臺灣新課綱素養導向強調培養具有問題解決能力的終身學習者，其中提出的「自發」、「互動」、「共好」雖與 OECD 所提出的教育 2030 觀點中基於知識、技能、態度、價值觀的培養，使得學習者能夠達成個人或全球社會的幸福感（Well-being）有些差異，但其具有一致的精神。因此，臺灣的 108 課綱的教育方向與 UNESCO 和 OECD 的教育方向甚爲一致，這觀點亦可在 TALIS 2018 年臺灣綜合報告的調查數據中發現，臺灣在絕大多數的項目調查中皆與國際水平相近，甚至高於國際水平得到印證。

二、關注弱項，研習增能

透過 TALIS 的數據分析，相較國際水平，臺灣教師在教導跨學科學習技能、學生差異能力教學、多文化多語情境下教學等項目中的表現能力與參與率較低，而各教育階段教師對相關專業發展活動的需求程度也呈現相應的趨勢。

（一）加強教師職前與在職進修在差異化、多元文化、跨學科、跨領域的專業知能

雖然學科知識與教學是教師專業發展的核心，但如何在已有能力的基礎上融入更多差異化、多元、跨學科、跨領域的專業發展，則需要進一步思考與解決。在教學實踐方面，臺灣教師普遍上主要以教師主導

的方式教學，教師重視課堂秩序的管理及課時的掌控，但相對而言，在引導學生自主學習、訓練學生批判性思考方面則相對的少。因此，如何真正落實以學生爲中心進行教學設計仍需要透過個人或教師社群深入研究。因此，具體作法：1. 師資培育機構開設有管理差異化、多元文化、跨學科、跨領域教學的理論與實務課程。2. 辦理以學生爲中心的素養導向教學與評量。3. 組成專業學習社群，針對差異化、多元文化教學進行共備議課。4. 運用校訂課程，進行跨領域或跨學科的課程設計與教學。

（二）強化教師的未來力，符應培養新世代公民的需求

　　教師的專業發展建立在教師自身需求的基礎上，其與教師自身所具備的能力相關，在持續成長的前提下，發揮最大程度的主題作用。教師專業素養亦強調，社會對新時代良師的殷切期盼，期望終身學習的教師圖像應具有教育愛、專業力、未來力三個層面。然而，臺灣教師的專業能力已在 TALIS 2018 的調查中表現亮眼，在教育愛與專業力方面皆位階國際水平或國際水平之上。惟在培養學生具備未來力方面，即如何符應新世代公民的需求？培養具有良好知識、技能、態度、價值觀，能有效運融合多方面能力解決實際問題，具未來力的公民，需要進一步琢磨與努力。1. 教師需將專業發展視爲教師整個職業生涯的一部分，將持續發展視爲終身學習的志業，將對整體教育發展有著非常大的助益。2. 保障教師團隊持續不斷的成長，相關政策、學校需要提供符合教師需求、積極協助教師回應時代的挑戰、促進教師進修課程具有連續性及相關性、提供教師足夠的時間與空間，創造學習的機會。3. 提供新進教師一對一個別化的輔導教師，協助教師快速適應與成長。

三、發揮優勢，強化遠距與數位教學能力

　　隨著 Covid-19 疫情影響，遠距教學成爲學校教育的必備條件，臺灣網路環境穩定，若考量偏遠地區或離島教師參與實體課程的時間成本，可善用穩定的網路環境，增進教師仍然不太熟悉的遠距教學環境。

　　自 2020 年 2 月開始，國際上疫情仍然不穩定，人類的生活常態受到衝擊，如若「新常態」使得人與人的互動必須保持社交距離，傳統課

堂教學變得是群聚活動；遠距教學的使用率隨之增加；學習的主動性、教師個別的關注將更爲彰顯。將使得教師的教學與學生的學習產生很大的彈性。這將大大衝擊學前教育及基礎教育。而學生應該享有怎樣的學習，才能適應、迎接及擁抱未來呢？經過疫情的肆虐，實體課程的被壓縮、遠距教學優點的發現、集體活動及體驗式學習的被迫取消的重大經歷，將可能形成未來教育的趨勢。

　　於此，科技的運用 ICT 的融入是否在傳統課堂教學中在「知道與做到」之間徘徊不前，而如 OECD 的調查中顯示，ICT 至今無法眞正達至有效「融入」，而僅僅作爲「工具」之使用。教師們會因疫情的發生更加深入研究或提升相關技能？各國在疫情延燒，窘迫的處境中發生了「得」與「失」，相信這將會是下一波世界經合組織所必然關注的課題。因此，1. 教師宜因應疫情的發生更加深入研究與提升相關遠距教學技能，教師提供學生閱讀資料，並透過平臺適當互動討論，提升學習效果。2. 建置有系統的網路平臺，提供教師隨時可取用的教學資源，並應用於學生學習，以及學生學習的資源整合平臺，讓學生自主學習的策略，擴大學生學習視野與深度。

參考文獻

（一）中文部分

王智弘（2019）。素養導向師資培育的課綱轉化——教育 2030 的觀點。**臺灣教育評論月刊，8**(12)，32-37。

朱小虎、張民選（2019）。教師作爲終身學習的專業—上海教師教學國際調查（TALIS）結果及啟示。**教育研究，7**，138-149。

李安琪、洪明（2019）。教師隊伍建設的國際趨勢 — 基於 2018 年 OECD《有效的教師政策》報告的分析。**外國教育研究 10-46**，15-30。

柯華葳、陳明蕾、李俊仁、陳冠銘（2019）。**2018 教學與學習國際調查臺灣報告：綜整報告**。新北市：國家教育研究院。

香港教育城（2020）。**21世紀教育網上研討會：擁抱學習新常態**。香港教育城。香港。

閔詩紜、顏國樑（2018）。國民小學教師十二年國民基本教育核心素養具備現況之研究。**學校行政，114**，38 -62。

張素貞、李俊湖主編（2012）。**十二年國民基本教育精進教學的理念與實務**。臺北市：師大。

張繼寧（2010）。教學與學習國際調查（TALIS）及其首次調查結果。**臺灣師資培育電子報，6**，1- 4。

程介明（2020）。省思疫情下的教與學。**多元教育論壇**。取自 https://www.youtube.com/watch?v=QqxZX5nXTWg&fbclid=IwAR3UVz6X5- R4eWeGfmfjt8M5QAP-F0AhaIcZjfvSWwrFnrRqQvCItWgGyLks

羅生全、王素月、王光明（2019）。學校文化建設的價值取向一教師核心素養和能力的視點。**天津師範大學學報（社會科學版），6**，69-74。

（二）英文部分

Dillon-Peterson, B. (1986). Trusting teachers to know what is good for them. In K. Zumwalt (Ed.), *Improving teachers (pp.24-36)*. Alexandria, VA: Association. for Supervision and Curriculum Development.

OECD (2004). *OECD handbook for internationally comparative education statistics: Concepts, standards, definitions, and classifications*. OECD Publishing, Paris, https://doi.org/10.1787/9789264279889-en.

OECD(2009). *Creating effective teaching and learning environments: First results from TALIS*. Retrieved 22 Jan 2010, from http://www.oecd.org/document/54/0,3343,en_2649_39263231_42980662_1_1_1_1,00.html

OECD (2014). *TALIS 2013 results: An international perspective on teaching and learning*. Retrieved May 5 2016 from https://www.oecd.org/edu/school/TALIS-2013-Executive-Summary.pdf

OECD (2019a). *TALIS 2018 technical report (Preliminary version)*. Paris: OECD. Publishing.http://www.oecd.org/education/talis/TALIS_2018_Technical_Report. pdf

OECD (2019b). *How teachers learn-An OECD perspective.* Secretary-General of the.
　　OECD. Paris: OECD.

OECD (2019c). *OECD future of education and skills 2030*. Conceptual learning framework.
　　Paris: OECD.

Robertson, R. (1992). *Globalization: Social theory and global culture.* Sage, London.

問題與討論

一、請說明根據經濟合作發展組織（Organization for Economic Co-operation and Development，簡稱OECD）在「教學與學習國際調查」（Teaching and Learning International Survey，簡稱TALIS）歷次調查的重點為何？對世界教育發展有何影響？

二、OECD的「教學與學習國際調查」（TALIS）對臺灣教育的調查，顯現臺灣教育有何優勢與劣勢？請提出如何解決劣勢的策略？對臺灣教師專業成長有何啓示？

三、請說明差異化教學的內涵？並舉例說明差異化教學的策略為何？

四、請說明如何促進教師在「科技資訊與媒體素養」方面的專業成長？以及說明如「培養學生具備科技與資訊應用」方面的教學策略？

五、因應全球疫情衝擊而促成的社會生活新常態，教育該如何隨之改變，才能促成學生自主學習或有效學習或？

第八章

十二年國教評量趨勢——素養導向標準本位評量

徐柏蓉

善問者，如攻堅木，先其易者，後其節目，及其久也，相說以解；不善問者反此。善待問者，如撞鐘，叩之以小者則小鳴，叩之以大者則大鳴，待其從容，然後盡其聲；不善答問者反此。此皆進學之道也。

—— 《禮記・學記》

 前言

民國 100 年正式啓動的十二年國民基本教育（以下簡稱十二年國教），定義核心素養爲「一個人爲適應現在生活及未來挑戰，所應具備的知識、能力與態度」；十二年國教的啓動，帶領我國教育邁向新的里程碑。其中，衆所矚目的入學與考試制度的變革，在各種立場辯證之中，始終難以獲得共識；目前實施以免試爲主的升學制度雖有助於緩解升學壓力，但教育現場卻也看見學生學習動機下滑、學習成就品質低落之隱憂。制定出能同時平衡降低考試壓力、但又能維持適當競爭力的入學與考試制度，爲十二年國教的重要挑戰之一（宋曜廷、周業太、曾芬蘭，2014）。除了總結性的外部評量，如何發揮學校內部課室評量的功能，透過低利害（low-stakes）評量來促進學校教學的變革、培養學生高層次與多元學習能力、並活化教師教學，是十二年國教另一項具急迫性的議題。近年來，許多先進國家與地區（如美國、澳洲、英國與香港等）正實施以標準爲本位之評量方式，一方面將標準本位評量應用在外部評量以監控學力，另一方面也將其應用在課室評量，透過促進課程標準、教學與評量三者的對應，提升教師評量專業與學生學習成效（Lyon, 2011; Martone & Sireci, 2009）。此波教育評量改革趨勢，也正在我國紮根推行。

有效教學與教師在教學歷程中所做的每一項關鍵決定息息相關，包括要教什麼、如何教、花多少時間教等，做出這些關鍵決定的最重要依據，就是要準確評估學生的程度與學習狀況；而掌握學生程度與學習狀況，無論是透過大型測驗或課室評量，都與「評量」有關。要確保學生學習品質，有效教學與優質的課室評量缺一不可，評量本身即可視爲教學的一部分（McMillan, 2008）；十二年國教核心素養的落實培養，與

素養導向的教學和評量密不可分。本文將循素養導向評量、標準本位評量、素養導向標準本位評量之理路鋪陳，分析素養導向標準本位評量發展所面臨的挑戰，最後提出總結。

貳　素養導向評量

「素養如何評量？」是推動十二年國教時，最被關切的問題之一。事實上，評量與教學是一體兩面，因應教學過程的多元化，教師也應進行多元評量。羅寶鳳（2017）認為在素養導向評量之中，紙筆測驗仍有其必要性，且建議可以朝向 PISA 的評量方式，比較著重理解與高層次的分析、應用與批判；能力的培養則需透過實作評量達成；至於態度與價值觀，也可以透過情意評量，如回饋表、同儕互評、面談等方式來進行。教育部在民國 108 年修正的《國民小學及國民中學學生成績評量準則》中提及，國民中小學學生成績評量，應依領域學習課程、彈性學習課程及日常生活表現，分別評量之，並視學生身心發展、個別差異、文化差異及核心素養內涵，採取下列適當之多元評量方式：（一）紙筆測驗及表單—依重要知識與概念性目標，及學習興趣、動機與態度等情意目標，採用學習單、習作作業、紙筆測驗、問卷、檢核表、評定量表或其他方式；（二）實作評量—依問題解決、技能、參與實踐及言行表現目標，採書面報告、口頭報告、聽力與口語溝通、實際操作、作品製作、展演、鑑賞、行為觀察或其他方式；（三）檔案評量—依學習目標，指導學生本於目的導向系統性彙整之表單、測驗、表現評量與其他資料及相關紀錄，製成檔案，展現其學習歷程及成果。另亦指出，特殊教育學生之成績評量方式，由學校依特殊教育法及其相關規定，衡酌學生學習需求及優勢管道，彈性調整之。換言之，「多元的評量方式」即是素養導向評量的最佳方式，且素養導向評量的目標，是促進素養導向的教學，兩者是互為表裡。為掌握素養導向評量之精神，以下先談評量三角原則，再談素養導向紙筆評量的依據及命題。

一、評量三角原則

素養的學習並非靜態的、單向性的接收，而是強調讓學生「透過力

行實踐」學以致用，重視學習與日常生活連結（王佳琪，2017）。Jang 與 Ryan（2003）認為在教學過程中，課程、教學、評量就像是三股糾結在一起不可分隔之繩索，三股缺一不可。美國國家研究委員會（National Research Council [NRC]）在 2001 年出版的報告書，即提出「評量三角原則」，主張一個良好的評量系統應該要連結三個要素以形成評量三角（assessment triangle），分別是認知（cognition）——了解學生如何表現所要評量的知識構念或認知歷程、觀察（observation）——如何針對學生的認知程度，設計適當評量活動來觀察學生的實際表現、詮釋（interpretation）——依據實際經驗及專業知識，對學生表現進行適當詮釋（NRC, 2001）。在任何的評量中，評量三角的每一個要素都必須緊密結合，針對不同的評量情境和目的，作為評量設計與實施的參考架構（王佳琪，2017）。

二、素養導向紙筆評量的依據及命題

　　素養導向評量的目的，即是為了引導素養導向的教學，而素養導向教學的目的是培養核心素養。適當設計的素養導向試題，除了可讓現場教師掌握核心素養精神、進而調整教學，最後還能讓素養導向教學的效果反映在學生的評量成果上。國家教育研究院（2018）在《素養導向範例試題簡易書面說明及題型示例（定稿版）》中，建議以下列兩項基本要素作為素養導向試題命題之依據：（一）布題強調真實的情境與真實的問題：以往的紙筆測驗多著墨於知識和理解層次的評量，素養導向則較強調應用知識與技能解決真實情境脈絡中的問題。除了真實脈絡之外，素養導向試題應盡可能接近真實世界（包含日常生活情境或是學術探究情境）中會問的問題；（二）評量強調總綱核心素養或領域／科目核心素養、學科本質及學習重點：1. 跨領域核心素養係指如總綱所定義三面九項中所指出之符號運用、多元表徵、資訊媒體識讀與運用以及系統性思考等跨領域／科目的共同核心能力，並非專指跨領域／科目的題材；2. 各領域／科目的素養導向評量強調「學習表現」和「學習內容」的結合，並應用於理解或解決真實情境脈絡中的問題。

　　針對素養導向評量的推動及命題，國家教育研究院（2017）也提

出相關說明：（一）素養導向評量可以單題命題，未必要以題組的型態來進行，題幹也不見得要很冗長才能稱為素養試題；（二）知識、理解、技能常被視為應用的基礎，有些基本知識、概念和技能是素養培育的重要基礎，因此在學科評量不一定完全採素養導向的情境題，尤其是學校內的形成性評量，應列入一定比例的基本知識、概念、能力之評量題目，但評量時也應兼顧學生是否理解能習得知識之目的，因此應該要有一定比例的素養題，才能讓學生體會到學習是有用的，進而提升學習的興趣，符應素養導向的十二年國民基本教育之課綱；（三）核心素養的培養應透過多元化的教學與學習情境（如實作、合作問題解決、專題研究等），輔以多元化的評量方式（如實作評量、檔案評量、動態評量等）長期培養，尤其是需要歷程觀察的評量，是紙筆測驗難以達成的限制；（四）態度是核心素養的重要面向之一。態度包含心理面向上的喜好、立場與價值觀，以及行為面向的習慣與實踐。課室中的定期與不定期評量建議應採多元方式（如行為觀察、晤談、檢核表或自評表）進行態度的評量，惟在高風險的紙筆測驗較不容易納入此一部分；而關於課室內的定期與不定期素養導向多元評量示例，未來將納入新課綱教學指引。

　　綜上所述，素養導向評量應配合多元方式教學、採取多元評量的方式進行；而其中紙筆評量的設計，是在掌握評量三角原則（認知、觀察、詮釋）之下，以引用生活情境或學術探究情境、整合運用知識與技能以處理真實世界或學術探究的問題、善用不同領域或學科所學來處理一個主題中的相關問題之方向進行命題。而在實踐素養導向教學過程中，「教師該問學生或學生該問自己的問題，就是好的素養導向試題」（國家教育研究院，2017）。

參　標準本位評量

　　標準本位評量已是世界先進國家評量的趨勢，於我國也正紮根推行。以下從標準本位評量的定義、組成要素、發展及應用分別介紹。

一、標準本位評量（standards-based assessment）的定義

標準本位評量是在學生學習評量過程中，透過一套學習內容標準進行評估，以確保每個學生能夠學到必須學到的內容，進而提升學生學習成就。從歷程面來說，標準本位評量是在評量前先制定系統化的評量標準、並據此發展評量工具，評量後將結果對照到評量標準、依此將學生學習表現劃分成不同表現等級，並解釋與說明該生學習進展之系列歷程。標準本位評量具有以結果導向評量為基礎、特別關注於學生學習結果表現的特色，其主要功能有：（一）精熟功能：了解學生學習知識和技能精熟的程度；（二）進步功能：評估學生在學習過程中進步的情形；（三）診斷功能：經由評量過程中，診斷學生學習的困難或盲點，以供補救教學之用；（四）績效功能：透過評量資料，可了解教師教學或學校辦學績效，有助於教師和學校負起績效責任（吳清山、林天祐，2012）。

二、標準本位評量的組成要素

標準本位評量之評量標準，是由內容標準（content standards）與表現標準（performance standards）所構成，內容標準係指希望學生具備的知識與展現的技能（Hambleton, 2001），而表現標準則是在說明內容標準所條列的學習內容中，學生能將相關的知識與技能展現到何種程度。由於不同學生在教學活動後可能會呈現出不同的表現程度，因此須設立適當數量的表現等級（performance levels），用以大致區分學生學習進展的差別。例如：美國「國家教育進展測驗」（National Assessment of Educational Progress, NAEP）即將學生學習表現區分為進階（advanced）、優秀（proficient）、基礎（basic）與未達基礎（below basic）等共四個等級。此外，需針對各個等級撰寫表現等級描述（performance level descriptors, PLDs），讓教師可以進一步了解不同等級學生的典型表現或最低門檻水準（宋曜廷等，2014）。

曾芬蘭、鍾長宏、陳世玉、張銘秋（2018）指出，在鼓勵學生於課堂學習有多元表現的前提下，若要有效評定學生的能力等級、並了解個

別學習的進展狀況，就需要參照事先制定的一致性標準擬定評量，以利引導學生學習方向與增進學習動機。標準本位評量即可在評量前根據國家或地方政府公布的課程標準，制定系統化明確的評量標準，將學生學習表現劃分成數個表現等級，並據此發展評量工具及其評分指引（scoring rubrics），再將評量施測後的學生表現，對應至評量標準，進而提供學生「會什麼」與「不會什麼」的學習成果訊息。如此，標準本位評量除了用於學習階段結束後的總結性評量或大型高風險測驗（如教育會考），亦可用於班級中的形成性評量，用以輔助說明標準本位評量試題在課室運用的成效，如隨堂小考（宋曜廷等，2014）。

三、標準本位評量的發展

美國近十幾年來積極推動標準本位評量，美國州教育委員會（Education Commission of the States）便提及標準本位評量與傳統評量之差異主要有以下三項：（一）評量與課程密切結合：標準本位教育改革主張教師所教的內容和測驗必須緊密結合在一起；（二）比較學生成就的標準，不是跟其他同學比較：標準本位評量係評量學生達成事先設定成就目標的情形，而不是要比較其他同學的成就；（三）結合新的評量型式：標準本位評量係採用新的評量方式，如要求學生寫一篇小論文，或解決真實生活中的數學問題（吳清山、林天祐，2012）。

事實上，標準本位評量近年來已是國際間的教育評量趨勢，曾芬蘭等（2018）舉例如美國（California Department of Education, 2002）、加拿大（Province of British Columbia, 2017）、澳洲（Queensland Government, 2018）與英國（Department for Education, the National Archives, 2011）等許多先進國家皆已開始採用標準本位評量，而美國加州教育當局則在1999年即公布英語能力發展標準（English-Language Development Standards），將英語能力表現區分為五個不同表現等級，依此標準作為教學及設計評量工具的依據；而加拿大卑詩省則針對閱讀素養、寫作素養、數學素養及社會責任（social responsibility）等面向，依據不同年級制定表現標準，並區分出未達預期水準、達到部分預期水準、完全達到預期水準及超越預期水準等四個表現等級，並以「達

到部分預期水準」爲通過門檻，且教育當局爲了協助教師在班級中應用表現標準，也針對特定學科內容製作了與表現標準對應的評量工具及評分指引，並蒐集提供各等級學生的眞實表現範例，以加深教師、家長與學生對評量標準內涵之了解，進而藉由標準本位評量幫助學生發展自發學習。這些國家一方面將標準本位評量應用在外部考試以監控學力，一方面也將其應用於班級評量，透過加強課程綱要、教學與評量三者的緊密對應，促進教師評量專業發展及學生學習成效（宋曜廷等，2014）。

四、標準本位評量的應用—標準本位課室評量

將標準本位評量應用於班級中，稱爲標準本位課室評量（standards-based classroom assessment, SBCA）（Llosa, 2011）。McMillan（2008）曾從大型測驗與課室評量兩個面向，來討論評量在標準本位教育的定位：大型高風險考試的規劃設計，一般都是委由專責測驗機構、依照測驗發展的標準作業程序來實施，其主要功能是學生學力的監控與課責（accountability），因此在題型的規劃上，除了寫作測驗外，常以選擇題爲主。然而，課室評量是教師在課堂上爲學生規劃學習檢測的工具，目的是爲了提升學生學習成效與動機，因此評量的形式應儘量多元化。標準本位課室評量可在教學活動結束後進行多次施測，因而可評量到更多學習面向，也可透過不同形式評量學生的各類能力，更能多元呈現及蒐集學生表現（曾芬蘭等，2018）。

實施標準本位課室評量的首要之務，在於建置評量標準。將評量標準植基於官方頒布的課綱，在實務上將有利於串連評量與教學，並確實了解學生是否具備課綱所期望的學習表現：如此除可降低對各等級學生典型表現或最低門檻表現的認知差異，評量結果也將更適用於學生學力監控、促進學習成效（宋曜廷，2012）。以美國爲例，2010 年頒布全國一致的「共同核心課程標準」（Common Core State Standards），即統一制定從幼稚園到十二年級的課程標準，使全美各州能在共同核心課程標準的架構下，在班級中實施標準本位評量，如此便能了解全國學生學力狀況，協助學生進行升學及就業準備，從而提升國際競爭力（曾芬蘭等，2018；宋曜廷等，2014）。

　　透過將學生表現對應至預先建置的評量標準，教師即可界定出學生在特定學習內容上的表現等級，此種參照到標準以產生成績等級的評量方式，改善了常模參照（norm-referencing）的部分缺失，尤其是對學生表現等級的界定不需要與他人比較，如此不但可降低競爭壓力、讓學生專注在提升自身學習成果，更能拓展評量結果的解釋與應用，提供教師與學生更多學習成就的回饋訊息。宋曜廷等（2014）認為標準本位課室評量有助於提升課綱、教學與評量三者的對應程度，將有助於發揮課綱引導教學與學習的效果，且能評量到較多學習面向，並且富有促進學習的評量（assessment for learning）、評量即學習（assessment as learning）的功能，使學生由被動的評量者，轉換為主動的評量者，透過評量活動來學習，進而體現評量的多重角色和功能。

　　總結來說，標準本位課室評量的效益有：（一）促進教師專業發展──在教學歷程中指引教師根據評量標準擬定教學目標、設計教材及評量工具，據以引導學生學習，並以多元方式評量學生表現；（二）實現課綱領導教學之理念──由於評量標準係根據能力指標整併而來，因此能發揮課綱對學習內容的規範作用，教師根據評量標準設定教學目標及教學活動，即能依據課綱進行教學；（三）提供診斷學習現況及補救教學之回饋訊息、達成確保學習品質之理念──經由比對學生表現與評分規準，可界定出學生於特定學習內容之表現等級，對於教師調整教學策略、進行補救教學皆有實務上之助益（宋曜廷等，2014）。

肆　素養導向標準本位評量

　　盧雪梅（2017）曾針對配合十二年國教實施、教育部所推出的國內當前較重大評量措施進行評述，包括「臺灣學生學習成就評量資料庫」（Taiwan Assessment of Student Achievement, TASA）、「國中教育會考」、「國民小學及國民中學補救教學科技化評量」、「國民中小學生學習成就標準本位評量」等，按其性質區分，「臺灣學生學習成就評量資料庫」及「國中教育會考」為外部評量，「國民小學及國民中學補救教學科技化評量」、「國民中小學生學習成就標準本位評量」為內部評量，但彼此是獨立發展，評量結果難以整合運用；而其中「國民中小學

生學習成就標準本位評量」最富有標準本位評量特色。

　　上述「國民中小學生學習成就標準本位評量」即為「國中小素養導向學習成就評量標準研發計畫」，在 108 學年度更名為「十二年國教課綱國民中小學標準本位評量計畫」，而其官方網站則名為「十二年國教課綱國民中小學素養導向標準本位評量計畫」（Standard-based Assessment of Student Achievement for Elementary and Junior High School Students, SBASA）。究其名稱差異，在於是否強調「素養導向」一詞。事實上，從民國 103 年教育部公布《十二年國民基本教育課程綱要總綱》開始，各領域課程綱要之研修皆承續總綱理念目標，據以研發素養導向與多元適性的課綱；經過長時間準備，在民國 107 年公告十二年國教新課綱、民國 108 年從國小到高中（職）依照不同教育階段逐年實施十二年國教課綱後，十二年國教課綱之以「核心素養」作為課程發展主軸，且希望培養學生具備適應現在生活及面對未來挑戰的知識、能力與態度的論述，已經成為十二年國教教學與評量的基底，「素養導向」的評量亦是評量發展的共識。

　　「十二年國教課綱國民中小學素養導向標準本位評量計畫」是《十二年國民基本教育實施計畫》之「5-1 落實國中教學正常化、適性輔導及品質提升」工作要項下的配套之一，民國 100 年 8 月教育部委託國立臺灣師範大學心理與教育測驗研究發展中心進行研發、推廣和試辦，民國 104 年 9 月又增加委託國小階段評量標準研發、推廣和試辦，作為全國教師在進行教學評量時的統一參照依據。其具體目的包括：（一）提供與課綱相對應的評量參照依據，轉型為標準參照的評量；（二）即時提供教學回饋；（三）促進教師專業發展；（四）建立學力監控的機制；（五）評量概念與國際接軌（盧雪梅，2017）。評量中之內容標準的制定，係將課綱各學習領域的能力指標或學習表現，加以歸納整併，分為不同「主題」，並根據學科屬性與教學內容，在各主題下再分成若干「次主題」。在表現標準部分，共分五個表現等級，分別是 A（優秀）、B（良好）、C（基礎）、D（不足）與 E（落後），其中 A、B、C 屬「通過」的等級；D、E 則屬「尚未通過」的等級。在表現等級描述部分，由於各內容（次）主題皆對應課綱中多個能力指標

或學習表現，在研發過程中即根據次主題與能力指標或學習表現的對應關係，分別描述各等級應具備的最低（門檻）能力表現（曾芬蘭等，2018）。

　　在評量標準與示例部分，民國107年7月先公布並持續更新國中階段之評量標準與示例，民國108年7月再公布國小階段之評量標準與示例，共計有國中八大領域：語文（國語文、英語文）、數學、社會（地理、歷史、公民與社會）、自然科學（生物、理化、地球科學）、科技（生活科技、資訊科技）、健康與體育（健康教育、體育）、藝術（音樂、視覺藝術、表演藝術）、綜合活動，及國小八大領域：語文（國語文、英語文、客家語文、閩南語文）、數學、社會、自然科學、健康與體育（健康教育、體育）、藝術、綜合活動、生活課程等，對此提供發展說明（包括發展依據、與課綱之對應）、評量標準、評量示例予教師應用。以國中數學領域之評量標準為例，先提供各等級表現描述通則（表1），再依年級與主題提供評量標準（表2）。

表1　國民中學學生學習成就標準本位評量數學領域各等級表現描述通則

A	B	C	D	E
1. 能分析問題，利用所學數學知識與能力[1]，提出支持性的理由。	1. 能延伸、應用基本的概念[2]。 2. 能應用所學數學知識與能力解決問題[3]。	1. 能理解基本的數學概念[4]。 2. 能作基本的數學運算。	1. 能認識簡易的數學概念[5]。 2. 能作簡易的數學運算[6]。	未達D級

資料來源：https://www.sbasa.ntnu.edu.tw/SBASA/Subject/SubjectMath_3.aspx

---

1　分析問題，利用所學的數學能力提出支持自己想法的理由。

2　理解課綱中由基本概念延伸的內容與方法。

3　能應用C等級所學到的知識和能力，解決應用問題。

4　若學不會，會影響國中三年的學習；為學習國中課程不可或缺的基礎知識與能力。

5　為C等級的先備知識。

6　此運算只是為了解釋簡易的數學概念或國小已學過的概念。

　　「十二年國教課綱國民中小學素養導向標準本位評量計畫」之實施，性質上為標準本位課室評量，在任務上，則可補足「國中教育會考」（國中階段總結式評量）在時間與範圍的不足。自民國 107 年 7 月在國中階段啟動領航學校合作研發後，民國 109 年 1 月起，國小階段也加入領航學校合作研發中，協助國中小現場教師依據評量標準研發評量示例，提升教師評量專業知能；藉由素養導向標準本位評量之設計，回饋至緊扣課綱之教學設計與實踐，進而促進學生學習品質、落實十二年國教課綱核心素養之養成。對此計畫，宋曜廷（2012）分析其優點，在規劃學習與教學活動層面，教師可以從內容標準與表現標準的內涵，清楚知道該傳授哪些學科知識，並據此訂定教學目標、設計與選用適當的教材與方法。在學生學習引導層面，評量標準可扮演學習地圖的角色，讓學生了解目前的成就等級與想要達到等級之間的落差，讓學生朝明確的方向努力學習，以提升自身的表現。在評量層面，表現描述則有助於教師劃分學生學習成就，了解學生已經習得哪些知識概念、判斷其是否達到課前要求的水準，診斷其是否有迷思概念，並能立即進行補救教學，進而回饋到調整教材與教法。而其實施強調以多元評量方

表 2　國民中學學生學習成就標準本位評量數學領域七年級評量標準（摘錄）

評量標準					
主題	次主題	A	B	C	D	E
資料與不確定性	統計圖表與統計數據	1. 能分析統計圖表或相關資訊，提出解題方法並說明支持性的理由。	1. 能利用統計圖表或相關資訊解決無法直接由題目條件求得的問題。	1. 能整理資料並繪製成統計圖表。 2. 能解讀各種統計圖表。 3. 能理解資料的算術平均數、中位數與眾數[7]。	1. 能認識長條圖、直方圖、折線圖、圓形圖和列聯表。	未達 D 級

資料來源：修改自 https://www.sbasa.ntnu.edu.tw/SBASA/Subject/SubjectMath_3.aspx

---

7　可使用計算器輔助。

式進行，例如自我和同儕評量（self- and peer assessment）與檔案評量（portfolio assessment）等，都強調學生在評量中的主動角色，使評量除了具有傳統形成性與總結性的評核功能外，更富有給予學生回饋、促進學生學習、評量與學習更緊密連結的色彩。

伍　素養導向標準本位評量發展的挑戰

　　經由專業課程設計能力的培養，可建立教師對學生學習需求及課綱實踐的理解與認同。呂秀蓮（2017）舉例這種培育方式，在先進國家已經得到許多驗證，例如 Wiggins 和 McTighe（2011）對各級教師的專業培訓成果和經驗，即已影響各國的課程設計。而王佳琪（2017）認為，教學現場的教師需先了解學生所需學習的知識、態度、技能（認知），根據課程綱要訂定合宜的教學目標，針對學生的認知程度採用適當且多元評量的方式，包含各類真實性的活動（觀察），並依據本身的專業知識及實務經驗，詮釋及評價學生的表現（詮釋），讓學生能對所學標的進行綜合性的反省思考、批評而具創意的思考，且有機會應用在問題解決和作決定的情境當中，進而培養能適應這個世代所需具備之跨領域能力，成為終身學習者。綜上所述，期盼教師自身課程意識的覺醒、具備課程建構及自編教材的能力，並能透過評量得到學習的證據、據以促進有效學習的發生等專業素養，即是素養導向標準本位評量在十二年國教實踐中所能帶來的效益。而現階段素養導向標準本位評量的發展，面臨兩項挑戰：

一、提升教師專業知能

　　素養導向標準本位評量之實施，目標在幫助教師進行有效的素養導向教學。藉由素養導向標準本位評量之設計，可促使教師跳脫評量設計慣性的框架，進而回饋、促進素養導向教學之實踐。在此過程中，教師應提升之專業知能有：

（一）具備評量規劃與實踐的系統觀點

　　雖則「多元評量」的觀念在九年一貫課程開始實施即不斷被提倡，

但評量多樣化本身並不是目的，採取何種形式進行評量，應視教學目標及評量標的而定；教學目標與評量形式密不可分，且教學與評量的實踐是持續累進的歷程。故此，教師設計教學計畫時，即應在掌握素養目標時，系統性的規劃教學與多元評量活動，使評量結果促進學生學習。吳璧純（2017）認爲對於學習評量擁有系統觀點的教師，會以學生爲學習的主體，關注學生素養形成的歷程與結果，區分形成性與總結性評量，或善用促進學習的評量、評量即學習以及學習結果的評量，以提供學生在學習歷程中所需要的協助與鷹架。

（二）應用評量標準發展多元評量的能力

標準本位評量之評量標準公布，提供了教師系統規劃教學與評量的依據。但評量標準的理解、及應用評量標準設計試題的能力，將對是否能正確評量學生學習現況有直接影響。目前僅部分評量標準提供示例參考，即使未來陸續公布示例、甚至提供題庫予教師使用，教師仍必須具備依據評量標準將現有試題歸類於正確等級、以及依據評量標準自行發展多元評量的能力，才能符應現場學生學習需求，促進學習品質的提升。

二、兼顧評量與正義

在促進素養導向學習目標實踐的前提下，素養導向紙筆評量題目之設計，更加強調判斷、篩選及複雜情境訊息之處理。許家驊（2019）評析，相較於傳統基本型試題，素養導向試題訊息長度通常較長，而開放題型之命題，其答案需要由學習者自行補充建構，對閱讀識字及閱讀理解能力不利的學習者而言，恐易造成評量誤差、無法正確評估其素養程度的結果，特別是對社會經濟地位、資源及文化弱勢族群可能更顯不利。雖則標準本位評量提供之評量標準可發揮引導教師系統規劃教學與評量之功能，但生活經驗（life experience）與文化資本（cultural capital）在學習與評量過程中的潛在影響，仍使兼顧評量與正義，成爲素養導向標準本位評量發展與實踐歷程中無法迴避的議題。

陸　結語

　　課室評量對於學生的學習，除了短期可見的影響之外，也會有長期無形的影響，如影響學習動機及其對於學習策略、學習型態的選擇等（Crooks, 1988; Earl, 2013；曾芬蘭等，2018）。配合我國十二年國教免試入學，要有效地進行全面學力監控，促進學生自發學習，在平時可透過低風險考試評量以帶領學校教學方式的變革，落實培養學生高層次與多元學習能力，實踐十二年國教結合核心素養所發展的課程理念（宋曜廷等，2014）。盧雪梅（2017）曾引用英國評量政策壓力團體「評量改革團體」之研究成果，認為促進學習的評量、與對學習的評量（assessment of learning）是一個尋找與詮釋證據的歷程，教師與學生可以使用這個證據，判斷學生正在學習軌道的何處，需要往何處前進，以及如何採取最佳的途徑抵達目標。如今，十二年國民基本教育課程綱要以「核心素養」為課程發展的主軸，新課綱能否落實，素養導向的教學與評量為其關鍵（高鴻怡，2017）；核心素養之培養，實有賴課程、教學與評量的有效連結。十二年國教仍然面對臺灣入學與考試制度變革理想與現實的拉鋸，在降低升學壓力與增進國家競爭力、提升教師專業知能、重視多元發展與強調弱勢權益的議題上，仍面對重重挑戰；而素養導向標準本位評量的理念與落實，信能成為十二年國教課綱實踐的理路與實際。

參考文獻

（一）中文部分

王佳琪（2017）。十二年國民基本教育課程綱要總綱之核心素養課程：評量的觀點。**臺灣教育評論月刊**，**6**(3)，35-42。

吳清山、林天祐（2012）。標準本位評量。**教育研究月刊**，**221**，133-134。

吳璧純（2017）。素養導向教學之學習評量。**臺灣教育評論月刊**，**6**(3)，30-34。

呂秀蓮（2017）。十二年國教107課綱核心素養的評量。**臺灣教育評論月刊**，**6**(3)，

1-6。

宋曜廷（2012）。以標準參照的入學考試和班級評量促進科教發展。**科學月刊，43**(9)，672-678。

宋曜廷、周業太、曾芬蘭（2014）。十二年國民基本教育的入學考試與評量變革。**教育科學研究期刊，59**(1)，1-32。

高鴻怡（2017）。素養導向教學與評量的轉化、簡化及流通。載於蔡清華（主編），**課程協作與實踐**（頁31-41）。民109年6月22日，取自 https://ws.moe.edu.tw/001/Upload/23/relfile/8336/60690/e0425fed-1caa-4451-8f27-df4872e6e9e8.pdf

國家教育研究院（2017）。**108新課綱與素養導向命題精進方向**。民109年6月22日，取自 https://www.ceec.edu.tw/files/file_pool/1/0J193582659306285510/17.pdf

國家教育研究院（2018）。**素養導向範例試題簡易書面說明及題型示例（定稿版）**。民109年6月22日，取自 https://www.edu.tw/News_Content.aspx?n=4F8ED5441E33EA7B&s=238EBD880E983E4D

教育部（2017）。**十二年國教課綱國民中小學素養導向標準本位評量計畫**。民109年6月22日，取自 https://www.sbasa.ntnu.edu.tw/SBASA/HomePage/index.aspx

教育部（2019）。**國民小學及國民中學學生成績評量準則**。民109年6月22日，取自 https://law.moj.gov.tw/LawClass/LawAll.aspx?pcode=H0070019

許家驊（2019）。十二年國教課綱核心素養導向學習評量之理念、設計實務與省思。**臺灣教育評論月刊，8**(8)，37-42。

曾芬蘭、鍾長宏、陳世玉、張銘秋（2018）。國中課室素養導向標準本位評量的設計與應用：以英語科閱讀為例。**教育科學研究期刊，63**(4)，119-155。

盧雪梅（2017）。英國國定課程評量的沿革與其對十二年國民基本教育課程評量的啟示。**教育實踐與研究，30**(2)，105-142。

羅寶鳳（2017）。因應時代改變的終身學習：素養導向的教學與評量。**臺灣教育評論月刊，6**(3)，24-27。

（二）英文部分

Crooks, T. J. (1988). The impact of classroom evaluation practices on students. *Review of Educational Research, 58*(4), 438-481. doi:10.2307/1170281

Earl, L. M. (2013). Assessment for learning; assessment as learning: Changing practices means changing beliefs. *Assessment and Learning, 2*, 1-5.

Hambleton, R. K. (2001). Setting performance standards on educational assessments and criteria for evaluating the process. In G. J. Cizek (Ed.), *Setting performance standards: Concepts, methods, and perspectives* (pp. 89-116). Mahwah, NJ: Lawrence Erlbaum Associates.

Jang, E. E., & Ryan, K. E. (2003). Bridging gaps among curriculum, teaching and learning, and assessment. *Journal of Curriculum Studies, 35*, 499-512. doi: 10.1080/0022027032 000073877

Llosa, L. (2011). Standards-based classroom assessments of English proficiency: A review of issues, current developments, and future directions for research. *Language Testing, 28*(3), 367-382. doi:10.1177/0265532211404188

Lyon, E. (2011). Beliefs, practices, and reflection: Exploring a science teacher's classroom assessment through the assessment triangle model. *Journal of Science Teacher Education, 22*(5), 417-435. doi:10.1007/s10972-011-9241-4

Martone, A., & Sireci, S. G. (2009). Evaluating alignment between curriculum, assessment, and instruction. *Review of Educational Research, 79*(4), 1332-1361. doi:10.3102/0034654309341375

McMillan, J. H. (2008). *Assessment essentials for standard-based education*. Thousand Oaks, CA: Corwin Press.

National Research Council. (2001). *Knowing what students know: The science and design of educational assessment*. Committee on the Foundations of Assessment. J. Pellegrino, N. Chudowsky, & R. Glaser (Eds). Washington, DC: National Academy Press.

Wiggins, G., McTighe, J. (2011). *The Understanding by Design Guide to Creating High-Quality Units*. Alexandria, Virginia USA: ASCD.

問題與討論

一、何謂「素養導向評量」？

二、何謂「標準本位評量」？

三、試述我國素養導向標準本位評量的發展與應用。

四、針對我國素養導向標準本位評量發展所面臨的挑戰，提出因應策略。

第九章

臺北市國民小學弱勢者教育推動模式之分析

劉國兆

生命像一股激流，沒有岩石和暗礁，就激不起美麗的浪花！

—— 羅曼·羅蘭

 前言

　　弱勢者教育向來是政府施政的焦點，1995 年推動《教育優先區計畫》，1999 年推動《健全國民教育方案》，2003 年推動《全國教育發展方案》，2006 年推動《攜手計畫—課後扶助計畫》與《大學師資生實踐史懷哲精神教育服務計畫》，2008 年推動《夜光天使點燈專案計畫》，2010 年推動《數位學伴線上課業輔導服務》，以及 2013 至 2014 年推動《國民小學及國民中學補救教學實施方案》等相關弱勢教育政策（鄭勝耀、黃瀞瑩，2014），這一連串的弱勢者教育政策，究竟能否觸及問題的核心，並對弱勢學生產生實質上的助益，這是身為教育現場第一線人員心中最大的疑問。

　　若以國立臺灣師範大學日前發表的「20 萬國中小學生正在等待失敗」的言論來看，這些未達基本學力的學生，長大後恐翻身不易，而成為「下流世代」，因此臺師大提出「統一各階段教育成就評量標準等級」的建議（郭淑媛、賴若函，2016）。然而，這一連串弱勢者教育政策的實施，卻讓多達 20 萬的國中小學生處於等待失敗的環境中，不免讓人擔憂，弱勢者教育的推動，要如何才能讓弱勢學生「避免失敗」。

　　從不同的理論視角看待弱勢者教育，就會有不同的切入點。從社會的觀點來看，弱勢者往往伴隨著階級、族群與性別等三大不平等因素，因此教育就是為了促進階級流動、族群共榮、性別平等；從資本的觀點來看，弱勢者通常缺乏文化、經濟、社會等資本，因此教育必須克服資本的匱乏，創造出屬於學生的資本；從經濟的觀點來看，弱勢者常常陷入生活的困境，教育必須提供更多的協助來改善學生生活；從財政的觀點來看，弱勢者所處區域較少財政的挹注，故必須提高經費的支援；從健康的觀點來看，弱勢者缺乏家庭的有效教導，以致體重過重、缺乏運動、營養不均衡等問題成為其健康之隱憂；從輔導及特殊教育的觀點來看，弱勢者可能面臨情緒、人際、家庭、學習缺陷等問題，必須

引進心理、社工、醫療、輔導、特教等資源予以協助；從主體的觀點來看，弱勢者更需要強化自我認同，以了解自我存在的價值；從學習的觀點來看，弱勢者必須找到自己的學習優勢，從個人化的學習風格強化學習效能；從教學的觀點來看，弱勢者更需要教師的關注與差異化教學，以提升其學習興趣。

　　然而，就算可以從不同的角度論述弱勢者教育，但是主流論述仍然以「學力檢測」看待弱勢學生是否達到標準，忽略了教育的身心發展階段性、學生的個別差異性、社會的多元發展可能性。因此，本文藉由文件分析的研究方法，深入探討臺北市國民小學如何推動弱勢者教育，並從中理解弱勢者教育推動模式背後隱藏的價值預設與特定立場，進而提出結論與建議，作爲臺北市國民小學建立弱勢者教育推動模式的政策及實務參考。

　弱勢者教育理論探討

一、弱勢者補償教育

　　從社會結構的壓迫與宰制以及身心因素來看待弱勢者，爲了讓其所處的不平等境遇得以改變，使其天賦及能力順利發揮，因此，學校教育必須妥善運用政府機關與民間機構等各種資源，藉以彌補弱勢者所遭受的環境與身心不平等待遇。

　　楊瑩（1998）從教育機會均等觀點，提出兩個觀念：首先是每一個體應享受相同年限的基本義務教育，這種教育是共同的、強迫性的，不因個人家庭背景、性別或地區之差異而有不同；其次是每一個體應享有符合其能力發展的教育，這種教育雖非強迫性的，但含有適性發展的意義，亦可稱爲分化教育或人才教育。因此弱勢者需要更多資源的整合與投入，一方面享有共同、強迫性的教育，另一方面也享有符合其能力發展的教育。

　　Bourdieu（1984）則從資本的觀點提出了一個有名的式子：【（習性）（資本）】＋場域＝實踐，Bourdieu 提出的「習性」乃是銜接結構與行動者的中介概念，由於習性深受社會結構的影響，因此各類型的

資本才得以施展其作用，而不同種類資本也隨著場域的變化而有所不同。Bourdieu 認為在習性、資本、場域的交互作用下，才會產生實踐的可能性。因此弱勢者必須擁有足夠或更多的文化、社會、經濟等資本，才能夠培養出各種場域都能充分發揮的習性，為自己找到實踐的最佳途徑。

　　故弱勢者補償教育的目的，在妥善運用各種資源後，要讓弱勢者擁有實質均等的教育機會，並且能夠累積足夠的各類型資本，以找到自我實踐的最佳管道。

二、弱勢者學業教育

　　從社會階層的分化來看，弱勢者在社會結構制度層層分工、分流、分等之下，通常都委身在階級體系的底層，雖然階級之間存在著向上流動的情形，然而流動至頂層的人數卻是微乎其微，因此階級之間確實存在著難以跨越的鴻溝（姜添輝，2002），而「文憑」正是跨越階級鴻溝的關鍵。

　　Collins（1979）提到，文憑社會是教育藉由文化市場與社會階層產生共謀關係的產物，因此文憑就像是貨幣一般，可以用來交換等值的工作以及相對應的地位。而文憑主義一直存在於社會之中，只是在講求多元能力的時代，文憑也轉化成證照、檢定考等各種形式，以符應時代的需求。

　　為了獲取好文憑，學業成績好壞，就成為學生受教最重要的績效目標。近年來英美等國掀起了一波波標準化測驗的教育改革運動，並據此評斷何者是成功的學校，誰又是失敗的學校，然而實施以來，各界的質疑聲不斷，甚至有學生拒絕接受測驗（教育部，2016a）。至於向來尊崇升學主義的臺灣，歷經數次升學制度的變革後，牢牢套在學生身上的升學主義枷鎖，仍然難以去除（劉正，2006）。雖然多元能力、多元價值不斷被提倡，但是獨尊文憑的現象依舊根深蒂固。所以，好成績等同於好學校，好學校等同於好文憑，好文憑等同於好人才，好人才等同於好工作，好工作等同於好地位，好地位等同於好名聲。就在這樣的思考邏輯下，弱勢者想要翻身，還是只能向主流靠攏，一定要想方設法

地讓自己的學業成績提高，試圖擠身優勢者行列。

　　故弱勢者學業教育的目的，在於提升學業成績，使其通過標準化測驗的門檻，繼而就讀好學校並獲取好文憑，藉以晉身優勢階級。

三、弱勢者批判教育

　　從結構功能論的觀點來看，弱勢者屬於「有機連帶」社會中的一環，社會各階層經過分工和分化後，又藉由社會成員「共同價值體系」與「社會規範」之間的連結，凝結於社會體系之內，以維持社會的團結與秩序（譚光鼎，2006）。

　　因此弱勢者的存在，就如同優勢者的存在一般，是社會的正常現象。所以無論弱勢者實施補償教育，以弭平其學習上主客觀因素的不足與落差；或是實施學業教育，以提高其學業成績，未來可以通過各學習階段標準化測驗的考驗。其最終目的，都是希望弱勢者順利地成爲社會成員一份子，並知道社會已經竭盡所能地協助自己，自己也應該安分守己，並且爲社會貢獻一己之力。

　　然而批判教育學者提出不同的看法。Freire（1970）認爲教育具有啓迪人民思考，幫助人民改善生活與地位的作用，因此他在巴西的農村，藉由識字教育，帶領弱勢者認清自身所受到的不平等待遇，進而展開與優勢階級的對話。在 Freire 心中，「愛」與「對話」是跨越階級藩籬的最佳工具。批判教育學學者更致力於從校園環境中找到可以落實的方法，McLaren（1994）認爲教師可以帶領學生看清統治者的邏輯與原理；Kanpol（1997）則說明校長可以從領導人的角色出發，架構出學校完整的批判教育體制。

　　故弱勢者批判教育的目的，在於運用教育作爲政治性工具，幫助弱勢者批判社會體制中的不公義，進而採取行動，以促使弱勢者與優勢者展開對話，並促發社會結構的改變。

參　弱勢者教育相關政策

一、教育優先區計畫

　　《教育優先區計畫》是教育部推動弱勢者教育的相關政策中最重要的一個計畫，計畫目標包括：「規劃教育資源分配之優先策略，有效發揮各項資源之實質效益」、「改善文化不利地區之教育條件，解決城鄉失衡之國教特殊問題」、「提升處境不利學生之教育成就，確保弱勢族群學生之受教權益」、「提供相對弱勢地區多元化資源，實現社會正義與教育機會均等」、「促進不同地區之國教均衡發展，提升人力素質與教育文化水準」（教育部，2016b，頁3）。

　　前述目標中，可以看見教育部為解決臺灣長久以來因為城鄉差距所造成的教育資源分配不均，並致力於協助弱勢地區及弱勢族群學生，改善其不利處境，提升教育成就的用意。只是從1994年開始補助臺灣省教育廳試辦「教育優先區計畫」，到1996年擴大辦理並逐年檢討，一直到現在2016年，計畫已經實施了將近22年，除了經費的持續挹注及執行外，對於弱勢地區及弱勢族群學生的實質助益，似乎缺乏進一步的分析（教育部，2016b，頁2）。而計畫中補助的依據是下列指標，包括：「原住民學生比率偏高之學校」、「低收入戶、隔代教養、單（寄）親家庭、親子年齡差距過大、新住民子女之學生比率偏高之學校」、「國中學習弱勢學生比率偏高之學校」、「中途輟學率偏高之學校」、「離島或偏遠交通不便之學校」、「教師流動率及代理教師比率偏高之學校」（教育部，2016b，頁3）。

　　前述指標中，教育部將原住民學生、新住民子女等臺灣五大族群中的其中二個「族群」視為是「弱勢」，另外除了「低收入戶、隔代教養、單（寄）親家庭、學習弱勢、中途輟學、交通不便」等經濟、家庭、學習及交通因素外，還將「親子年齡差距過大」可能產生的親子教養問題，以及偏鄉學校長久以來存在的教師流動率及代理教師比率偏高等問題，列為指標之一（教育部，2016b，頁3）。

　　從《教育優先區計畫》的目標、指標、項目來看，補助的範圍包括原住民、離島、偏遠等弱勢地區，補助的對象則包括原住民學生、新住

民子女，以及肇因於經濟、家庭、學習及交通等因素的弱勢學生，而補助的項目則以硬體設備之修繕與充實爲主要。

二、國民小學及國民中學補救教學實施方案

《國民小學及國民中學補救教學實施方案》是教育部爲加強扶助弱勢家庭之低成就學生，以弭平其學習落差的重要計畫。方案目標爲：「建立教學支持系統，提高教學品質」、「診斷學習程度落點，管控學習進展」、「強化行政管考功能，督導執行效能」、「整合社福公益資源，偕同弱勢照護」、「扶助學習落後學生，弭平學力落差」、「鞏固學生基本學力，確保學習品質」（教育部，2014，頁 4-5）。

前述目標中，包括教學、學習、行政、資源、扶助、學力等各面向，可以窺見主事者意欲架構出完整面向的補救教學體制。再深究其策略，首先是「落實行政督導，提升執行成效」，此策略包括：「成立推動組織」、「建立三級督導機制」、「納入視導考核」、「完備補救教學法令」等執行細項。接著是「精進教學品質，提高學習成效」，此策略包括：「建置教學輔導及支持系統」、「強化課中實施補救教學」、「鼓勵多元人才投入補救教學」等執行細項。再來是「彙整及研發教材教法，增進教學效果」，此策略包括：「建立教學策　與教材分享平臺」、「建置輔助元件」、「英語科線上學習系統」、「滾動修正基本學習內容及補救教學教材」、「研發補救教學教材教法」等執行細項。接續是「強化評量系統及個案管理功能，輔助學習診斷」，此策略包括：「強化評量系統功能，擴大施測量能」、「研發及提升試題品質」、「依評量結果診斷學生學習落點」、「強化網路平臺個案管理功能」等執行細項。最後是「辦理配套措施，增進方案成效」，此策略包括：「辦理績優楷模評選」、「鼓勵引進民間資源」、「結合數位學習線上服務」、「委託研究發展與專案管理」、「加強家庭訪問功能」等執行細項（教育部，2014b，頁 5-9）。

前述策略及執行細項中，從督導考核、人才投入、教材研發、學習診斷、資源引進等做法，再加上教育部要求定期回報提報率、施測率、受輔率、進步率及因進步回班率等 5 項指標，都可見教育部明確

揭櫫要提升學生學習成效的用意。

三、國民小學兒童課後照顧服務

　　依據《兒童課後照顧服務班與中心設立及管理辦法》中第 3 條對於「兒童課後照顧服務」之定義：「指招收國民小學階段兒童，於學校上課以外時間，提供以生活照顧及學校作業輔導為主之多元服務，以促進兒童健康成長、支持婦女婚育及使父母安心就業」。故課後照顧之目的，就是「生活照顧」及「學校作業輔導」二者。至於免收學費對象，包括：低收入戶、身心障礙及原住民三類身分之學童（教育部，2015a，頁 1-2）。

　　雖然近年來政府部門每年投入大量的經費推動課後方案，但是對於課後照顧服務的內容、方式及成效等，各界看法不一，質疑聲也不斷（何俊青，2014）。於是陸續有民間基金會投入課後方案，永齡教育慈善基金會於 2007 年成立「永齡希望小學」，推動弱勢學童課業輔導，並與師資培育中心合作，進行國、英、數三科分級方式的課業輔導活動（永齡希望小學專刊編輯部，2008）。博幼社會福利基金會在李家同「不能讓窮孩子落入永遠的貧困」的理念帶領下，堅持必須拉拔弱勢孩子們的學業程度，除聘請專人督導學生做功課外，並提供英語、數學分級方式的課業輔導活動，更致力於提升學生的閱讀能力（財團法人博幼社會福利基金會，2011）。吳念真亦成立「社團法人中華民國快樂學習協會」，希望結合民間的力量，為弱勢的小朋友，提供免費的課後輔導（中華民國快樂學習協會，2016）。

　　對於各界相繼投入弱勢學童課業輔導工作的現象，或許可以作為政府部門反思課後照顧服務工作，是否有值得檢討修正改進之處的參考。

四、夜光天使點燈專案計畫

　　政府相關課後照顧服務時間多於晚上 6 點前即結束，為免家中乏人照顧之學童於課後照顧時間結束之後在外流連，造成身心發展與安全之隱憂，因此政府開辦「夜光天使班」，讓有需求之弱勢家庭學童，最遲可以留校至晚上 9 點。夜光天使班招收對象為低收入戶家庭之學童以

及單親、失親、隔代教養、家境特殊亟需關懷等之弱勢家庭學童（教育部，2009，頁1）。

《夜光天使點燈專案計畫》服務內容以親職教育、代間教育、親子共讀等為活動主軸，並可採繪本欣賞、影片欣賞、說故事、口述歷史、美勞、運動、或伴讀（寫）作業等方式進行（教育部，2009，頁3）。

由於夜光天使班將弱勢家庭學童在校時間，最遲可延長至晚上九點，讓這些學生留校時間拉長至12小時以上，批評質疑者認為學校無法取代親職教育功能，孩子應該回歸家庭的親子互動模式（高臺嬰、沈彥君，2011）；亦有研究支持，當弱勢學生增加留校時間，或不因放暑假而中斷其學習，弱勢學生的學習成效是可以提升的（王麗雲，2007）。

增加孩子在校時間，相對而言，就會減少其在家時間。教育工作者應該想法設法地讓家長發揮親職功能，以增加親子互動及學習陪伴等功能；或是積極地進行生活照顧及課業指導等工作，以免家庭疏於照顧而使學生身心健康及學習狀況每況愈下。這二者之間的抉擇取捨，著實考驗著教育人員的決心與智慧。

肆　臺北市國民小學弱勢者教育推動模式之探討

一、建立標準化測驗引導弱勢者教育的發展方向

我國教育發展深受美國教育改革的影響，從四一○教改運動的發起，一直到近來從大學入學考試到小學基本學力測驗的標準化，都可見「西風東漸」的斧鑿痕跡。

美國雷根總統任內的《危機中的國家》（A Nation at Risk）報告，直指教育已然崩壞，國家陷入危機之中（U.S. Department of Education, 1983）。柯林頓總統隨即頒布《邁向2000年目標：教育美國法案》（Goals 2000: Educate America Act），大力提倡績效責任（U.S. Department of Education, 1994）。到了布希總統時期，教育部提出《不讓任何孩子落後法案》（No Child Left Behind），重新規範各州政

府、地方學區、學校的責任權力與績效要求（U.S. Department of Education，2005）。歐巴馬總統接著提出《奔向巔峰》（Race to the Top，RTTT）法案，其主要內容是支持及提升學區學生學習標準與教師效能（U.S. Department of Education，2016）。

　　而我國為了提升弱勢學生學習成就，政府設立補救教學系統並補助弱勢學生參加課後照顧服務及夜光天使班，其目的就是希望讓弱勢學生得到妥善的生活照顧、完善的作業輔導及其他學習活動的指導。但是方興未艾的標準化測驗，不僅將高中、大學入學考試加以規格化，也向下延伸至國小。在《國民小學及國民中學補救教學實施方案》中提出的五項策略的標題中，「成效」的字眼出現三次，「效果」的字眼出現一次，由此也可見，行政當局亟欲看到成效的急切想法。方案中還提到：

　　　……請評量系統委託單位定期回報提報率、施測率、受輔率、進步率及因進步回班率等 5 項指標。學校端也應完善電腦教室設備、頻寬等施測環境，妥善規劃施測時段分配、施測人力安排，並定期掌控 5 項指標數據。（教育部，2014b，頁7-8）

　　隱藏在「成效」背後的思維，其實是「投資報酬率」的想法。在方案緣起中即開宗明義地提到：「教育是國家經濟社會發展的重要投資」（教育部，2014b，頁 1），既然是投資，當然就必須確保學生基本學力的品質，才能分析投資的成本效益之間的關係。教育部在 2012 年的成果報告中就提到：

　　　100 學年度第 1 次學習成長測驗業於本（101）年 3 月 30日辦理完竣，從學習差異剖面圖整體觀之，參加補救教學之受輔學生學習成就表現均呈正成長，國語文科於國小 2 年級之進步幅度最大，數學科於 3 年級進步幅度最大，英語科於 5 年級進步幅度最大……（教育部，2012，頁 3）

在《臺北市國民小學 105 年度辦理攜手激勵及課後照顧到校諮詢輔導計畫》中，就將下列情形之一者列爲「諮詢輔導對象」：

> ……（一）104 學年度填報教育部線上填報系統之開班情形及執行成果，未於期限內完成達兩次以上者。……（三）104學年度教育部補救教學線上科技化評量五率執行狀況不佳者。1. 五月篩選測驗提報率未達該校需達標準。2. 篩選測驗及成長測驗單一科目施測率未達 95%。3. 成長測驗與篩選測驗比較之三次進步率，兩次未達標準者（國數未達 50%、英語未達 40%）。4. 結案率：未有因進步而結案之學生。……（臺北市政府教育局，2016，頁 1）

當標準化測驗已然引導弱勢者教育的發展方向時，標準化測驗本身的效果及公正性等問題，更需要教育人員從不同立場加以檢視（教育部，2013）。才不致讓標準化測驗限制了學生的思考與發展，反而阻礙其能力或天賦的開展。

二、利用放學時間進行弱勢者國英數領域補救教學的活動方式

《教育基本法》第 2 條規定：「爲實現前項教育目的，國家、教育機構、教師、父母應負協助之責任」（全國法規資料庫，2013）。據此來看，爲了提升學生的學習成效，國家、教育機構、教師、父母甚至學生自己，都要共同爲「學習」負起應負的責任。

然而學生參加補救教學成效與家庭因素影響息息相關，在《國民小學及國民中學補救教學實施方案》中指出，國內學習低成就之國民中小學學生，高達 6 成係家庭因素造成（教育部，2014b，頁 4）。教育部在補救教學實施成果報告中亦提到：

> 學生應負起自我要求之責、教師負起輔導學生適性學習之責、學校對學生負起安排補救教學之責、家長負起與教師及學校共同督導學生學習之責、地方及中央教育主管機關負起管控

學習品質之責，俾學生、教師、學校、家長及主管機關正視基本學力與補救教學之重要性。（教育部，2012，頁4）

只是現今的補救教學方案，一來設定了國英數三科爲主要科目，排除了學生多元發展的可能性；二來又以放學後甚至延長至晚上九點的時間，作爲教學的時段，雖然增加了學生在校學習時間，卻也減少了親子共學的時光；三來補救教學方案關注的焦點，仍然在教師及行政層面，未能真正觸及問題的核心。

……長期弱勢所造成的「習得無助感」，更容易弱化學習動機，甚至衍生行爲偏差問題。這些家庭功能不足的學生不是沒有「能力」，而是缺乏「資源」；不是「不肯學」，而是沒有合適的「學習方法」。除了學校、老師付出愛心外，宜發展適切之介入措施，補強家庭功能，並透過社福單位的介入，給予學生心靈支持和實質的援助，將能有效提升補救教學之成效。（教育部，2014b，頁4）

補救教學方案侷限在國英數領域教學的模式，若對照各國重視多元文化、提供家庭讀寫服務、提高父母教育參與、強化學校與社區互動等作法，或許可以促發現行補救教學方案的調整或改變的參考（譚以敬、吳清山，2009）。

三、訂定個別化計畫進行特定身分弱勢者教育方案的差異化策略

十二年國教提倡「有教無類」、「因材施教」、「適性揚才」、「多元進路」、「優質銜接」五大理想與目標，因此適性、彈性、個別、多元等策略，是實現十二年國教理想的必要手段（教育部，2015）。政府也希望教師運用多元教學策略，並提供學生適性化教學等方式，以提升弱勢學生的學習成效。然而，無論是補救教學、課後照顧等實施模式，依然是以班級爲單位，上課學生人數雖然已經下降至10人以下，不過，授課教師仍然難以實施個別化教學。

由於弱勢學生遭遇到的問題較一般生更為複雜，除了經濟、家庭問題外，還可能伴隨學習動機低落、身心健康不佳或是行為偏差等問題。也使得授課教師不僅僅只是處理學生的學習狀況，還得一併處理與學習攸關的情緒、行為、態度、健康等問題。

然而，這些林林總總的問題，一旦同時發生在同一位學生身上，而班上其他同學亦出現類似情況時，就算授課的現職教師取得教育部規劃之 8 小時研習證明，授課的非現職教師取得 18 小時之研習證明，面對如此複雜難解的狀況，恐也是徒呼負負，但覺有心無力罷了。這些需要團隊力量幫助的孩子們，倘若有個別化教育計畫的支持，或許可結合眾人之力，尋思解決問題並幫助學習的完整方法。而臺灣目前可以接受個別化教育計畫服務的對象，唯有受到特殊教育法保障的身心障礙學生。特殊教育法第 28 條規定如下（教育部，2014）：

> 高級中等以下各教育階段學校，應以團隊合作方式對身心障礙學生訂定個別化教育計畫，訂定時應邀請身心障礙學生家長參與，必要時家長得邀請相關人員陪同參與。

雖然個別化教育計畫的差異化策略，只能運用在身心障礙學生身上，而無法擴及到有此需要的弱勢學生。但是我們仍然可以思考的是，如何從弱勢學生的特性與優勢能力找到切入點，集合團隊成員的力量，共同研擬適性、彈性、個別、多元的學習方案，努力地將家長帶進團隊中，並且有效解決學習以外的相關問題，讓孩子更能專注及花心思在學習上。

四、整合相關資源協助弱勢者融入主流文化的處遇措施

弱勢者是政府施政的首要對象，而弱勢者教育更是政府政策中重要的一環。以政府的經費預算分配比例來分析，挹注在社會福利的經費，一直以來都居高不下，另外，與社會福利有連帶關係的教育科學文化經費，亦高居前二位（行政院主計總處，2016）。

除了前述政府長期且持續挹注的經費外，教育部設有學產基金，鼓

勵各校開設教育儲蓄戶，教育局設有認助清寒學生基金，民間單位及基金會亦常常主動提供獎學金及各種物資等，社會上亦常主動發起捐助濟貧的活動。從政府到民間包括各級單位，對於投注人力物力經費等資源，以協助弱勢者改善環境並順利就學等資源運用的作法，可以看見政府到民間齊心合作的努力。

不過從政府這一連串改善、協助及提升弱勢學生環境及學習的措施，仍然有值得檢討反思的地方。首先是缺乏多元文化的思維，由於弱勢學生中有不同比例的學生，分別來自原住民家庭、新住民家庭、勞動階級家庭、偏鄉地區家庭、功能失衡家庭等，不同的原生家庭，不同的成長背景，卻以幾乎相同的教育模式教導這些學生，共同的目標就是「提高學習動機」、「弭平學習落差」、「確保基本學力」。若從多元文化觀點省思「弱勢者」的教育「問題」與「對策」，或許會有不同的看法：

> 在文化向度上，弱勢者被同質化、本質化，無視於新移民子女之為弱勢，與身心特殊需求學生之為弱勢，以及原住民學生之為弱勢，都不是與生俱來的必然現象，各有其獨特的生活型態，且是在跟主流團體互動下，造成可能影響他／她在學校的學習、人際交往、社會適應等等方面的「問題」。（莊勝義，2009，頁47）

而臺灣最流行的口號就是「國際競爭力」，所以無論是閱讀素養、科學素養、英語…，都必須接受國際評比的考驗，就連評比已居世界前幾位的項目，還要憂心忡忡地指出其中仍存在許多的「問題」，而這些問題又常常指向「弱勢生的學習落差」，是造成分數差距拉大的主因。

當我們忙著將資源分配、運用，想著要怎麼幫助「弱勢學生」時，是否應該省視潛藏的意識形態，去除自以為是的做法，拋棄沿襲已久的規定，重新也從心看待彼此，逐漸找到「我們」的共同價值。

五、著重短期性目標忽略發展弱勢者批判思考行動能力的教育作為

　　當今的政策過於重視績效，經費講求執行率，目標講求達成率。但是政策實施的對象是活生生的人，有著喜怒哀樂情緒的變化，更有著原生家庭及文化脈絡的差異性。《教育優先區計畫》的未來展望提到：

　　……關注於教育資源的合理分配，有效發揮經費補助的實質效益，希望每一分錢、每一分努力都有助於學生的學習與成長，教育優先區計畫教育環境的改善與學習效果的提升……（教育部，2016b，頁9-10）

　　希望每一分錢、每一分努力都有助於學生的學習與成長，是一種為人民負責的心態，更希望「錢可以花在刀口」上，但是為了「看到」學生的學習與成長，免不了就要端出「亮麗的數字」。教育部國民及學前教育署補助國民中小學及幼兒園弱勢學生的執行成果及成效，都是補助受益人數、補助校數、補助人次、補助金額、滿意比率等，只可惜，看不到有多少孩子因此而快樂健康成長，並且擁有正向的人生觀，對社會做出一定程度的貢獻。

　　因為成效必須被看到，納稅人的錢才花得值得，所以孩子第二次考試的成績應該要比第一次好，同理類推，第三次考試的成績應該要比第二次好。如果將時間的軸線拉長，孩子的成長、改變、進步，有時候是需要等待的，所以可以建立長期的資料庫，以系統性的研究，來看弱勢學生從在學到就業甚至到成家等各階段的量化及質性資料的變化。譚以敬、吳清山（2009，頁89-90）認為：

　　……教育方案的規劃推動與成效評估均應建立於學理論述與系統研究的厚實基礎之上，臺北市未來應針對弱勢學生教育進行整體性、長期性及系統性的研究，並將研究所得資料作為日後政策方案規劃推動的重要參考準據。……臺北市未來將建立全市性弱勢學生的資料庫，長期持續追蹤了解個別學習情

形，適時引入並提供相關資源，協助其克服學習困境與障礙。
透過「資料庫」的建置，可了解臺北市整體弱勢學生學習及發
展情形……

由於政府單位急切地想要以成效證明執行力，導致教育趨向於短線
操作，難以從長遠全面、相互連結的角度，來看弱勢學生的發展。

　　採取的教育行動方針，也強調基於文化差異的種種人類處
境，從教育、政治、經濟、或社會結構等層面，進行文化批判
以期根本地變革與轉化。（莊勝義，2009，頁 48）

我們要思考的是，如何發展出弱勢者的批判思考行動能力，讓他們
不僅追求成績、文憑、地位、良好的生活，同時也會從對社會的貢獻
度，反思自己的學習與社會之間的關係。

伍　結論與建議

一、結論

在社會各界高度重視之情況下，政府藉由優惠、補助與補救等方
式，希望讓弱勢者知道，他們只要努力，未來就一定有希望。而主要的
弱勢者教育政策就是提升弱勢學生教育成就及生存競爭力。然而，囿於
政策績效的壓力下，弱勢者教育必須在短期內看到成果，因此提升學業
成績，就成為政策的首要目標。不過教育的對象是人，我們應該跳脫成
績、文憑、地位、收入等傳統思考框架，從學生對自己的認同感、對人
生的滿意度、對家庭的幸福感、對社會的貢獻度等面向，完整地架構出
弱勢學生在接受各階段教育後，所呈現出的多元面貌。

二、建議

根據前述結論，本研究提出如下建議，作為政策制定、推動者及研
究者之參考：

（一）制定弱勢學生教育更高位階之相關法規，完整規劃相關作為及措施

目前教育部國民及學前教育署雖然訂有《補助國民中小學及幼兒園弱勢學生實施要點》，並將相關補助整合在一起，但要點中偏重經費補助，缺乏實質教育作為。況且，與弱勢學生有關之相關政策，散見於各種不同的法規裡。倘若各單位各司其職，各唱各的調，對於實質幫助弱勢學生恐助益不大。

建議可從立法層次著手進行，將弱勢學生定義更加清楚，並將包括：特殊教育法、教育基本法、十二年國教、社會福利、經濟、財政、文化、內政等相關法規中，與弱勢學生有關的經費、措施、做法等，統整在弱勢學生教育法規中。

（二）改變行政主導政策思維，邀請不同學習階段、不同文化背景弱勢學生對話

由於弱勢教育受到媒體及社會各界太多的關注，以致弱勢教育往往已超乎教育本身，成為社會及政治話題。也因此，行政當局必須有效快速地做出回應，也使得決策不夠周延，更無法設身處地從不同族群、階級、社會背景、居住區域、家庭狀況等出發，去做縝密的規劃與思考。

弱勢學生教育政策必須從「行政中心」思維跳脫出來，並邀請不同學習階段、不同文化背景弱勢學生對話，藉由深度對話啟發行政決策更細微地思考，以真正回應弱勢學生表象下的內心渴望。

（三）突破現有教師單打獨鬥教學模式，組織跨領域團隊共同擬訂適性化策略

現行的教育體制，仍然期待教師是全能及全才，當我們率以「教師是專業的」心態，就賦予教師完全的責任時，卻忽略了弱勢學生深陷諸多複雜問題交織的羅網中，實在難以掙脫。

弱勢學生雖然無法像身心障礙學生一般，擁有個別化及適性化的教育資源，但是藉由跨領域團隊的組成，包括：課後照顧班老師、補救教學班老師、夜光天使班老師、班級級任導師、特殊教育老師、輔導教師、生組組長、認輔教師及相關行政人員等，甚至可以邀請醫生、心理

師、社工師加入，透過大家的討論，擬訂適性化策略，讓團隊合作的力量，共同協助弱勢學生學習成長。

（四）建立弱勢學生教育長期資料庫，了解學生對自己、對人生、對家庭、對社會等各面向的態度與看法

教育本是「十年樹木、百年樹人」的長期工作，無法只看投資報酬率，也不能只講求成本效益。特別是弱勢學生的教育，更重視教育以外的輔導、照顧、關心、協助等各種事項。

弱勢者教育必須徹底地翻轉短期內看到成果、快速有效提升學業成績的既有模式，並建立弱勢學生教育長期資料庫，透過不同學習階段，包括：成年以後的資料分析比較，並邀請弱勢學生進行分享，讓我們得以了解經過政府及民間的諸多作為，以及自己及家庭的努力後，究竟學生對自己、對人生、對家庭、對社會等是否建立了正確的價值觀，並對社會做出應有的貢獻。

參考文獻

（一）中文部分

中華民國快樂學習協會（2016）。關於我們。2016 年 9 月 18 日，取自 http://after-school368.org/aboutus.php

王麗雲（2007）。夏季失落？1440 小時大作戰！。**中等教育**，**58**(3)，114-121。

永齡希望小學專刊編輯部（2008）。努力、信心與勇氣：向永不放棄的孩子致敬。永**齡希望小學專刊**，**1**，4-5。

全國法規資料庫（2013.12.11）。教育基本法。2016 年 9 月 20 日，取自 http://law.moj.gov.tw/LawClass/LawAll.aspx?PCode=H0020045

行政院主計總處（2016.09.01）。106 年度中央政府總預算案。2016 年 9 月 20 日，取自 http://www.dgbas.gov.tw/ct.asp?xItem=40176&ctNode=6306&mp=1

何俊青（2014）。臺灣課後照顧的研究現況：期刊與學位論文的內容分析。**南臺人文社會學報**，**12**，27-60。

姜添輝（2002）。資本社會中的社會流動與學校體系—批判的分析。臺北市：高等教育。

財團法人博幼社會福利基金會（2011）。緣起 - 李家同的理念。2016 年 9 月 18日，取自 http://www.boyo.org.tw/boyo/index.php?option=com_content&view=article&id=59&Itemid=85

高臺嬰、沈彥君（2011）。夜光天使亮不亮？夜光天使點燈專案計畫之起源、目的與省思。家庭教育，**29**，66－71。

教育部（2009）。**夜光天使點燈專案計畫**。臺北市：作者。

莊勝義（2009）。從多元文化觀點省思「弱勢者」的教育「問題」與「對策」。**教育與多元文化研究**，**1**，17-56。

教育部（2012）。**國民小學及國民中學補救教學實施方案執行現況及成果**。臺北市：作者。

教育部（2013.09.26）。美國各界期待標準化測驗進一步改革。2016 年 9 月 20 日，取自 http://epaper.edu.tw/old/windows.aspx?windows_sn=13666

教育部（2014）。**國民小學及國民中學補救教學實施方案**。臺北市：作者。

教育部（2015a）。**兒童課後照顧服務班與中心設立及管理辦法**。臺北市：作者。

教育部（2015b.06.23）。十二年國民基本教育實施計畫。2016 年 9 月 20 日，取自 http://12basic.edu.tw/Detail.php?LevelNo=38

教育部（2016a.07.14）。扭曲孩童教育 德州標準化測驗遭抨擊。2016 年 9 月 12 日，取自 http://epaper.edu.tw/windows.aspx?windows_sn=18634

教育部（2016b）。**教育部 105 年度推動教育優先區計畫**。臺北市：作者。

郭淑媛、賴若函（2016）。教改不願面對的真相 20 萬學生淪為…下流世代。今周刊，**1012**，64-73。

楊瑩（1998）。教育機會均等。載於陳奎憲（主編），**現代教育社會學**（269-313頁）。臺北市：師大書苑。

臺北市政府教育局（2009）。**弱勢學生教育概況、成果及未來發展規劃**。臺北市第9 屆教育審議委員會第三次會議報告。

臺北市政府教育局（2016）。**臺北市國民小學 105 年度辦理攜手激勵及課後照顧到校諮詢輔導計畫**。臺北市：作者。

劉正（2006）。補習在臺灣的變遷、效能與階層化。**教育研究集刊，52**(4)，1-33。

鄭勝耀、黃瀞瑩（2014）。我國弱勢教育政策與社會公平之相關研究。**教育研究月刊，242**，5-16。

譚以敬、吳清山（2009）。臺北市弱勢學生教育政策的現況及其未來因應措施之研究。**教育行政與評鑑學刊，8**，77-94。

譚光鼎（2006）。E. Durkheim：結構功能論大師與教育社會學的先驅。載於譚光鼎、王麗雲（主編），**教育社會學：人物與思想**（35-59頁）。臺北市：高等教育。

（二）英文部分

Bourdieu, P. (1984). *Distinction: A social critique of the judgement of taste*.Cambridge, MA: Harvard University Press.

Collins, R. (1979). *The credential society: An historical sociology of education and stratification*. New York: Academic Press.

Foucault, M. (1980). Power/knowledge: Selected interviews and writings,1972-1977. Brighton, UK: Harvester Press.

Freire, P. (1970). *Pedagogy of the Oppressed*. New York: Continuum.

U.S. Department of Education. (1983). *A nation at risk*. Retrieved from http://www2.ed.gov/pubs/NatAtRisk/risk.html

U.S. Department of Education. (1994). *Goals 2000: Educate America Act*. Retrieved from http://www2.ed.gov/legislation/ GOALS2000/TheAct/ index.html

U.S. Department of Education. (2005). *No child left behind*. Retrieved from http://www2.ed.gov/nclb/overview/intro/index.html

U.S. Department of Education. (2016). *Race to the top*. Retrieved from http://www2.ed.gov/programs/racetothetop/index.html

Van Dijk, T. A. (2003). The discourse–knowledge interface. In R. Weiss, & R. Wodak (Eds.), Critical discourse analysis: Theory and interdisciplinarity (pp. 85-109). New York: Palgrave Macmillan.

〔本文初稿發表於國立臺灣師範大學弱勢者教育國際學術研討會，特此致謝。〕

問題與討論

一、請從不同的弱勢者教育理論評析現行弱勢者教育政策的優劣得失。

二、請從政策利害關係人的不同角度對於現行臺北市國民小學弱勢者教育
　　推動模式提出看法與建議。

第二篇
教育發展篇

第十章

「Mao's 管理理論」淺介與初探及其對學校管理的啟示

毛治國、謝念慈、陳政翊

　　莫爲一身之謀，而有天下之志；莫爲終生之計，而有後世之慮

　　　　　　　　　　　　　　　　　　　　　　—— 宋・謝良佐

　　見識謀斷談決策；因緣成果論執行

　　領導如行船，知性（事實）是帆；理性（價值）是舵；感性（行
　　爲）是海

　　黃老（道家）立身、儒墨（儒家）處世、孫韓（法家）治事

　　　　　　　　　　　　　　　　　　　　　　—— 毛治國

 前言

　　組織經營與管理需針對組織願景、使命與目標，建立前瞻性、理想
性、具體性與可行性的決策，爲落實績效，需透過內、外部的有效執
行。中、小學學校亦爲一種系統組織型態，因此中、小學應重視學校的
經營與管理。但事實上原創發於中小學經營與管理的有關專業理論，幾
乎沒有，特別是中、小學基礎教育方面。中、小學教育要有效能的邁進
績效目標，十分需要適切的企業組織經營管理理論及方法，積極引進
中、小學。學校的經營管理之道，靠的不是企業的經營手法，而是「使
命與領導」之道。「領導」的關鍵並不在於領袖的魅力，而是使命（余
佩珊譯，2004）。《使命與領導》一書，彼得・杜拉克認爲「管理」
是藉由「使命」的凝聚力和引導，透過管理的理念架構和技巧，制定具
體可行的目標、計畫和策略，俾使造福人群的使命能順利達成（余佩珊
（譯），2015）。

　　檢視中、小學的校務發展計畫、校務評鑑、學校校長參加校長遴選
申請學校經營計畫書、各類特色專案計畫的申請等，「卓越的辦學績
效」實爲核心價值。因此，績效需透過管理卓越的決策與有效的執行實
踐落實。

　　研究者因緣和合，在聆聽前行政院 毛前院長新書《管理（上）》、
《管理（下）》的公開發表演講後，很榮幸能在 2018 年 6 月 27 日，
親赴國立交通大學經營管理研究所的研究室受教於 毛前院長最新創發
的「管理」理論——決策與執行（研究者稱爲「Mao's 管理理論」）虛

心學習，受益匪淺。因此，提出「Mao's 管理理論」的重要創新觀點，並將其應用於中、小學教育學校經營管理、學校教育革新等，希冀能對中、小學領導者在領導力與經營管理方面能有所增能助益。

貳 Mao's管理理論初探及啓示

2018 年毛治國將其數十年學術與工作實務的體驗、反思與實踐，匯集大智慧結晶，提出管理績效的數學公式的模式，撰寫下了經典名著《管理》（上、下）。研究者親赴現場聆聽新書分享講演，毛治國講題都註了副標，如「用勢不用力的管理（Management by Indirect Approach）」、「管理漫談──讓世界因有我而變得更好」作爲「管理」的另類的隱喻。有關「用勢不用力」，毛治國（2018）：

> 「管理的世界是一個無方向性的『自組織之海』的世界。管理者須建立『自組織爲體，他組織爲用』的管理觀，善用自己的決策力與執行力所產生他組織可見之手功能，將自組織之海轉化成具方向性的管理工具，然後管理者就可在『自組織出力量，他組織給方向』的『用勢不用力』方式下，借助自組織之海的力量取得管理成果。」

有關 Mao's 管理理論，毛治國在 2013 年的《決策（增訂版）》及 2018 年的《管理（上）》與《管理（下）》有非常系統、周密的一套獨到創新的學理論述與實務案例，讀者有興趣深入探究與應用於學校，可直接參閱原書籍。面對高深莫測的浩瀚大師結晶智慧巨作，研究者資質駑鈍。因此，本文僅能就研究者的初閱心得與些微領悟，提出二、三個創新關鍵觀點與主理論做微初探，並提出小小啓示，作爲學校領導者經營管理的形而上思維（上位思維）與現場實務的問題解決素養參考。

晚清民初王國維《人間詞話》提及「古今成大事業、大學問者，必經過三種境界：「昨夜西風凋碧樹。獨上高樓，望盡天涯路。」此第一境界；「衣帶漸寬終不悔，爲伊消得人憔悴。」此第二境界；第三境

界「眾裡尋他千百度。驀然回首，那人卻在燈火闌珊處。」此第三境界（王國維著、徐調孚校註，2016）。毛治國（2018）認此三境界乃立德、立功、立言的過程，並對照科學與管理的解讀，發現出王國維文采中的三意境與管理的玄機，第一境界類同企圖心；第二境界類同能力；第三境界類同機緣，如表1。三境界視為中華文化傳統的精神，則企圖心、能力與機緣就可視為管理的精髓。

表1　王國維文采中的三意境與管理 MAO 對應的玄機

意境	出處	科學解讀	管理解讀
昨夜西風凋碧樹，獨上高樓，望盡天涯路。	《蝶戀花‧檻菊愁煙蘭泣露》北宋‧晏殊	準備	M：企圖心 Motivation
衣帶漸寬終不悔，為伊消得人憔悴。	《蝶戀花‧佇倚危樓風細細》北宋‧柳永	醞釀	A：能力 Ability
眾裡尋他千百度，驀然回首，那人卻在燈火闌珊處。	《青玉案‧元夕》南宋‧辛棄疾	開悟	O：機緣 Opportunity

資料來源：研究者改編自毛治國（2018）。**2018用勢不用力的管理**。臺北：未出版。王國維著、徐調孚校註（2016）。人間詞話。香港：香港中和出版。

一、Mao's 管理及其績效公式

任何組織在落實管理，或多或少都有摩擦，產生問題，學校也不例外。日本學者高杉尚孝（2019）：「問題」就是「必須被解決的課題」，問題的本質就是期望與現狀的落差，艱難的課題如莎士比亞名劇《哈姆雷特》出現的「是生？是死？這就是問題的所在（To Be or Not to Be,That is the Question）」；或一般的日常的瑣事（鄭舜瓏譯，2019）。在《管理（上）》一書，Mao's 管理理論將「Question」譯為「疑問」，並釋義為「組織活動時，組織與成員對活動議題的反應不同，所引發的一探究竟的好奇心」；而「Problem」譯為問題意識，並釋義為「組織活動議題主辦單位所引發必須處理並解決的反應」，兩者

都含有「預期、實況、差異」因子，只是後者多了「心理焦慮」（毛治國，2018）。

彼得・杜拉克（Peter F. Drucker）認爲管理不是一門精密的科學，管理仍是一種實務，而非一門科學或專業（齊若蘭譯，2004）。毛治國（2018）：

> 管理是以「決策」與「執行」爲核心，以解決問題爲目標，如圖1所示。「決策」是爲問題找對策，「執行」是將「決策」付諸實施、解決問題。如王陽明所倡導的「知行合一」觀點～「決策力」是能知，「執行力」是能行。

並具體提出數學模式的管理績效公式：

管理績效公式：管理績效＝決策力 × 執行力

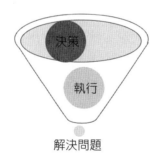

圖1　管理的意涵圖

資料來源：研究者整理自毛治國（2018）。**管理**（上）。新竹市：國立交通大學。

啓示：

　　依據前述管理績效公式，給予領導者的啓示是組織的管理績效來自於組織的「決策力」與組織的「執行力」乘積的值。由數學乘法的原理，很容易理解乘積值要大，則必需要組織成員的「決策力」與「執行力」的數值要正的數值，且要愈大愈好；另，使用數學的乘法，而不用加法，更強調組織成員的「決策力」與「執行力」不可有任一能力出現數值「0」，否則將得出管理績效等於「0」，無管理績效可言。

　　決策（決定）是在特定的問題情境下，根據事實認定所做的價值判斷或取捨。因此，做決策（決定）時，須區辨「事實命題」與「價值命題」的差異，甚至「不做決策（決定），也是一種決策（決定）」的決策（決定）哲學意涵。

二、Mao's 管理理論之執行力及其公式——因緣成果公式 R ＝ M × A × O

　　《執行力：沒有執行力·哪有競爭力》一書中，作者包熙迪（Larry Bossidy）和夏藍（Ram Charan）發現並提出了「執行力」，指出這就是達成企業策略的關鍵，跨越策略與現實之間的巨大鴻溝，甩開競爭對手的關鍵（李明譯，2012）。湯明哲進一步在此書的導讀中標題「執行力——填補管理最大的黑洞」的一段精彩的內文如下（李明譯，2012）：

　　　　「執行力大概是企業管理學最大的黑洞，管理學有琳瑯滿目的理論，告訴管理人員，如何如何……，該如何執行這些想法，……，未曾有人加以探討。」

　　因此，策略與執行力二者須相輔相成。執行是行動力的展現。個人或組織既有企圖心（Motivation, M）又有能力（Ability, A）時，才會展現出行動力去促成某件事情或任務的發生，「Mao's 管理理論」稱此行動力為執行力（Force of Execution, F），其公式為：F ＝ M × A

　　更令研究者讚嘆的是，因為毛治國本身兼具理工背景與管理專長之故，特創發出物理學與管理學的一段絕美神配的戀曲，神奇的似造物者已將一體分成兩面的異曲同工之妙，如果讀者能用心感知，將有助於執行及其成果的理解與實踐，茲整理如下表 2：

表2 物理學與管理學絕美神配的戀曲

物理學的力與功（能量）	管理學的執行力與執行成果
牛頓運動第二定律 $F = M_{(質量)} \times A_{(加速度)}$	管理執行力 $F = M_{(企圖心)} \times A_{(能力)}$
物理的功（Work） $W = F_{(力)} \times D_{(位移)}$ $D 位移 = F_{造成的空間改變}$	執行成果（Result） $R = M \times A \times O_{(環境機緣)}$ $O_{環境機緣} = F_{執行力發揮空間}$

資料來源：整理自毛治國（2018）。**2018**用勢不用力的管理。臺北：未出版。

從上表的執行成果（Result），$R = M \times A \times O_{(環境機緣)}$ 稱之爲 MAO 公式（從個人到領導組織）：$R = M_{(企圖心)} \times A_{(能力)} \times O_{(外緣)}$。毛治國認爲「因」與「果」間，無直接的關聯；其中必須藉由「緣」之橋接，方能播「因」獲「果」。

因此，「Mao's 管理理論」特提出了「因緣成果定律」：因→緣→果（因係指組織內部因子；緣係指組織外部機緣）。內因、外緣分開各自爲成果的「必要條件」；內因、外緣互起並存則爲成果「充分條件」（毛治國，2018）。

因緣成果公式：R（Result）＝ M×A×O，又分成個人與組織兩個公式，茲分述如下（毛治國，2018）：

（一）個人的因緣成果公式

個人的因緣成果＝$(M_{企圖心} \times A_{能力})_{內因（系統）} \times O_{外援（環境）}$

「Mao's 管理理論」界定個人因緣成果的條件，個人須具備旺盛的企圖心，以及個人優勢的能力，以上歸爲內因，也就是可以操之在自己的因子，但是還需要組織內、外在環境的大力支持與配合，亦即外緣（外在環境的機緣）方能成果。

（二）組織的因緣成果公式

組織的因緣成果＝$[\sum(M \times A)_{個人} \times 小外緣 o_{領導者}]_{系統內因} \times 大外緣 O_{環境條件}$

「Mao's 管理理論」界定組織因緣成果的條件，組織所有成員皆須

具備旺盛的企圖心，組織所有成員皆須具備優勢的能力，並且還需要組織外在環境的大力支持與配合，方能畢其一功。

啓示：

　　無論是個人還是組織，要因緣成果，須個人／全體、環境機緣的共同促成，才能畢其成效，正如俗云：天時、地利、人和；自助、人助、天助。

　　「Mao's 管理理論」將內因視爲依據、外緣視爲條件，因緣和合，方能生成萬事，稱之「因緣互起」（Co-Arising）。如圖 2：

圖2　因緣和合生成萬事

資料來源：研究者整理自毛治國（2018）。**管理（上）**。新竹市：國立交通大學。

三、Mao's 管理理論之自組織、他組織與組織的因緣成果公式

　　關於理解「自組織」的意涵，研究者以基礎理化的有關鐵原子與磁鐵的基本知識說明。維基百科（2020）：

　　　　「鐵磁性（Ferromagnetism），又稱作強磁性，指的是一種材料的磁性狀態，具有自發性的磁化現象。各材料中以鐵最

廣為人知。……一個物質的晶胞中所有的磁性離子均指向它的磁性方向時才被稱為是鐵磁性的。若其不同磁性離子所指的方向相反，其效果能夠相互抵消則被稱為反鐵磁性。若不同磁性離子所指的方向相反，但是有強弱之分，其產生的效果不能全部抵消，則稱為亞鐵性。磁鐵與鐵磁性物質之間的吸引作用是一種磁性。」

　　「Mao's 管理理論」的管理觀是自組織為體，他組織為用。自組織無形之手出力量，他組織可見之手給方向。「Mao's 管理理論」將磁鐵磁化過程核心磁場的作用稱為領導的影響力模型，以下圖 3 所示：

・每個鐵原子都有磁性→每一組織成員的M×A
・集合起來鐵塊無磁性，沒有一致方向，合力相抵為零

・磁化過程：先形成小規模核心磁場，賦予方向
・成員M×A受領導力感應（召），開始整除看齊alignment

・鐵塊自組織正反饋連鎖反應變成強力磁鐵→可作功能的向量
・→領導者他組織可見之手給方向、自組織無形之手出力量

圖3　領導的影響力模型

資料來源：毛治國（2018）。**管理**（下）。新竹市：國立交通大學。
　　　　　毛治國（2018）。**2018用勢不用力的管理**。臺北：好心肝基金會講堂。

　　理解自組織與他組織之後，再回顧檢視組織的因緣成果公式，「Mao's 管理理論」毛治國（2018）：

$$因緣成果_{組織} = [\sum(M \times A)_{個人} \times 小外緣\ o_{領導者}]_{系統內因} \times 大外緣\ O_{環境條件}$$

說明：$\sum(M \times A)_{個人} \rightarrow$ 人類組織是無形之手具有自組織生命力

小外緣 o $_{領導者} \rightarrow$ 領導者是可見之手具有他組織影響力

小外緣 o $_{領導者}$ 具有「承內啓外」的作用

對內：發揮領導力$_{微觀}$，動員「$\sum(M \times A)_{個人}$」內在自組織動能？
群策群力／意志力量集中

對外：發揮戰略力，用勢不用力，因應恆變「大外緣 O $_{環境條件}$」
和合外在大環境

領導者：微觀要有領導力 催化系統能量；宏觀要有戰略力 指引
方向。

準此，Mao's 管理理論的管理績效公式就可以更周密的改寫成：

$$管理績效_{自組織世界} = 決策力 \times (領導力_{催力量} \times 戰略力_{給方向})_{執行力}（毛治國，2018）$$

啓示：

組織是由各成員組成，每位成員都有生命力，因此具有自組織的生命力，不同的意見與想法是常態，因此自組織是一隻無形的手，領導者具有他組織的影響力，洞見觀瞻，具有可見之手，須能發揮影響力，化解、整合組織成員的不同意圖、意見等；亦即在微觀上要有領導力，去催化出系統成員的能量；宏觀上要有戰略力，能正確指引出組織的願景方向。「怎樣的校長，就會有怎樣的學校」就有著那種意涵。

參　Mao's管理理論對學校經營管理的啓示

管理大師彼得‧杜拉克（Peter Drucker）《有效的經營者》（*The Effective Executive*）一書，有句名言：「效率（Efficiency）是把事情做對；效能（Effectiveness）是做對的事情」（游來乾等譯，1967）。後來在管理上衍伸出來的概念，包括：「管理是把事情做對（Do the Thing Right）；領導則是做對的事情（Do the Thing Right）」，做對的事情（Do the Right Thing），比把事情做對（Do the Thing Right）更爲重要。中、小學校長及行政人員對這個概念耳熟能詳，但是各校的

管理績效卻仍存有著差異。究其因素，決策後的執行力或許是關鍵因素。執行力到底重不重要？執行力的關鍵在於透過領導影響組織成員的行爲，許多學校的經營管理績效不彰，常可歸因於執行力不佳，各學校都有形塑願景，訂定校務發展計畫及年度工作計畫，透過決策策略落實，惟在推動施行時流於「道德勸說式的口號管理」，導致執行力弱化了，最後演變成「學校組織末梢神經麻痺症」造成學校管理績效不彰。因此，提出學校校長運用「Mao's 管理理論」在學校創新的轉型特色計畫案例～臺北市立懷生國中升格爲「雙語實驗課程學校」爲例，供讀者參考。

　　首先，對臺北市立懷生國中升格爲「雙語實驗課程學校」案例做簡要敘述。學校校長陳政翊初任，適逢學校邁入校史第 50 個年頭，又適逢十二年國教新課綱啓航，校長爲經營管理學校能有績效，根據學者研究報告，實施雙語教育除了能幫助學生認知能力的發展，提升學業表現，並能展現對不同文化的包容與興趣，培養學生國際觀。因此，校長針對「雙語教育」的特色轉型計畫，整合校內、外各項資源、依循政策，積極發展特色，爲打造精緻優質的教育努力不懈，特提出計畫將學校升格爲「雙語實驗課程學校」，辦理英語生活主題學習活動，積極爭取外籍教師入校協同教學，推動學校國際交流及海外國際教育旅行等，努力爲學生啓發學習動能、擴大英語應用機會及提升英語聽與說的信心，建立應用英語的習慣及環境氛圍。並自 108 學年度起，將十二年國教課綱之學校校訂彈性課程主軸定位爲「國際教育」，以此爲基礎發展「雙語實驗課程」，美國教育測驗服務社（Educational Testing Service, ETS）臺灣區總代理忠欣公司合作協力單位爲協力單位，採用「SOFT CLIL」教學法，藉由專業支援系統推動教師增能、專業成長與夥伴教師共備同行，建構學校特色雙語課程，發展學校本位雙語教學。雙語課程由校長帶領教師團隊參與雙語教育師資培訓工作坊，8 月下旬學期開始前的準備週，再辦理「情境式雙語教案設計工作坊」，讓全校教師充分了解並能實際設計雙語課程教案，9-11 月持續辦理教案撰寫及雙語教學增能研習，並申請試辦 109 學年度雙語實驗課程計畫，推動每周三分之一以上課程進行雙語授課。終於，學校在 109 學年度被

教育局正式升格「雙語實驗課程學校」。

其次，陳校長任職臺北市立懷生國中校長時，適逢十二年國民基本教育課程甫實施之際，又雖然學校生源學區在臺北市中心，但是受限於大環境少子化的影響，再加上學校附近有諸多家長肯定的學校，且教育潮流趨勢重視各校的特色發展，在諸多主、客觀因素交互下，陳校長需選擇適切決策經營管理學校，並有效執行產出績效，以讓校內、外顧客滿意肯定。因此，績效成敗關鍵就在管理時的決策與執行兩大因素，特別是執行階段，更是關鍵中的關鍵。茲說明如下：

（一）因緣成果$_{組織}$＝〔$\sum$(M×A)$_{個人}$ × 小外緣 o$_{領導者}$〕$_{系統內因}$ × 大外緣 O$_{環境條件}$

1. 陳校長深刻理解「Mao's 管理理論」的管理兩大內涵，「決策」係指知道如何看清問題，確立對策；「執行」係指知道如何運用組織的力量，將自己的的理念付諸實施。

2. 陳校長為使「雙語實驗課程學校」決策能在臺北市立懷生國中實現，針對課程計畫參與的教師同仁，不斷的溝通、願景說明與宣導，以激勵每位教師同仁的參與企圖心；並辦理各類增能研習與工作坊，以賦能提升每位教師同仁的參與的能力，這功課就是要使參與的全體教師同仁執行力更超強。

3. 陳校長在此課程計畫，針對每位教師同仁所需的軟、硬體資源，需做到高度的同理、支持與愛的互動，扮演好小外援的領導者角色。

4. 陳校長以上的領導管理作為〔$\sum$(M×A)$_{個人}$ × 小外緣 o$_{領導者}$〕發生在學校系統內，亦即「內因」。僅如此未必能產出績效，實現夢想，所以陳校長同時也將視野環顧到大環境的氛圍，並評估外在主、客觀計畫的可能性，如透過陳校長個人人際關係資源，獲得教育局等支持與肯定，亦即外在環境條件的可能「外因」的支持與協助。

（二）管理績效$_{自組織世界}$＝決策力 ×（領導力$_{催力量}$ × 戰略力$_{給方向}$）$_{執行力}$

臺北市立懷生國中成功的升格為「雙語實驗課程學校」，是陳校長學校管理的一個成功個案。總的來說，陳校長將特色周密的決策力；輔以對學校同仁鼓動力量的領導力與明確給予學校同仁願景的戰略力，如

此完美的經、緯編織出優勢的執行力，最後終能產出管理績效的成積效果。

肆 結語

學校是由學生、教師與職員工等所組成的組織，是人的世界，具有活化的生命力系統。因此，學校的領導者，僅採以牛頓機械論的系統典範衍生的管理論，往往在後現代的學校管理績效上將可能產生績效不彰的嚴重結果。

行政院前院長毛治國獨創的「Mao's 管理理論」，此理論典範最大的特色是重視組織具有生命力的自組織與他組織的有機體系統，而非沒有生命力的人造機械無機體系統，因此適合領導者在管理上運用，處理具活化生命力的有機體系統組織。

管理主要內涵是決策與執行，觸及的範疇或場域以企業管理與公共行政組織等爲大眾，而在教育現場雖然也重視管理理論的引入，但僅留於口號式提及或宣導，卻無深入的探究，中、小學階段學校尤是，以至於學校管理績效不卓著，且學校領導者學經歷背景多數是教育有關方面，即使有相關系所，也難以與業界或公共行政的情境可比擬。因此，中、小學學校領導者須對管理理論與實務適切慎選自主增能，研究者過去曾經在中學擔任校長，在拜讀與受教毛治國的「Mao's 管理理論」後，做了深刻的反思，受惠受益，特撰寫本文分享予中、小學領導者在學校管理理論的參考。

問題與討論

一、依「Mao's管理理論」，「決策」係指知道如何看清問題，確立對策；「執行」係指知道如何運用組織的力量，將自己的的理念付諸實施，學校領導者反思自己學校經營管理的實務經驗，您有什麼看法？

二、有關十二年國民基本教育的施行，校長如何運用「Mao's管理理論」的組織的因緣成果公式＝〔∑（$M \times A$）$_{個人} \times 小外緣o_{領導者}$〕$_{系統內因} \times$

大外緣$O_{環境條件}$，產出績效化的素養導向課程與教學。

三、學校校長如何運用「Mao's管理理論」的「人類組織是無形之手具有自組織生命力」與「領導者是可見之手具有他組織影響力」，提升學校管理的績效。

誌謝——

本文能撰文發表，要特別感謝前行政院長 毛治國院長（現任國立交通大學經營管理研究所講座教授）。研究者因緣和合，除躬親聆聽毛前院長講演外，並於 2018 年 6 月 27 日親赴交通大學經營管理研究所研究室，虛心受教，聆聽教誨，研究者特別對於「Mao's管理理論」的青睞與促動，感受至深。更感恩 毛前院長願意將其畢生的結晶大智慧公開分享，並同意研究者將其轉化提供給予中小學校長在學校經營管理、學校教育革新等參考與應用。文末，研究者要再次虔誠、感恩的向毛前院長在管理學理與實務專業素養的由衷欽佩、感恩受惠，並對無私的薪火相傳，鞠躬致謝。

參考文獻

毛治國（2010）。決策。臺北市：天下雜誌。

毛治國（2013）。決策（增訂版）。臺北市：天下雜誌。

毛治國（2018）。管理（上）。新竹市：國立交通大學。

毛治國（2018）。管理（下）。新竹市：國立交通大學。

毛治國（2018）。管理漫談——讓世界因有我而變得更好。臺北：好心肝基金會講堂。

毛治國（2018）。用勢不用力的管理。臺北：好心肝基金會講堂。

余佩珊（譯）（2004）。彼得‧杜拉克：使命與領導（原作者：彼得‧杜拉克）。臺北：遠流。

余佩珊（譯）（2015）。彼得‧杜拉克非營利組織的管理聖經：從理想、願景、人才、行銷到績效管理的成功之道（原作者：彼得‧杜拉克）。臺北：遠流。

李明（譯）（2012）。執行力：沒有執行力，哪有競爭力（原作者：賴利・包熙迪、瑞姆・夏藍）。臺北市：天下文化。

游來乾等（譯）（1967）。有效的經營者（原作者：彼得・杜拉克）。臺北市：協志工業。

臺北市政府教育局（2020）。臺北市 109 學年度市立高級中等學校現職校長參加出缺學校遴選作業簡章。臺北市：臺北市政府教育局中等教育科。

齊若蘭（譯）（2004）。管理聖經（原作者：彼得・杜拉克）。臺北：遠流。

鄭舜瓏（譯）（2019）。麥肯錫問題分析與解決技巧：為什麼他們問完問題，答案就跟著出現了？（原作者：高杉尚孝）。臺北：大是文化。

第十一章

國際教育推動實施方案與歷程——以嘉義市中小學為例

林立生

教育的目的在於充分發展人的個性並加強對人權和基本自由的尊重。教育應促進各國、各種族或者各宗教團體之間的了解、容忍和友誼，並應促進聯合國維護和平的各項活動。（世界人權宣言第 26 條，聯合國大會，三藩市，1948 年 12 月 10 日）

國際教育綜合了學習、培訓、資訊和行動，它應當促進每個人智力和情感的適當發展。應當養成社會責任感，團結被邊緣化的人群，並促成在日常行為中奉行平等原則。（聯合國教科文組織大會，巴黎，1974 年 11 月 19 日）

「全球化不是一種選擇，而是一個必須面對的事實⋯⋯」（教育部，2011：3）。

國際教育必須保有國家本位，是一種有國家意識的素養與能力，並在互相了解中，謀求自由和平。（邱玉蟾，2019）

壹　教育政策發展脈絡：嘉義市教育發展綱領

為掌握全球教育發展，展現地方教育特色，符應學生身心發展，開啟教育新價值，重塑教育新內涵，構築教育新結構，進而提升嘉義市公民競爭力，嘉義市政府於 2006 年擬定了教育發展綱領（嘉義市政府，2006），作為全市教育發展最高指導原則。

綱領內文揭櫫了四大願景及八項教育理念，以「人文第一、科技相佐、精緻創新、國際視野」四大願景作為嘉義市教育治理的重要方向，其中「國際視野」之願景引領各級學校發展國際教育。透過「人人的教育、全人的教育、優質的教育、體驗的學習、合作的學習、創意的學習、美感的學習、國際的視野」八項教育理念為指引，體現宏觀、永續的教育願景，也指導了國際教育推動的內涵。在當時的國內教育氛圍中，尚無重視國際教育推動的重大政策下，國際視野作為嘉義市城市教育願景的提出，別具前瞻思維。

繼而，嘉義市政府頒布了嘉義市教育發展綱領 —— 嘉義市各級學

校推動國際化實施方案，提供各級學校推動國際教育之原則與策略方案，引領各級學校推動國際教育，算是具體實踐「思維連結行動」的指引。

貳　嘉義市各級學校推動國際化實施方案

嘉義市政府各項教育活動的實施，符應教育願景與理想的指引，國際教育之發展，以研擬適當實施方案以利有系統規劃學校國際化課程及交流活動，並秉持前瞻的視野、開闊的國際觀，推動學校國際教育。理念依據包含以下兩個主要軸線：

一、合作的學習：「合作」即是以「他者精神」為內涵，讓人人的心中都有他者的存在，以此開啓合作學習、服務學習的契機，及整合團隊向上的力量，成就他人也成就自己。

二、國際的視野：「國際」即是開展國際化的教育作為，幫助學生產生對人、事、社會、國家、人類、環境的「關懷」，讓在地教育確實能與國際接軌。

培養國際化關懷、強化國際化學習、營造國際化環境為嘉義市政府推動國際化實施方案的主要使命。實施「國際化」教育願景，嘉義市政府提出七項子計畫為推動策略，實施「國際視野」教育願景七項子計畫（圖1）。

圖1　實施「國際視野」教育願景七項子計畫

　　預期可以獲得提升學校師生國際視野和外語能力，培養學生開闊的胸懷與恢宏的視野，並具備地球村公民觀念。促進學校建構國際化的環境，推動參與國際組織與國際交流的活動。促進城市國際化，提升國際形象等計畫的成果。

參　連結2011至2019年「中小學國際教育白皮書」

　　2011 年教育部為配合「黃金十年」國家計畫，提出了「中小學國際教育白皮書」（國際教育 1.0），以「扎根培育 21 世紀國際化人才」為願景，以「培育具備國家認同、國際素養、全球競合力及全球責任感的國際化人才」為目標，從課程融入、國際交流、教師專業發展，以及學校國際化四大面向推動中小學國際教育。目標為（教育部，2011：4-5）：

一、國家認同：國際教育應從認識自我文化出發，讓學生具有本土意識與愛國情操。

二、國際素養：國際教育應循序漸進，讓學生從外語、文化及相關全球議題的學習中，產生具有國家主體的國際意識。

三、全球競合力：國際教育應提供中小學生體驗跨國學習機會，激發其跨文化比較的觀察力與反思力。

四、全球責任感：國際教育應強調對不同族群、地域、文化的尊重包容，以及對於全球的道德與責任，並提倡世界和平的價值。

　　以課程融入、國際交流、教師專業發展、學校國際化為推動面向則包括：

　　1.課程融入：依據不同學習階段，將國際議題、外語及文化學習融入課程，逐步研發相關課程、教材及教學模式，達成培育具備國家認同、國際素養、全球競合力及全球責任感的國際化人才。

　　2.國際交流：鼓勵國內教師及學生與國外進行交流，透過交流活動引導學生進行國際理解，發展國際能力。

　　3.教師專業發展：指學校行政人員須具備處理國際事務的概念與能力，教師須具備發展國際教育課程及教材的能力，藉由參與研習與認證培育國際教育人力。

4.學校國際化：指學校配合學校國際教育的方向及重點，營造利於推動國際教育的軟、硬體環境，包含校園國際化、人力國際化、學習國際化、行政國際化、課程國際化、建立國際夥伴關係等六個方面。

嘉義市中小學配合教育部「中小學國際教育白皮書」（國際教育1.0）政策，推展國際教育，學校積極申請「教育部推動中小學國際教育計畫（SIEP）」，且初審通過後，獲複審核定比率高達80%，成效卓著。

肆　連結2020至2025年「中小學國際教育白皮書」

因應國際化及全球化的快速發展，教育部將自2020年起推出「中小學國際教育白皮書2.0」（國際教育2.0），以符應時代變遷，更引領中小學國際教育邁入下一個里程碑。其目標為（教育部，2019）：

一、培養具國家意識的全球公民：掌握教育法規鬆綁與中小學教育國際化脈動，延續國際教育1.0的實施成果，培養具國家意識的全球公民。

二、打造積極友善國際化推動環境：結合全國產、官、學能量，從教師專業發展、法制鬆綁及推動資源網三方面，打造積極友善的中小學教育國際化環境。

三、提升教育行政網絡國際行動力：肯定教育行政組織在教育國際化過程扮演關鍵角色，鼓勵及協助主管機關與中小學同步改革，提升教育行政網絡國際行動力。

推動的組織與架構由教育部次長擔任國際教育2.0總督導，其下設教育部中小學教育國際化專案辦公室（MOE Primary and Secondary Education Internationalization Office，簡稱MOE PSEI Office），為國際教育2.0的推動總部，並設中央與地方的合作平臺IE（International Education）聯盟。

IE聯盟亦由教育部次長召集並主持，主要任務為對（國）內整合中小學教育國際化資源及需求，對（國）外為我國中小學教育國際化窗口，以有效連結國際資源，進行國際對話。IE聯盟下由各教育主管機關成立教育國際化專責單位或人員，並指派IE資源中心及IE行政支援系

統任務學校，負責推動及協助轄區內中小學實施國際教育相關計畫。

　　IE 聯盟之下由教育部成立 PSEI 專案辦公室，下設 IE 諮詢委員會、IE 產官學協力平臺及 IE 委辦計畫，提供教育主管機關及中小學完善的支持網絡。國際教育 2.0 整體組織架構如圖 2 所示。

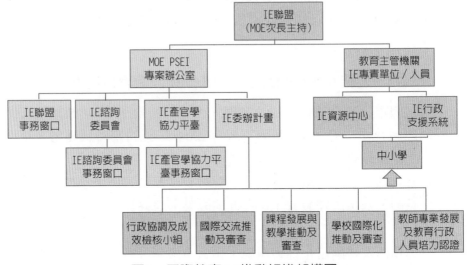

圖2　　國際教育2.0推動組織架構圖

　　有鑑於教育部國際教育 2.0 之實施及嘉義市各級學校國際交流活動逐年發展，以原有之嘉義市教育發展綱領、各級學校推動國際化實施方案，及連結教育部國際教育 1.0 的執行經驗為基底，融入十二年國教新課綱之精神，強化在地文化與國際鏈結，培植具國際視野之全球公民，遂刻正著手草擬「嘉義市國際教育 2.0」教育政策方案，並期待透過統整嘉義市多元之國際教育實施方案，以利各級學校推動國際教育，使更具系統與效率。

伍　嘉義市中小學實施國際教育現況

　　2019 年以前，嘉義市的國際教育實施現況，主要分成：課程融入、國際交流、教師專業發展、學校國際化、推動雙語教育共五方面。除了遵循教育部國際教育 1.0 的四項主要指標外，也將推動國際教育的語言

基礎，「雙語教育」的實施現況，一併納入項目中。

一、課程融入

　　分成「結合資訊科技、結合語言教學、系統化課程模組」三方面的課程融入，來推動嘉義市的國際教育。以下並舉嘉義市學校推動的實例，加以說明。

（一）結合資訊科技

　　1. 定向世界、全球移動：精忠國小以「定向世界、全球移動」為學校願景，培養學生 5C+1 的關鍵能力與國際力，透過行動學習活化教學策略，發展特色課程，積極推動數位學習，班班皆有電子白板、觸控式液晶電視、平板電腦及數位英語教室等，透過資訊融入教學，並結合跨領域學習方式，提出 6C 關鍵能力——思考力、解決力、合作力、溝通力、創意力以及國際力，作為學校本位課程的設計理念。

　　2. 翻轉地球、定向世界：文雅國小推動「翻轉地球，定向世界」校本課程計畫，透過國際交流網路平臺、實體國際交流、行動科技體驗學習、PBL 專案共做等行動，來融入課程計畫，將文雅國小打造成一所具國際觀的優質學校，也是一所能運用資訊科技與語言學習連結世界舞臺的行動學園。

　　3. 創新教學、國際接軌：興安國小推動「創新教學，國際接軌」課程，興安國小與臺灣微軟合作，由嘉義市政府推薦參加「2012 捷克布拉格的微軟全球創新教育論壇」，並與新加坡聖希爾達小學達成 PBL 創新教學的交流互訪共識，師生進行網路視訊，專題學習交流，並各自實施 PBL 創新教學，每年固定時間互訪交流，主題聚焦「河流與城市發展」，嘉義市是興安國小旁的八掌溪，新加坡聖希爾達小學則是新加坡河。

（二）結合語言教學

　　1. 世賢小小外交官：世賢國小教學團隊發展「世賢小小外交官」課程，透過資源整合與嘉義大學外語系、文化局及張進通許世賢教育基金會合作，結合「走讀社區、守護家園：典範人物嘉義媽祖婆許世賢博士

計畫」，執行許世賢校本課程，並邀請許世賢課程專家及文化局專業導覽，進行培訓許世賢小小外交官，爲蒞校外賓及各班進行課程的中、英語導覽與說明，透過小小外交官課程，發展流暢的英語口語表達、自信大方的態度及實踐愛鄉的行動。

2.蘭寶英閱 FUN－英語五感護照：蘭潭國中教學團隊發展「蘭寶英閱 FUN－英語五感護照」課程，透過英語聽說讀寫的技巧融合，設計英語五感度系列課程。包括：「肢體動覺」節慶嘉年華課程、「聽覺感動」晨間英語聽力廣播教學課程、「視覺想像」課間融入繪本教學課程、「人際互動」你說我聽自動好的自發互動共好學習模式課程，培育英語能力認證「蘭寶英閱 fun 小種子」課程。透過上列英語五感護照課程，開發學生的英語潛能與實用能力，奠定孩子立足嘉義、邁向國際的英語語言能力基礎。

（三）系統化課程模組

興嘉國小延續與新加坡聖希爾達（St. Hilda）小學交流，除了與新加坡師生連續四年進行視訊交流、實地交流入班學習外，並開發了 12 項主題課程模組，爲出國交流前，幫學生做好行前準備的課程模組。

二、國際交流

分成「建立夥伴關係、辦理國際交流活動、推動多樣化國際活動、培訓接待家庭與建立資料庫」四方面的國際交流，來推動嘉義市的國際教育。以下並舉嘉義市辦理的國際活動與學校推動的實例，加以說明。

（一）建立教育夥伴關係

1.締結姊妹校：林森國小自 102 年起，與日本神奈川縣川崎市見臺小學藉由課室交流及文化體驗，進行國際教育交流活動，並於 106 年 5 月 25 日締結姊妹校，雙方於國際教育交流活動下，學生受益良多，亦備受家長肯定。

2.簽訂友好協定：嘉義市自 105 年底與日本廣島縣尾道市簽訂友好協定，後續推動校際國際交流與媒合事宜，目前嘉義市共計媒合 17 所（占嘉義市 62% 學校數）學校與該市進行交流，發展教育夥伴關係，

透過文化交流和觀摩學習，分享教育資源和教學成果。

（二）辦理國際交流活動

　　嘉義市許多學校與國外學校執行穩定與長久之校際交流訪問、辦理教師及學生主題式國際教育體驗學習、並安排國外學生來嘉學習體驗及學習交流活動，茲以崇文國小爲例，說明如下：

　　1. 當玉川遇見玉川：崇文國小自 1898 年 10 月 1 日創校至今已有 120 年的校史，曾有「玉川國民學校」之校名，因日本滋賀縣草津市玉川小學校與崇文國小舊名相同，遂於 106 年初步接觸，辦理學生作品交流、電郵交流，與締結姊妹校，並於 107 年展開「崇文扎根國際啓航，當玉川遇見玉川」出訪日本計畫，受到日本官方、民間及玉川小學校全校師生熱烈歡迎，臺日媒體均有報導。

　　2. 國際志工：學校透過 AIESEC 國際經濟商管學生會中正分會簽約國際志工到校服務，帶給學生不同體驗。

　　3. 國際交流數位教學：學校成立國際交流社團，以不同文化主題與日本尾道市美木原小學視訊交流，展開互動學習。

（三）推動多樣化國際活動

　　藉由國際化活動之參與，提供世界各國學生與嘉義市學生分享學習經驗和交流，進而提升學生活動技能與國際視野。

　　1. 諸羅山盃國際軟式少棒邀請賽：自 1998 年（民國 87 年）創立諸羅山盃國際棒球邀請賽迄今 2019 年（民國 108 年）已辦理 22 屆，本活動於每年年底熱烈開打。本活動以厚植棒球運動基礎，提升棒球運動人口，促進國際少年棒球及文化交流，並強化少年棒球技術水準爲競賽宗旨。

　　2. 國際管樂節：嘉義市自 1993 年（民國 82 年）開辦管樂節，並於 1997 年（民國 86 年）後開始冠上「國際」之名，每屆管樂節舉辦於每年 12 月中下旬，已是臺灣最盛大的古典音樂節。管樂節之吉祥物是管樂小雞，擷取嘉義市名產「火雞肉飯」以雞作爲形象，搭配法國號的形狀，成爲管樂節的象徵。

　　3. 模擬聯合國工作坊：自 2016 年起由嘉義市家長協會發起，獲市

府支持之模擬聯合國活動至今已邁入第 3 年，本活動透過工作坊引領學生認識聯合國議事規則，並藉由精簡後的聯合國議事規則，學生模擬各國代表針對全球性議題進行演說、辯論與遊說，學習組織、規劃、溝通及解決問題的能力，訓練批判性思考、培養團隊精神和增進領導才能，以提升學生對於國際議題的敏銳度，深化國際禮儀同時並展現合宜的處事態度，讓學生開拓自身眼界與增強國際覺察力，提升對國際議題的關心，更符應嘉義市教育發展綱領四大願景之一的「國際視野」。

（四）培訓接待家庭與建立資料庫

嘉義市推動寄宿家庭為國際交流活動的基礎，此計畫的執行，有助於寄宿家庭的推動，營造多語社區學習環境，便於外籍學生接送及生活問題解決，有助於國際交流品質的提升。

為提升嘉義市學子國際競爭力，嘉義市秉持著「學生為主體」的核心思維，以多元開放的態度接受國際交流之邀約與合作，亦積極主動建立國際夥伴關係，致力為學生開創更多機會，培養學生面對未來世代所需的前瞻能力，並持續努力擴增國際教育軟、硬體之資源，讓嘉義的孩子成為國際競爭人才。

三、教師專業發展

從「國際教育專業知能認證機制、國際教育專業知能相關研習」兩方面，提升教師在國際教育推動的專業能力。

（一）國際教育專業知能認證機制

為有效推動國際教育，由教育部統籌規劃教師專業成長課程並建立國際教育專業知能研習及認證機制，鼓勵嘉義市教師參與研習及認證，增進教師具備發展國際教育課程及教材的能力。

（二）國際教育專業知能相關研習

配合申請教育部「高級中等以下學校推動國際教育計畫（SIEP）」，由業務宣導及推廣之任務學校定期辦理「推動中小學國際教育推廣實務工作坊」及「國際教育計畫成果發表」，提升學校行政

人員及教師國際教育專業知能。

四、學校國際化

　　分成「校園國際化、人力國際化、行政國際化、學習國際化、課程國際化、夥伴國際化」共六個面向，提升學校國際化的校園國際氛圍營造。

（一）校園國際化

　　嘉義市全數學校已完成設置校園雙語標示，部分學校更以設置外文網站，出版外文文宣等方式，積極營造國際化學習環境。

（二）人力國際化

　　學校指定專責人員及成立行政支援團隊推動國際教育，或設置專責國際教育單位，推動人力國際化。

（三）行政國際化

　　學校之相關證書或獎狀採雙語化方式呈現，以利推展行政國際化。

（四）學習國際化

　　符應科技教育趨勢，學校運用資訊及科技輔助設備學習國際教育及增購學校外文圖書以達學習國際化。

（五）課程國際化

　　學校將「國際教育」議題融入課程計畫並成立「國際教育融入課程研發小組」以利研發國際教育教材。

（六）夥伴國際化

　　學校參與嘉義市、他縣市或國外舉辦國際活動，積極建立國際夥伴關係，並建置接待家庭網絡，增加接待外國人員或團體資源。

五、推動雙語教育

　　分成「興嘉國際英語學院、民族國際英語學院、沉浸式英語教學試辦計畫、聘僱外籍英語教師、英語融入課程向下延伸至低年級」等五個

方面，推動雙語教育，厚植英語文能力基礎，提升學生的國際競爭力。

（一）興嘉國際英語學院

　　嘉義市民國 97 年投入約 400 萬著手規劃建置第一所國際英語學院，並在民國 99 年於興嘉國小正式啓用，透過引進外籍師資進行「全英語教學」，讓嘉義市所有國小四年級的學生，每學期 1 天至英語學院參與遊學與英語情境體驗，讓學生於學習過程中與實際生活經驗結合，提升「素養」與「能力」。

（二）民族國際英語學院

　　第二所國際英語學院在民國 103 年於民族國小成立，服務的對象是嘉義市所有國小五年級的學生，每學期 1 天至英語學院參與遊學與英語情境體驗，讓學生於學習過程中與實際生活經驗結合，提升「素養」與「能力」。

（三）沉浸式英語教學試辦計畫

　　配合教育部國民及學前教育署沉浸式英語教學試辦計畫，推動使用英語教授藝術與人文、健康與體育和綜合活動等跨領域的知識與技能，以提升學生英語溝通能力之流利度與精熟度，同時擴大英語教育之學習範疇，達成運用英語進行跨領域與多元文化之學習目標。107 學年度由嘉大附小、文雅國小與宣信國小等 3 校試辦，108 學年度擴大由嘉大附小、文雅國小、宣信國小、精忠國小及嘉北國小等 5 校辦理，每學年度所需經費 150 萬元。

（四）聘僱外籍英語教師

　　為跳脫過往死記硬背的讀寫模式，及各界對於學生英語能力的期待與日俱增，為有效提升學生的聽、說能力，以具備更強的競爭力，提高學生學習英語興趣。國中小逐年推動外師駐校入班協同英語教學，108 學年度起，透過共聘外籍教師巡迴教學的方式，讓國一學生每週 1 堂課接受外籍老師的教學指導，109 學年度國中賡續辦理外更向下延伸至國小 6 年級，達成嘉義市 109 學年度起校校有外師之雙語校園環境。

（五）英語融入課程向下延伸至低年級

嘉義市自108學年度起全面試辦英語融入課程向下延伸至低年級（一、二年級），同時推動沉浸式英語教學環境。透過主題式課程及活動設計統整相關領域學習內容，以生活情境、遊戲實做等方式進行雙向互動式教學，讓學生從生動活潑及生活化的學習情境與教學活動中學習，並透過英語融入課程培養學生基本英語溝通能力，及英語文的核心素養。

陸　結論：嘉義市國際教育未來發展方向

有鑑於教育部國際教育2.0之實施，及嘉義市各級學校國際交流活動逐年發展，嘉義市國際教育未來發展方向，朝向掌握全球教育發展、展現地方教育特色、符應學生身心發展，開啓教育新價值、重塑教育新內涵、構築教育新結構，進而提升嘉義市公民的競爭力爲目標。

規劃七個面向：一、結合嘉義市教育發展綱領；二、引導各級學校推動國際化實施方案；三、連結教育部國際教育1.0的執行經驗爲基底深化國際教育2.0的推動；四、結合十二年國教新課綱之精神；五、草擬嘉義市國際教育2.0教育政策方案；六、統整嘉義市多元國際教育實施方案實現國際教育機會均等；七、議題融入及校本課程設計重視國際教育與數位科技的連結。分別說明如下：

一、結合嘉義市教育發展綱領

延續教育發展綱領1.0四大願景「人文第一、科技相佐、精緻創新、國際視野」，深化理念內涵。調整國際視野綱領內涵，及相對應的兩大主要理念與執行內容，如下：

（一）「國際視野」綱領項目的內涵

國際視野：嘉義市的孩子也是世界地球村的孩子，須具備國際觀，培養孩子關心「生於斯、長於斯」的鄉土，也關心全球性的議題，提升國際參與與跨國競爭的實力，培養尊重與包容的跨文化價值，教導學生在多元文化的環境中與人相處，務期在地紮根，也能接軌世界。

（二）「國際視野」兩大主要理念與執行內容

　　「米圖騰」是嘉義市教育發展綱領 2.0 的形象標誌，米寶是吉祥物，也是學習者或學生。

　　米寶遊世界（國際的視野）：「國際」即是開展國際化的教育作爲，幫助學生建立逐鹿世界的「國際競爭力」。幫助學生產生對人、事、社會、國家、人類、環境的關懷，並具備國際競爭力。讓在地教育，確實也能與國際接軌，而在地教育以系統盤點文化資源，建構嘉義學，建立在地認同爲進路；國際接軌是讓在地全球化，也讓全球在地化。在地與全球的關懷雙管齊下，建立學生的國際競爭力，讓擬人成學生的米寶，在地學習，也能行遊世界；行遊世界，也已在地扎根。

　　粒粒皆辛苦（合作的學習）：「合作」即是以「他者關懷」爲內涵，讓人人的心中都有他者的存在，以此開啓合作學習、服務學習的契機，整合團隊向上的力量，成就他人也成就自己。在合作互動中，使學生對自己的觀點和判斷，有清醒和自覺的認識；在合作互動中，令學生闡明觀點時有道理，表達時有說服力，鼓動時有力量，團隊才能一起向上提升，正如「粒粒皆辛苦」的米飯，是集眾多智慧團隊合作的成就。

二、引導各級學校推動國際化實施方案

　　推動國際視野的七項子計畫方案（培養國際關懷方案、強化國際化學習課程方案、發展國際教育交流方案、辦理國際學習活動交流方案、辦理國際體育活動交流、建構國際化的環境、推動國際學術交流），在綱領與理念發展出來的目標指引之下，將獲得落實的期待。

　　實踐「粒粒皆辛苦」的總目標：激發團隊動力，深化合作學習中的感恩教育。分項目標如下：

（一）培養感恩的心，讓學生心中有他者的存在。

（二）落實合作學習。

（三）落實服務學習。

（四）培養學生後設監控自己的觀點，建立對自己的觀點有清醒的自覺和認識的能力。

（五）安排可以讓學生在團隊合作中，闡明自己觀點的機會。

（六）指導學生論述有理有據。

（七）建構學生的團隊一起向上提升的概念與價值。

　　實踐「米寶遊世界」的總目標：提升國際競爭力，建立在地關懷接軌國際的教育。分項目標如下：

（一）開展國際化的教育作為。

（二）幫助學生建立對人、事、社會、國家、人類、環境的關懷心。

（三）落實在地關懷也接軌國際的教育行動方案。

（四）系統盤點文化資源，建構嘉義學，建立在地認同。

（五）落實在地全球化，也讓全球在地化的課程。

（六）讓關懷在地與全球的心，雙管齊下。

（七）提供學生在地遊學，也行遊世界的機會。

三、連結教育部國際教育 1.0 的執行經驗為基底，深化國際教育 2.0 的推動

　　教育部國際教育 1.0 以「培育具備國家認同、國際素養、全球競合力及全球責任感的國際化人才」為目標，從課程融入、國際交流、教師專業發展，以及學校國際化四大面向推動中小學國際教育。

　　而嘉義市中小學配合教育部國際教育 1.0 政策，推展國際教育，積極申請「教育部推動中小學國際教育計畫（SIEP）」，獲複審核定比率高達 80%，從行政推動角度來看，成效卓著；建立的國際教育推動的經驗基底則包括：課程融入（結合資訊科技、結合語言教學、系統化課程模組）、國際交流（建立夥伴關係、辦理國際交流活動、推動多樣化國際活動、培訓接待家庭與建立資料庫）、教師專業發展（國際教育專業知能認證機制、國際教育專業知能）、學校國際化（校園國際化、人力國際化、行政國際化、學習國際化、課程國際化、夥伴國際化）、推動雙語教育（興嘉國際英語學院、民族國際英語學院、沉浸式英語教學試辦計畫、聘僱外籍英語教師、英語融入課程向下延伸至低年級）共五方面。未來也將配合教育部國際教育 2.0 政策，做好規畫準備，深化與系統化嘉義市國際教育推動成果。

四、結合十二年國教新課綱之精神

結合十二年國教新課綱精神，以統整學習、素養導向，培植具備「國家認同、國際素養、全球競合力、全球責任感」之國際化公民。

五、草擬「嘉義市國際教育 2.0」教育政策方案

世界經濟論壇（World Economic Forum, 2016）預測，面對工業 4.0 帶給教育的衝擊，我們必須培養孩子具備的前三名能力是：複雜問題解決的能力、批判思考能力與創造力；並且依據經濟合作暨發展組織 OECD（2018）提出邁向 2030 教育架構，明列「知識、技能、態度與價值觀」爲 2030 年的全球素養。其中，知識除學科知識、實用知識外，更提列跨學科知識；技能除認知技能、身體與實用技能外，更提列後設認知技能、社會與情緒技能；態度部分則突顯了跨文化的開放與尊重、全球責任的態度；價值則提列人性尊嚴與文化傳遞的價值。爲呼應工業 4.0 的未來性挑戰，嘉義市也將草擬「嘉義市國際教育 2.0」教育政策，一方面呼應 OECD 的教育架構，另方面也連結教育部國際教育 2.0 的國家政策。

六、統整嘉義市多元國際教育實施方案，實現國際教育機會均等

持續挹注資源於發展國際教育的「課程模組」、「教師專業」、「人力國際化」及「國際交流」之餘，更重視弱勢家庭、學生之國際教育參與的學習機會，讓未來的國際教育，更趨多元與教育機會均等。

七、議題融入及校本課程設計，重視國際教育與數位科技的連結

落實國際教育議題融入各學習領域，並結合行動學習、數位資訊科技，鼓勵各校發展更加深、加廣之學校本位國際教育課程。

柒　問題與討論

針對嘉義市國際教育未來推展的方向提出問題，加以討論，務求具體可行，且深入問題方能爲達成目標做好準備。以下從本質問題、心理問題、共識問題與教育行政角度，提出四類問題，提供思考與討論，並

針對四個問題思考說明之，作爲暫時性的答案，但仍待周全的討論。

一、現階段提出全面推動國際教育 2.0，是否具備教育的意義與價值？

（一）在本文一開始就揭示「全球化不是一種選擇，而是一個必須面對的事實……」「國際教育必須保有國家本位，是一種有國家意識的素養與能力，並在互相了解中，謀求自由和平」。

（二）加上，教育部自 2020 年起推出「中小學國際教育白皮書 2.0」（國際教育 2.0），是符應國際局勢、時代變遷之舉，提出的培養具國家意識的全球公民、打造積極友善國際化推動環境、提升教育行政網絡國際行動力三大目標更具前瞻性，別具意義與價值。

（三）而，嘉義市推出的教育發展綱領，連結了國際教育 2.0，揭示了「國際視野」的意義是：嘉義市的孩子也是世界地球村的孩子，須具備國際觀，培養孩子關心生於斯、長於斯的鄉土，也關心全球性的議題，提升國際參與與跨國競爭的實力，培養尊重與包容的跨文化價值，教導學生在多元文化的環境中與人相處，務期在地紮根，也能接軌世界。同樣別具意義與價值。

二、對於全面推動國際教育，相關人等，特別是第一線教師，是否都已做好心理準備？

對於全面推動國際教育，相關人等，特別是第一線教師，應該尚未做好心理準備，從城市推動的角度來看，以下的肯定句命題，會比較符合這個問題的答案：對於全面推動國際教育，相關人等，特別是第一線教師，希望能爲孩子的國際視野與國際競爭力，做好心理準備，充實自己的本質學能，迎接挑戰。

三、對於全面推動國際教育，如何凝聚相關人等的共識？

從城市推動的角度來看，善用各種宣傳、公聽會，調訓相關教師，結合專家學者與有經驗的實務教師，分享成功案例與經驗等，都是可行的進路。然而，在許多政策的推動上，都有相同的凝聚共識的問題，也都無法百分之百的凝聚共識，但是政策推動面凝聚共識的民主程序，是

必要的舉措之一。

四、有哪些配套先行，方能完善嘉義市國際教育 2.0 的落實？

從城市推動的角度來看，在公聽會或各種相關會議中，彙整意見，找出可作為配套的意見，化為配套政策，亦不失為好的方式之一。此外，可以從經費預算、組織編制、任務分派、法規周延、輿情反應、機動服務、問題意識、解題周延等方面思考配套作為。在完善嘉義市國際教育 2.0 落實的前期，可以有前導先行方案的配套，作為實驗，邊做邊滾動修正之。

參考文獻

（一）中文部分

嘉義市政府（2006）。**嘉義市教育發展綱領**。嘉義：嘉義市政府。

教育部（2011）。**中小學國際教育白皮書**。臺北：教育部。

教育部（2019）。**國際教育 2.0 公聽會手冊**。臺北：教育部。

邱玉蟾（2019）。培養有國家意識的全球公民—教育部國際教育 2.0 白皮書草案上菜。2019 年 8 月 16 日，網址：https://taronews.tw/2019/08/16/435978/

聯合國世界人權宣言（1948）。Retrieved from https://www.un.org/en/universal-declaration-human-rights/index.html

聯合國教科文組織大會（1974）。Retrieved from https://zh.unesco.org/themes/education

（二）英文部分

World Economic Forum (2016). The 10 skills you need to thrive in the Fourth Industrial Revolution. Retrieved from https://www.weforum.org/agenda/2016/01/the-10-skills-you-need-to-thrive-in-the-fourth-industrial-revolution/

OECD (2018). Preparing our youth for an inclusive and sustainable world The OECD PISA global competence framework. Retrieved from https://www.oecd.org/pisa/aboutpisa/Global-competency-for-an-inclusive-world.pdf

第十二章

臺灣實驗教育發展之研究

舒緒緯

「山不在高，有仙則名；水不在深，有龍則靈。……談笑有鴻
儒，往來無白丁。可以調素琴，閱金經。無絲竹之亂耳，無案
牘之勞形。」

節自唐・劉禹錫・陋室銘

 前言

上世紀 80 年代的臺灣社會，是個風起雲湧的年代。由於國際政治
環境的丕變，我國的外交困境逐漸出現。從退出聯合國開始，我國與主
要邦交國的關係逐漸惡化，尤其是 1978 年我國與美國的斷交，更是我
國外交雪崩式崩盤的開始。也因為外交的不利，內政的鞏固便成為當
時的執政核心，所以威權統治的強度逐漸減弱，對人民的管控逐漸放
鬆。再加上因為經濟的持續繁榮，造就眾多的中產階級，而中產階級
對於多元的價值觀，較具容納力與接受力（舒緒緯，1998），也因此
社會力不僅從政治力與經濟力的控制下掙脫，反而成為主導社會發展
的自變項，爰此，不同訴求的社會運動如雨後春筍般的出現（蕭新煌，
1989a），臺灣社會看似緊張不安，卻充滿了生命力。臺灣當時的社會
運動主要以國家為抗爭對象，也因為黨國不分的體制，斯時的國民黨與
政府乃成為改革的主要議題，易言之，挑戰公權力便成為主要的訴求
（蕭新煌，1989b）。

國府自遷臺後，積極進行各種建設，為反攻大陸做準備。並有鑒
於國共戰爭的失利，校園的無法掌控亦是原因之一。因此自政府遷臺
後，對於教育的控制一直沒有鬆手（舒緒緯，1998）。然而隨著政治
的自由化、社會的多元化，部分教改人士批評政府對教育過度的干涉與
控制，不利於教育的發展與進步，同時對於主流教育體制的不滿，更
激起教育改革的浪潮。1989 年，人本教育基金會創立森林小學，並自
詡為「臺灣第一所衝擊僵化體制、打破國家壟斷的民間教育機構」（人
本教育基金會，2020），其後，另類教育學校陸陸續續出現。但由於
1979 年頒布之《國民教育法》第 4 條第一項，即明文指出「國民教育，
以由政府辦理為原則」（維基文庫，2019a），因此實驗教育的適法性
便受到質疑，甚至當時森林小學校長朱臺翔也因違反《私立學校法》而

遭到起訴，但其後獲判無罪，而此事也讓媒體沸沸揚揚一陣子（痞客邦，2008）。

　　由於社會大眾對於教育改革的殷切期盼，所以 1994 年的 4 月 10 日來自全臺的民眾在臺北市發動遊行，提出「實施小班小校、廣設高中大學、提升教育品質、訂定教育基本法」的四大訴求。也因為 410 教改遊行所帶來的巨大回響，所以政府乃於同年的 9 月 28 日，在行政院下成立「教育改革審議委員會」（以下簡稱教改會），由時任中央研究院院長的李遠哲擔任召集人，研擬教育改革的藍圖與方針。在教改會運作兩年後，於 1996 年 12 月 25 日發表《教育改革總諮議報告書》（以下簡稱教改報告書），並代表教改會任務的結束。《教改報告書》臚列教育改革的近程、中程、長程目標，其中在修訂教育法令與檢討教育行政體制的項目中，就將完成制定《教育基本法》列為近程目標（行政院教育改革審議委員會，1996）。

　　也因為《教改報告書》的強力催促，《教育基本法》終於在 1999 年經立法院三讀通過，並經總統明令公布施行。而《教育基本法》第 13 條的規定「政府及民間得視需要進行教育實驗，並應加強教育研究及評鑑工作，以提升教育品質，促進教育發展。」（維基文庫，2019b）使實驗教育取得法源，不再遊走於灰色地帶。依此法而修訂的《國民教育法》第 4 條第 3 項即規定「為保障學生學習權，國民教育階段得辦理非學校型態之實驗教育，其辦法由直轄市或縣（市）政府定之。」（維基文庫，2019c）由於法律的鬆綁，實驗教育如雨後春筍般的遍地開花（見表 1 及表 2）。

表 1　1999 年前實驗學校概況

另類學校	創辦年份	立案類型	地區
森林小學	1992	機構辦學	新北市
種籽小學	1994	公辦民營	新北市
全人實驗高級中學	1995	私立實驗學校	苗栗縣
沙卡學校（翠亨心實驗教育學校）	1996	已停辦	新竹市

另類學校	創辦年份	立案類型	地區
慈心托兒所轉型辦理華德福教育	1996	公辦民營	宜蘭縣
北政國中自主學習實驗計畫 1996	1996	公辦民營	臺北市
錫安山伊甸家園	1997	機構辦學	高雄市
道禾實驗教育機構	1997	機構辦學	臺中市
諾瓦國民小學 1997	1997	公辦民營	桃園市
雅歌實驗小學（併入大坪國小）	1997	公辦公營	新竹市
合計	10 所		

＊本表不含個人實驗教育

資料來源：李嘉年（2016）。實驗教育三法後臺灣另類學校發展初探。學校行政，
　　　　103，6-7。

表2　2000 至 2014 年實驗學校概況

另類學校	創辦年份	立案類型	地區
苗圃社區合作小學（蒙特梭利中小學）	2000	機構辦學	彰化縣
人文國民中小學	2002	公辦民營	宜蘭縣
大安讀經學園	2002	團體辦學	臺北市
宏遠國際經典書院	2001	團體辦學	高雄市
嘉禾書院	2002	團體辦學	臺北市
娃得福托兒所及磊川華德福實驗小學	2002	機構辦學	臺中市
弘明實驗教育機構	2002	機構辦學	臺中市
豐樂華德福中小學	2003	團體辦學	臺中市
不老部落原根職校	2004	團體辦學	宜蘭縣
非學校型態飛天藝術實驗教育機構	2006	機構辦學	雲林縣
花蓮縣鄉村社區大學發展協會（五味屋）	2007	團體辦學	花蓮縣
麗水華德福中小學	2008	團體辦學	新竹縣
昶心蒙特梭利實驗教育	2008	團體辦學	臺北市
海聲華德福中小學	2008	機構辦學	臺中市
復臨國際實驗教育機構（TAIS）	2008	機構辦學	南投縣

另類學校	創辦年份	立案類型	地區
道禾實驗學校	2009	機構辦學	苗栗縣
人文無學籍行動高中	2009	團體辦學	宜蘭縣
基石華德福中小學	2010	團體辦學	雲林縣
照海華德福教育	2010	團體辦學	新竹縣
Sharefun 雙語實驗教育	2010	團體辦學	臺南市
史代納共學園	2010	團體辦學	臺北市
仁美華德福國民中小學	2011	公辦公營	桃園市
清水青少年團體實驗教育	2011	團體辦學	宜蘭縣
新竹縣道禾實驗教育機構	2012	機構辦學	新竹縣
赤皮仔自學團	2012	團體辦學	新北市
展賦探索團	2012	團體辦學	新北市
同心華德福共學團體	2012	機構辦學	臺北市
善美真華德福實驗教育	2012	團體辦學	臺中市
澴宇蒙特梭利實驗團體	2012	團體辦學	臺中市
蔦松國民中學暨高中藝術實驗班	2013	公辦民營	雲林縣
愛鄰舍學苑	2013	團體辦學	桃園市
華德福大地實驗教育機構	2013	機構辦學	臺中市
迦美地華德福實驗教育團體	2013	團體辦學	臺中市
一蕊花華德福團體實驗教育	2013	團體辦學	臺中市
晨光學苑	2013	團體辦學	臺東縣
實踐團體	2014	團體辦學	新北市
合計	36 所		

＊本表不含個人實驗教育

資料來源：李嘉年（2016）。實驗教育三法後臺灣另類學校發展初探。學校行政，
　　　　103，6-7。

　　由表 1 及表 2 可以發現，在教育鬆綁後，實驗教育學校快速增加，
而且以團體辦學的樣態為最多，其因在於政府雖然正視實驗教育的存

在與必要性，但仍處於任其自由發展，不鼓勵亦不干涉。但因缺乏實驗教育的法源，不論是家長、學生或學校往往因法律見解的不同與不夠完備，而產生不必要的困擾與爭端，也因此制定實驗教育專法，便成為教育法制改革的重點。

　　2014 年 11 月，在沒有太多的阻攔下，立法院通過《公立國民小學及國民中學委託私人辦理條例》（以下簡稱公辦民營條例）、《高級中等以下教育階段非學校型態實驗教育實施條例》（以下簡稱非學校型態實驗條例）、《學校型態實驗教育實施條例》（以下簡稱學校型態實驗條例）等實驗教育三法，為臺灣的實驗教育開啟新頁。由於實驗教育的實施成為另一教育熱點，為符合大眾的需求與未來的發展，實驗教育三法又於 2018 年修訂通過，其中最大的改變為原《公立國民小學及國民中學委託私人辦理條例》，更名為《公立高級中等以下學校委託私人辦理實驗教育條例》，將公辦民營的學校階段延伸至高級中等學校。

貳　實驗教育三法內涵分析

　　由於社會氛圍的轉變、部分人士的積極提倡，媒體的大肆鼓吹，使得有關單位不得不重視這個問題。為回應社會的呼籲，行政部門乃加快腳步積極推動實驗教育三法的立法工作。行政院院會分別於 2014 年 6 月 12 日通過《公立國民小學及國民中學委託私人辦理條例草案》；7 月 17 日通過《學校型態實驗教育實施條例草案》；7 月 31 日通過《高級中等以下教育階段非學校型態實驗教育實施條例草案》，並送交立法院審議。（行政院，2014a；2014b；2014c）。

　　而在同年 9 月 12 日立法院院會即排入議程並交教育委員會及文化委員會審查（立法院公報處，2014）。因為實驗教育三法的高度受矚目性，所以立法委員展現高度的議事效率，在同會期即完成立法工作。但也由於實驗教育三法的政治敏感性，立法委員在法案審議過程中，並未提出太多質疑，社會大眾與學者專家即便有不同看法，也因寒蟬效應，未對此議題多作發言。故實驗教育三法之公布施行，雖對臺灣教育品質的提升與臺灣實驗教育的蓬勃發展（見表 3），有其貢獻。但在未有充分討論之情況下，實驗教育三法仍有其疏漏之處，對於未來實

驗教育的長遠發展，恐有其不利影響。爲求長治久安，實有對實驗教育三法之條文及實施加以檢討與修正之必要。茲分別說明如下：

一、重評鑑、輕訪視，恐有損學生權益

　　Stufflebeam 曾說，評鑑旨在改進而非證明。所以評鑑的目的在於發現問題、提供建議，以提升整體效能。經由評鑑可以改進缺失，使被評鑑者更能精益求精，也保障利害關係人之權益。易言之，評鑑的目的即在保障學生的受教權。目前我國評估學生學習成效的方式大致有二：一是對學生學習成果的評鑑，包括：學校內的各種評量、教育部的大規模測驗（如 TASA）、升學考試等；二是有關單位對學校進行的各種訪視與評鑑。就一般非實驗教育的學校及學生來說，前述二種方式已成爲必經的歷程，因此其公信力受到某種程度的肯定。但是對於實驗教育的學生來說，其學習內容與學習方式有時未必與一般學校相同，也因此其呈現學習成果的方式有時與一般學校大相逕庭；甚至有時因爲欠缺明確與客觀的指標，因此對於學生學習成效的定義會有不同的看法。故爲保障參與學生的受教權益與家長的教育選擇權，更應實施評鑑。

　　依《公辦民營條例》第23條之規定，「各該主管機關應組成評鑑小組，定期或不定期對受託學校實施評鑑及輔導。……評鑑優良者，得予獎勵；評鑑未達標準者，得以書面糾正、限期改善，並接受複評。複評未通過，各該主管機關應再限期改善。」而在同法第27條亦明文規定，受託學校複評未通過，未能在限期內改善者，主管機關在召開公聽會後，經「學校委託私人辦理審議會」決議後，終止委託契約。

　　至於《學校型態實驗條例》第17條規定，「各該主管機關應於實驗教育計畫期間，邀集實驗教育審議會委員組成評鑑小組辦理評鑑；其評鑑結果，併同實驗計畫成果報告書，作爲申請續辦實驗教育計畫之參考。」教育部依本法之授權訂定《學校型態實驗教育評鑑辦法》（以下簡稱學校態評鑑辦法），就評鑑時程、指標、方式、人員及結果，均有明確的規範。依《學校型態評鑑辦法》之規定，評鑑結果分爲優良、良、待改善及不通過四種。其中待改善者，主管機關得對其進行輔導、糾正或限期改善。若屆期未完成改善者，主管機關得視情節輕

重，經「學校型態實驗教育審議會」審議通過後，予以減招、停止招生或停辦實驗教育計畫之處分。至於評鑑結果為不通過者，經「學校型態實驗教育審議會」審議通過後，予以停辦實驗教育計畫。

對於非學校型態的實驗教育，依《非學校型態實驗教育實施條例》第 22 條之規定，教育部訂定《非學校型態機構實驗教育評鑑辦法》（以下簡稱非學校型態機構評鑑辦法）。如同前段所述，《非學校型態機構評鑑辦法》對於評鑑時程、指標、方式、人員及結果，亦有明確的規範。不過與上述《學校型態評鑑辦法》不同的是，非學校型態實驗機構的評鑑結果分為通過、待改善及不通過三種。評鑑結果為待改善者，計畫主持人未在限期內完成改善者，視為不通過。而評鑑結果為不通過者，不准其續辦。

綜上所述，教育部為確保實驗教育品質，相關法制不可謂不全，但徒法不足以行，沒有完整的配套措施，政策執行的成效仍有待加強。尤其是實施在家自行教育的學生，人數眾多，往往超過主管教育機關所能負荷的能量，如何進行審查、訪視與評鑑，以確保其品質，也因相關規定未臻明確，而令人產生疑慮。簡言之，目前我國對於實驗教育的評鑑法制表象化，似乎仍以各級各類學校的評鑑規準為參考基準。但是各級各類學校的屬性與實驗教育有極大的差異，若直接引用，恐有橘逾淮而為枳之虞。是故應針對三類不同性質的實驗教育訂定相關的評鑑機制，尤其是在定期的評鑑審議外，不定時的訪視更是重要，也就是評鑑與訪視要兼顧。

二、部分實驗機構，收費昂貴，因此予以實驗教育等於貴族教育之不當聯想

實驗教育的本意在跳脫現有框架或體制的教育模式，以期能提供不同的選擇，為臺灣打造一個優質且多元的教育環境。但是因為臺灣的實驗教育有不同的樣態，包括在家自行教育、機構辦學、團體辦學、學校型態的實驗教育、公辦民營等。其中學校型態的實驗教育、公辦民營因為規模較大，而且相關的法令規範較嚴，因此較不易有違法或脫序的情形產生，但是之前全臺第一所公辦民營的人文中小學因超收學費事

件與其他問題，導致宜蘭縣政府與其解約（親子天下，2017），亦說明即便是公辦民營的實驗學校，也會因主事者的教育理念或行政運作導致不符法令規定的情形產生。公辦民營學校尚且如此，非學校性質的實驗教育，包括在家自行教育、機構辦學、團體辦學，更可能會有學費昂貴，只有少數家庭子女得以入學，而成為貴族教育的代名詞。作者曾上網搜尋，發現位於中部的日光實驗教育機構（化名），其招生網頁即標明「有意銜接國外教育並對於美式全人教育課程有興趣，且具備基礎英文能力的臺灣孩子，皆可報名就讀。」該校的師資係該機構認可合格各科專任教師團隊進行英文授課與教學，另外聘請本國籍老師加入中文課與其他輔助課程之教學行列。易言之，該機構係以外籍教師為主，本國籍教師為輔。至於課程部分則無 108 課綱的內容，多數係美國中學的課程。簡單的說，該機構係美國中學的臺灣複製版，其目的即在為升學美國大學做準備（日光實驗教育機構，2019）。由該機構的介紹觀之，其學雜費必定是所費不貲。若實驗教育的選擇非理念之爭，而是階級之分時，恐非實驗教育之本意

三、家長的心態是逃避制式教育的壓力，或是另覓桃花源的逐夢之旅

　　「萬般皆下品，唯有讀書高」的傳統士大夫觀念，學校成為升學的預備教育，也使得莘莘學子在升學主義的大纛下，不得不反覆練習，以期在升學競爭中脫穎而出；而學校往往以升學率作為自我標榜的指標，家長與社會也以升學結果論英雄，整個社會都深陷在升學主義的泥淖中而無法自拔。自 1968 年起，我國開始實施九年國民義務教育。由於九年國民義務教育的實施，國小的升學壓力驟減，教學逐漸正常化。雖說如此，但是仍有部分家長抱持「不讓孩子輸在起跑點」的想法，所以補習、上才藝班便成為學童生活的一部分。至於國中教育階段，學生即將面臨人生的第一次升學考試。即使計分方式改變、評比項目增加，但升學考試結果仍占有極大的影響力。不管是以前的聯考、國中基本能力測驗，抑或是目前的教育會考，最後的考試結果仍將決定學生可以就讀的學校，而明星學校仍是莘莘學子及學生家長追尋的目標，也因此高級中等教育階段學校階層化的現象，並未有獲得太大的改善。因為就讀明星

學校除意味著考場上的出人頭地，也代表提早拿到進入頂尖大學或是明星科系的門票。

　　雖然教改實施之後，廣設高中大學的政策，使得升學不再是一個遙不可及的夢想，但是明星學校的形成有其歷史因素，因此社會大眾心目中的明星學校依然是少數幾所。也因此即便校數增多，學生的升學壓力未曾或減。尤其在少子化的浪潮下，學校間對於生源的爭奪更加白熱化，而升學率（尤其是考上明星高中或頂尖大學或明星科系）就成為學校行銷的主要訴求。因為在升學競爭中勝出，表示學校辦學績效卓著，是所謂的績優學校或有效能的學校，所以在形勢比人強的情況下，考試領導教學成為必然，學校的主要任務就是訓練與強化學生的升學競爭力。而在此種教育生態下，學生及家長所受的壓力不言而喻，也因此部分對教育有不同想法或教育理念的家長乃決心另起爐灶，尋找或建立心目中的教育理想國，而實驗教育就是他們實現理想的策略。所以清華大學的研究指出，家長之所以為子女選擇實驗教育，其因不外乎宗教信仰、家長的教育理念，以及對傳統教育的不滿（監察院，2019）。

　　當然桃花源的尋找與經營需要克服重重難關，也要付出相當的精力與資源。但對於這些家長來說，孩子的童年只有一次，所以他們願意嘗試與投入，讓子女能夠快樂的成長。但也有家長之所以為子女選擇實驗教育，純粹只是要逃避扭曲的教育生態與沈重的升學壓力，他們對於實驗教育的精神、家長及子女所應承擔的責任、實驗教育的銜接，以及將來所要面對的挑戰等問題，並非十分了解。他們認為只要脫離制式教育，一些相關問題就可迎刃而解或減輕，所謂「童年只有一次」，讓子女享受快樂童年的夢想將會實現，至於升學壓力或銜接問題則留到日後再說。

四、課程設計可不受課綱之限制，不利學生基本能力之養成

　　依《非學校型態實驗條例》第 8 條第 5 項之規定，「實驗教育之課程與教學、學習領域及教材教法，應依直轄市、縣（市）主管機關許可之實驗教育計畫所定內容實施，不受課程綱要之限制」。而依《國民中小學九年一貫課程綱要總綱》（以下簡稱九年一貫課綱）之規範，課程

之實施，應達下列之目標：「1.增進自我了解，發展個人潛能。2.培養欣賞、表現、審美及創作能力。3.提升生涯規劃與終身學習能力。4.培養表達、溝通和分享的知能。5.發展尊重他人、關懷社會、增進團隊合作。6.促進文化學習與國際了解。7.增進規劃、組織與實踐的知能。8.運用科技與資訊的能力。9.激發主動探索和研究的精神。10.培養獨立思考與解決問題的能力。」具體言之，九年一貫課程即在培養「具備人本情懷、統整能力、民主素養、本土與國際意識，以及能進行終身學習之健全國民。」（教育部，2008）又依「十二年國民基本教育課程綱要」（以下簡稱108課綱）之規定，透過三面九項核心素養之薰陶，期能達成啓發生命潛能、陶冶生活能、促進生涯發展、涵育公民責任的課程目標，並落實自發、互動、共好的理念，以達適性揚才的政策目標（教育部，2014）。

　　由上可知，不論是「九年一貫課綱」，抑或是「108課綱」，皆以「兼顧個別特殊需求、尊重多元文化與族群差異……，透過適性教育，……提升學生學習的渴望與創新的勇氣，善盡國民責任並展現共生智慧，成爲具有社會適應力與應變力的終身學習者。」（教育部，2014）具體言之，課綱的訂定，其適用對象是特定學習階段的學生，其適用範圍則兼顧校內與校外。也就是說，不論學生就讀學校爲何、學習型態爲何，其所應接受的課程元素應該是相同或類似的。如同我們人體所需要的五大營養素都是一樣，差別只有來源與種類的不同。學校教育受限於內外在環境，只能提供多數人所適合的樣態，如同五大營養素的種類、來源與烹調方式，無法盡如人意。而實驗教育就可以量身訂製，根據學生的需求，提供合適的教育。就如同食物的種類與烹調方式可以客製化一樣，但是五大營養素仍然必須兼顧。而前述法令指出課程可不受課綱之限制，有可能造成偏食教育，學生無法獲得應具備的素養，如此教育方式實在令人擔憂。

五、中央未盡品質保證與監督之責，由各地方政府自行其是

　　自410教改運動後，教育鬆綁成爲教育改革的主要訴求之一。也因爲如此，1994年成立的「行政院教育改革審議委員會」〈以下簡稱教

改會），其核心任務即在教育鬆綁的理念下，爲臺灣教育發展擘劃未來方向。也因此教改會二年後所發表的《教育改革總諮議報告書》（以下簡稱教改報告書），即敘明教育改革的理念有四，而其中第一項即爲教育鬆綁（行政院教育改革委員會，1996）。教育鬆綁的範圍從法令、制度、課程與教學，而身爲教育界龍頭的教育部自然也被列爲改革的對象之一。雖然我國的教育行政制度的權責劃分號稱均權制，但實際上卻是中央集權制，多數教育事務皆由教育部做最後的決策。爲了改善此一現象，所以在 1999 年制定的《教育基本法》第 9 條即明文規定教育部的權限爲：「一、教育制度之規劃設計。二、對地方教育事務之適法監督。三、執行全國性教育事務，並協調或協助各地方教育之發展。四、中央教育經費之分配與補助。五、設立並監督國立學校及其他教育機構。六、教育統計、評鑑與政策研究。七、促進教育事務之國際交流。八、依憲法規定對教育事業、教育工作者、少數民族及弱勢群體之教育事項，提供獎勵、扶助或促其發展。」而上述「列舉以外之教育事項，除法律另有規定外，其權限歸屬地方。」此種列舉式的規定，明確限縮教育部的權力。

雖然國民教育之管理屬於地方政府權責，但由《教育基本法》的規定來看，教育部對於實驗教育的監督，乃爲其職責之一。雖然教育部對於實驗教育的設立、評鑑、補助皆有訂定相關法規，但由於實驗學或機構的主管單位多爲各地方政府，而教育部只有原則性的規範，其執行細節皆由主管單位負責，因此造成一國多制的情形。再加上各地方教育局（處）業務繁雜、人手不足、主其事者未必重視的情況下，各教育行政主管機關能否或有否依相關法令之規定，對於實驗教育進行把關的工作，不無疑問。因此監察院在其訪視報告中就指出「特定教育理念、實驗課程之範圍，品質基準、鑑別規準等，尚未有教育行政主管機關進行規範或解釋」（監察院，2019）。此處所謂教育行政主管機關劍指教育部，而當教育部作爲不足時，就會形成上有政策、下有對策的怪異現象。

六、實驗教育是教育理念的實現，抑或是求生存的最後絕招

　　由於少子化之故，臺灣各級學校大都面臨生源不足，甚至關門的危機，而此種現象在偏鄉的國中、小更是明顯。也因此相關學校校長在新生入學時大力行銷，以期獲得家長的青睞，以免自己被冠上「末代校長」或「學校終結者」的稱號。早期各地方政府對於學校的整併有其單行法規，並多以人數為裁併校之主要規準，而偏鄉學校往往因人數之故，成為被裁併的對象。偏鄉學校不僅是教育單位，甚至扮演文化中心、育樂中心、社區守護者的多重角色。當學校不復存在，不僅會使青壯人口遷移，甚或導至廢村的情形產生。雖然有關位對於廢校後的學童安置皆有配套措施，而這些配套措施不外乎給予交通津貼、車輛接送、興建宿舍以供學生居住等措施。雖然有關單位認為已給予妥善照顧，但對於成長中之之國中、小學生，每日的舟車勞頓或離家住校，往往損及其權益。故政府乃於 2017 年公布《公立國民小學及國民中學合併或停辦準則》（以下簡稱裁併準則），其中第 4 條第二項規定「學校新生或各年級學生有一人以上者，均應開班，並得辦理混齡編班、混齡教學；地方主管機關不得於自治法規中規定，學生不足一定人數者不予成班。」亦即明文規定地方政府不得以人數為裁併校的基準。至於停辦學校的標準，同法第 6 條規定必須經由專案小組進行評估。小組成員則有學者專家、家長代表、學校教職員代表、地方社區人士及相關人員等；若涉及原住民地區之學校者，評估小組應納入學區內原住民族之代表。至於專案評估之項目如下：「一、學生數。二、學區內學齡人口流失情形。三、社區人口成長情形。四、與同級公立學校之距離。五、與鄰近學校間有無公共交通工具。六、校齡。七、合併後之學校是否需再增建教室及充實設備。八、學校教室屋齡。九、社區或部落文化傳承及經濟發展。十、社區對學校之依賴程度。十一、其他地方主管機關指定之項目。」學校經評估結果，認有合併或停辦之必要者，應於學區內辦理公聽會後，並將評估結果連同公聽會紀錄，送所屬地方育審議會審議。審議通過後始得進行裁併校，並應送中央主管機關備查。

　　雖然《裁併準則》對於裁併校有較明確的規範，但由於國中、小校

數較多，而且一般相距並不遠，也因此部分家長會有學生多、競爭力比較強的想法，所以會把子女轉往較大型學校就讀。也因此小型學校的學生或越來越少；大型學校的學生則越來越多。而有些偏鄉遠地區，學校數雖然不多，不致產生前述比較的問題，但這些地區往往也因經濟活動不發達，青壯人口外流重，以致學生日益減少，面臨生存的危機。也因此部分學校為救亡圖存，乃主動出擊，而轉型為實驗學校。所以監察院的訪視報告也明白的指出，部分學校之所以辦理教育實驗，其目的即在解決因為少子化所導致的招生危機（監察院，2019）。但不論是一般學校或實驗學校，課程與教學乃是學校教育的核心元素。而一般學校無論是課程、教學、行政運作都有固定模式可資遵循。但是實驗學校成立之目的在於實驗創新，往往難有可供參考之依據，必須自食其力，設計出適合本身需要之運作模式與課程架構。如前所述，就參與之實驗學校而言，以小型規模居多。先不論其參與之動機，小型學校因規模小，教師編制不多，以一般小型學校而言，光是教學、級務處理、行政兼職，已讓學校教師分身乏術，若要再課程研發、教學創新、行政運作變革，恐使其負荷加重，對身心健康造成不利影響。再者，學校成員是否具課程發展與設計的能力，亦是一必須考量的要素。

綜上所述，從事教育實驗工作，動機未必完全相同，若係教育理念的追尋或實踐，則教師的人力與能力必須仔細評估；至於為求生存而做的組織變革，往往缺乏長遠的規劃，且戰且走，更是不利於教育品質的提升，亦難達成實驗教育創新與適性發展的理念。

參　結語

在全球化的今日，人力與資源的流動倍速於往昔。面對強烈競爭的環境，教育必須扮演承先啟後、創新發展的功能。尤其是知識經濟時代，人力資源發展已成為教育、經濟建設的重要課題。教育與經濟發展的關係更為密切，所以工業4.0的發展，引發教育4.0的出現。也因為教育的重要性，世界各國莫不致力於教育改革，以提升國家競爭力。雖然世界各國對於教育的改革不遺餘力，但一般都是針對制式教育。制式教育如同量化產品一般，大量生產，較難針對特殊的需求。也因為

如，對於少數亟需客製化需求的學習者而言，另類教育遂應運而生。

　　臺灣另類教育的實施（指森林小學）先於法令的訂定，曾經引起不小的爭議。隨著社會變遷與人民權利意識的抬頭，開放另類教育的呼籲甚囂塵上。政府為回應人民的需求，乃有實驗教育三法的訂定。雖然實驗教育的施行在世界各國已非新聞，但將其法制化與公共化，在亞洲地區應屬先進（監察院，2019），謂之臺灣之光，殆無疑義。但是觀諸臺灣的實施現況，令人憂喜參半。喜的是我國教育的發展因實驗教育三法的通過，已逐漸落實適性揚才的理念；憂的是部分人對於實驗教育的理念不清，政府部門的監督仍顯不足，對於實驗教育的發展埋下隱憂。故臺灣的實驗教育要步上坦途，仍有待政府與社會大眾的努力。

問題與討論

一、實驗教育三法主要的內涵為何？
二、臺灣實驗教育發展的現況與隱憂為何？
三、試述學校型態的實驗教育多為偏鄉學校？
四、臺灣實驗教育的實施，政府應扮演的角色為何？

表3　2020年實驗學校清單

地區	辦學單位名稱	類型	招生階段	備註
臺北市	和平實驗國民小學	公辦公營	國小	
臺北市	博嘉實驗國民小學	公辦公營	國小	
臺北市	芳和實驗國民中學	公辦公營	國小	
臺北市	泉源實驗國民小學	公辦公營	國小	
臺北市	湖田實驗國民小學	公辦公營	國小	
臺北市	溪山實驗國民小學	公辦公營	國小	
臺北市	民族實驗國民中學	公辦公營	國中	
臺北市	濱江實驗國民中學	團體自學	國中	

地區	辦學單位名稱	類型	招生階段	備註
臺北市	展賦行動學苑	團體自學	高中	
臺北市	展賦玩學學苑	團體自學	國小、國中	
臺北市	國際教育自學團體	團體自學	高中	
臺北市	昶心蒙特梭利實驗教育 S1 班群	團體自學	國小、國中	
臺北市	昶心蒙特梭利實驗教育 E1	團體自學	國小	
臺北市	昶心蒙特梭利實驗教育 E2	團體自學	國小	
臺北市	啓心蒙特梭利實驗教育（A）	團體自學	國小	
臺北市	啓心蒙特梭利實驗教育（B）	團體自學	國小	
臺北市	臺灣蒙特梭利國際實驗教育	團體自學	國小、國中	
臺北市	大安讀經學園	團體自學	國小、國中	
臺北市	New School 新生命全人自學團體	團體自學	國小、國中	
臺北市	宜家蒙特梭利實驗教育	團體自學	國小	
臺北市	核心	團體自學	國小	
臺北市	宸恩實驗教育（01）	團體自學	國中、高中	
臺北市	宸恩實驗教育（02）	團體自學	國小、國中	
臺北市	寰宇博雅國際學苑	團體自學	國小、國中	
臺北市	語言家共學團	團體自學	國小	
臺北市	陪伴者生涯學院	團體自學	國中、高中	
臺北市	嘉禾書院	團體自學	國中、高中	
臺北市	習飛學群	團體自學	國小、國中	
臺北市	展藝學群	團體自學	國中、高中	
臺北市	羽白學群	團體自學	國小	
臺北市	締佳樂學 TICA	團體自學	國小、國中、高中	
臺北市	滿兒園蒙特梭利團體實驗教育	團體自學	國小	
臺北市	滿兒園蒙特梭利團體實驗教育 E2	團體自學	國小	

地區	辦學單位名稱	類型	招生階段	備註
臺北市	小實光實驗教育	團體自學	國小、國中	
臺北市	小實光實驗教育 2	團體自學	國小	
臺北市	黑羊計畫	團體自學	國小	
臺北市	身・生	團體自學	國小	
臺北市	愛騰共學團	團體自學	國小	
臺北市	華砍國際數位實驗教育機構	機構自學	國小	
臺北市	運算思維實驗教育機構	機構自學	國小、國中	
臺北市	新主流實驗教育機構	機構自學	國小	
臺北市	濯亞國際學院實驗教育機構	機構自學	國小	
臺北市	青禾華德福實驗教育機構	機構自學	國小、國中	
臺北市	學學實驗教育機構	機構自學	高中職	
臺北市	史代納實驗教育機構	機構自學	國小、國中、高中	
臺北市	無界塾實驗教育機構	機構自學	國小、國中、高中	
臺北市	同心華德福實驗教育機構	機構自學	國小、國中	
臺北市	23083200 長華國際蒙特梭利實驗教育機構	機構自學	國小	
臺北市	影視音實驗教育機構	機構自學	高中職	
臺北市	VIS 世界改造實驗室實驗教育機構	機構自學	高中職	
臺北市	道能實驗教育機構	機構自學	國小	
臺北市	哈柏露塔實驗教育機構	機構自學	國小	
臺北市	忠山實驗小學	公辦公營	國小	
臺北市	信賢種籽親子實驗國民小學	公辦民營	國小	
臺北市	新惠佑蒙特梭利小學新希望	團體自學	國小	
臺北市	可能非學校團體	團體自學	國小、國中	
臺北市	炫心星自學團	團體自學	國小、國中	

地區	辦學單位名稱	類型	招生階段	備註
臺北市	心語蒙特梭利自學團	團體自學	國小	
臺北市	心語蒙特梭利中小學實驗教育	團體自學	國小、國中	
臺北市	生活實踐實驗教育機構	機構自學	高中	
臺北市	新北市籌設森林小學期前教育	機構自學	國小	
臺北市	聯合國際實驗教育機構	機構自學	國小、國中	
臺北市	汗得工事建築實驗教育機構	機構自學	高職	
臺北市	原聲國際學院實驗教育機構	機構自學	高職	
臺北市	原來學苑	機構自學	國小、國中	
基隆市	八堵國小	公辦公營	國小	
基隆市	南榮國中	公辦公營	國中	
基隆市	瑪陵國小	公辦民營	國小	
桃園市	愛鄰舍學苑	團體自學	國小、國中	
桃園市	FunSpace 樂思空間	團體自學	國小	
桃園市	趣創者國際實驗教育 A 團體	團體自學	國小	
桃園市	趣創者國際實驗教育 B 團體	團體自學	國小	
桃園市	趣創者國際實驗教育 C 團體	團體自學	國小	
桃園市	葳士頓美語共學團	團體自學	國小	
桃園市	大伙房書院 Whole Family	團體自學	國小	
桃園市	觀音經典書院國小經典文化	團體自學	國小	
桃園市	觀音經典書院國中經典文化	團體自學	國中	
桃園市	禾豐書苑	團體自學	國小	
桃園市	人文蒙特梭利農耕教室	團體自學	國小	
桃園市	有得實驗教育機構	機構自學	國小、國中	
桃園市	諾瓦實驗教育機構	機構自學	國中	
新竹市	華德福實驗學校	公辦公營	國小、國中	
新竹縣	北平華德福實驗學校	公辦公營	國小、國中	
新竹縣	大坪國小	公辦公營	國小	

地區	辦學單位名稱	類型	招生階段	備註
新竹縣	峨眉國中	公辦公營	國中	
新竹縣	尖石國小	公辦公營	國小	
新竹縣	桃山國小	公辦公營	國小	
新竹縣	三峰華德福實驗教育團體	團體自學	國小	
新竹縣	麗水華德福實驗教育團體	團體自學	國小、國中	
新竹縣	道禾實驗教育機構	團體自學	國小	
新竹縣	照海華德福實驗教育機構	團體自學	國小、國中	
新竹縣	親民實驗教育機構	團體自學	國小	
新竹縣	卡爾實驗教育機構	團體自學	國中、高中	
新竹縣	約翰實驗教育機構	團體自學	國小	
苗栗縣	南河國小	公辦公營	國小	
苗栗縣	泰興國小	公辦公營	國小	
苗栗縣	象鼻國小	公辦公營	國小	
苗栗縣	全人實驗高級中學	私立實驗學校	國小、國中	
臺中市	東汽國小	公辦公營	國小	
臺中市	中坑國小	公辦公營	國小	
臺中市	博屋瑪國小	公辦公營	國小	
臺中市	善水國中小	公辦公營	國小、國中	
臺中市	和平國中	公辦公營	國中	
臺中市	澴宇蒙特梭利實驗教育團體	團體自學	國小	
臺中市	光明學苑	團體自學	國小	
臺中市	慈興學苑	團體自學	國小	
臺中市	紅泥巴自學團	團體自學	國小、國中	
臺中市	牧心蒙特梭利實驗教育團體	團體自學	國小、國中	
臺中市	錫安山臺中伊甸家園實驗教育團體	團體自學	國小、國中	
臺中市	臺中蒙特梭利實驗教育團體	團體自學	國小	

地區	辦學單位名稱	類型	招生階段	備註
臺中市	大地之子實驗教育團體	團體自學	國中	
臺中市	水崛頭蒙特梭利實驗教育團體	團體自學	國小、國中	
臺中市	迦美地華德福實驗教育機構	團體自學	國小、國中	
臺中市	道禾實驗教育機構	團體自學	國小、國中	
臺中市	海聲華德福實驗教育機構	團體自學	國小、國中	
臺中市	善美真華德福實驗教育機構	團體自學	國小、國中	
臺中市	楓樹腳實驗教育機構	團體自學	國小、國中	
臺中市	私立磊川華德福實驗教育學校	私立實驗學校	國小、國中	
臺中市	私立華德福大地實驗教育學校	私立實驗學校	國小、國中	
彰化縣	民權華德福實驗國民中小學	公辦公營	國小、國中	
彰化縣	鹿江國際中小學	公辦公營	國中	
彰化縣	苗圃蒙特梭利管厝社區自學團體	團體自學	國小 1-3 年級	
彰化縣	苗圃蒙特梭利莿桐社區自學團體	團體自學	國小 1-3 年級	
彰化縣	苗圃蒙特梭利安溪社區自學團體	團體自學	國小 4-6 年級	
彰化縣	圃蒙特梭利大地之子社區自學團體	團體自學	國中	
彰化縣	樂耕蒙特梭利實驗教育團體	團體自學	國小	
彰化縣	基石華德福實驗團體	團體自學	國小、國中、高中	
彰化縣	雅典娜華德福實驗教育機構	機構自學	國小、國中	
彰化縣	愛因斯坦實驗教育機構	機構自學	國小	
南投縣	都達國小	公辦公營	國小	
南投縣	久美國小	公辦公營	國小	
南投縣	復臨國際實驗教育機構	機構自學	國中、高中	

地區	辦學單位名稱	類型	招生階段	備註
南投縣	森優生態實驗教育機構	機構自學	國小、國中、高職	
南投縣	親愛音樂藝術實驗教育機構	機構自學	國中、高中	
南投縣	均頭國際實驗教育機構	機構自學	國小、國中	
雲林縣	古坑華德福實驗高級中學	公辦公營	國中、高中	
雲林縣	山峰華德福教育實驗國民小學	公辦公營	國小	
雲林縣	潮厝華德福教育實驗國民小學	公辦公營	國小	
雲林縣	華南實驗國民小學	公辦公營	國小	
雲林縣	樟湖生態國民中小學	公辦民營	國小、國中	
雲林縣	蔦松藝術高中	公辦民營	附設國中、高中	
雲林縣	拯民國民小學	公辦民營	國小	
雲林縣	國際中草藥暨管理人才養成團體式實驗教育計畫	團體自學	高中	
雲林縣	雲林技術型華德福高中自學團體	團體自學	高中職	
雲林縣	臺灣復興藝術實驗教育機構	機構自學	高中	
雲林縣	湖山承淨書院實驗教育機構	機構自學	國小、國中、高中	
雲林縣	財團法人雲林縣福智實驗國民中學	私立實驗學校	國中	
雲林縣	財團法人雲林縣福智實驗國民小學	私立實驗學校	國小	
嘉義市	目前只有個人自學			
嘉義縣	太平國小	公辦公營	國小	
嘉義縣	太興國小	公辦公營	國小	
嘉義縣	仁和國小	公辦公營	國小	
嘉義縣	豐山實驗教育學校	公辦公營	國小、國中	
嘉義縣	大埔國民中小學	公辦公營	國小、國中	

地區	辦學單位名稱	類型	招生階段	備註
嘉義縣	美林國小	公辦公營	國小	
嘉義縣	阿里山國民中小學	公辦公營	國小、國中	
嘉義縣	達邦國小	公辦公營	國小	
臺南市	虎山實驗小學	公辦公營	國小	
臺南市	光復生態實驗小學	公辦公營	國小	
臺南市	口埤實驗小學	公辦公營	國小	
臺南市	南梓實驗小學	公辦公營	國小	
臺南市	西門實驗小學	公辦公營	國小	
臺南市	志開實驗小學	公辦公營	國小	
臺南市	文和實驗小學	公辦公營	國小	
臺南市	華德福共學園	團體自學	國小	
臺南市	臺南市百合華德福	團體自學	國小	
臺南市	心潔蒙特梭利	團體自學	國小	
臺南市	哈佛蒙特梭利二團	團體自學	國小	
臺南市	哈佛蒙特梭利青少年	團體自學	國中	
臺南市	迦南地伊甸家園	團體自學	國小、國中、高中	
臺南市	亮點實驗教育團體	團體自學	國中、高中	
臺南市	可能實驗教育臺南團	團體自學	國小、國中	
臺南市	多元智能與深度經典	團體自學	國小	
臺南市	ShareFun 雙語實驗教育	團體自學	國小	
臺南市	快樂書院實驗教育團體	團體自學	國小	
臺南市	BANYAN 國際實驗教育機構	機構自學	國小	
臺南市	臺南市上華蒙特梭利實驗機構	機構自學	國小	
臺南市	中信國際實驗教育機構	機構自學	高中	
高雄市	巴楠花部落國中小	公辦公營	國小、國中	
高雄市	多納國小	公辦公營	國小	

地區	辦學單位名稱	類型	招生階段	備註
高雄市	樟山國小	公辦公營	國小	
高雄市	茂林國小	公辦公營	國小	
高雄市	壽山國小	公辦公營	國小	
高雄市	吉東國小	公辦公營	國小	
高雄市	聖功樂仁蒙特梭利小學階段實驗教育團體	團體自學	國小	
高雄市	全人賦能團體	團體自學	高中	
高雄市	創造蒙特梭利共學團體	團體自學	國小	
高雄市	國際心教育A團	團體自學	國小	
高雄市	國際心教育B團	團體自學	國中、國小	
高雄市	綠光親子生活圈	團體自學	國小	
高雄市	麗澤品格實驗教育機構	機構自學	國小	
高雄市	但以理基督書院實驗教育機構	機構自學	國小	
高雄市	錫安山高屏伊甸家園實驗機構	機構自學	國小、國中、高中	
高雄市	高雄市野人華德福實驗教育機構	機構自學	國小、國中	
高雄市	光禾華德福實驗學校	私立實驗學校	國小	
高雄市	私立南海月光實驗教育學校	私立實驗學校	國小、國中、高中	
屏東縣	長榮百合國小	公辦公營	國小	
屏東縣	地磨兒國小	公辦公營	國小	
屏東縣	北葉國小	公辦公營	國小	
屏東縣	賽嘉國小	公辦公營	國小	
屏東縣	建國國小	公辦公營	國小	
屏東縣	丹路國小	公辦公營	國小	
屏東縣	青葉國小	公辦公營	國小	
屏東縣	餉潭國小	公辦民營	國小	
屏東縣	大路關國民中小學	公辦民營	國小、國中	

地區	辦學單位名稱	類型	招生階段	備註
宜蘭縣	南澳高中實驗教育專班	公立學校	高中	
宜蘭縣	武塔國小	公辦公營	國小	
宜蘭縣	大同國中	公辦公營	國中	
宜蘭縣	大進國小	公辦公營	國小	
宜蘭縣	東澳國小	公辦公營	國小	
宜蘭縣	湖山國小	公辦公營	國小	
宜蘭縣	內城國民中小學	公辦公營	國小、國中	
宜蘭縣	慈心華德福教育實驗高級中等學校	公辦民營	國小、國中、高中	
宜蘭縣	人文國民中小學	公辦民營	國小、國中	
宜蘭縣	岳明國小	公辦民營	國小	
宜蘭縣	宜蘭縣非學校型態清水青少年團體實驗教育 D 團	團體自學	國中、高中	
宜蘭縣	不老部落原根團體實驗教育	團體自學	高中職	
花蓮縣	萬榮國小	公辦公營	國小	
花蓮縣	豐濱國小	公辦公營	國小	
花蓮縣	鶴岡國小	公辦公營	國小	
花蓮縣	三民國小	公辦民營	國小	
花蓮縣	五味屋（花蓮縣鄉村社區大學發展協會）	團體自學	國小、國中	
花蓮縣	花蓮縣波斯頓國際實驗教育機構	機構自學	國小	
臺東縣	初鹿夢想家實驗國民中學	公辦公營	國中	
臺東縣	富山國際教育實驗小學	公辦公營	國小	
臺東縣	Puyuma 花環實驗小學	公辦公營	國小	
臺東縣	vusam 文化實驗小學	公辦公營	國小	
臺東縣	TAO 民族實驗教育高級中學	公辦公營	國中、高中	
臺東縣	達魯瑪克民族實驗小學	公辦公營	國小	
臺東縣	三和走讀學堂實驗小學	公辦公營	國小	

地區	辦學單位名稱	類型	招生階段	備註
臺東縣	溫泉國小	公辦公營	國小	
臺東縣	椰油國小	公辦公營	國小	
臺東縣	桃源國小	公辦民營	國小	
臺東縣	均一國際教育實驗高級中等學校	私立實驗學校	高中	
金門縣	目前只有個人自學			
澎湖縣	合橫國小	公辦公營	國小	
連江縣	目前只有個人自學			

資料來源：親子天下（2020）。2020 最新實驗學校清單。https://cp.cw1.tw/files/md5/45/32/45327cc90c0815f9bce32ee972e1cc52-283467.pdf

參考文獻

人本教育基金會（2020）。**2020 森林小學入學說明會**。檢索日期：2020 年 4 月 6 日，取自：https://hef.org.tw/forest-school/

日光實驗教育機構（2020）。日光實驗教育機構網站。檢索日期：2020 年 5 月 30 日，取自：https://tais.tw/zh-hant/

立法院公報處（2014）。**立法院第 8 屆第 6 會期第 1 次會議紀錄**。立法院公報，103(51)，8。檢索日期，2020 年 5 月 15 日，取自：https://lci.ly.gov.tw/LyLCEW/communique1/final/pdf/103/51/LCIDC01_1035101.pdf

行政院（2014a）。**行政院第 3402 次院會決議**。檢索日期，2020 年 5 月 15 日，取自：https://www.ey.gov.tw/Page/4EC2394BE4EE9DD0/4bb39cd8-bae1-4f94-bd20-944df02e82af

行政院（2014b）。**行政院第 3407 次院會決議**。檢索日期，2020 年 5 月 15 日，取自：https://www.ey.gov.tw/Page/4EC2394BE4EE9DD0/54f977ba-5ee3-4d64-a7d1-c2eea90d3c45

行政院（2014c）。**行政院第 3409 次院會決議**。檢索日期，2020 年 5 月 15 日，取自：https://www.ey.gov.tw/Page/4EC2394BE4EE9DD0/bff252bd-6d54-4946-bef7-

16c1aaf34a86

行政院教育改革審議委員會（1996）。**教育改革總諮議報告書**。臺北市：作者。

李嘉年（2016）。實驗教育三法後臺灣另類學校發展初探。**學校行政，103**，1-13。

舒緒緯（1998）。**師資培育法制訂過程及其內涵之研究**。國立高雄師範大學博士學位論文（未出版），高雄市。

教育部（2008）。**國民中小學九年一貫課程綱要總綱**。檢索日期，2020 年 5 月 19 日，取自 https://cirn.moe.edu.tw/Upload/file/36/67053.pdf

教育部（2014）。**十二年國民基本教育課程綱要**。檢索日期，2020 年 5 月 20 日，取自：https://cirn.moe.edu.tw/Upload/file/948/67020.pdf。

痞客邦（2008）。**膽很大、心很細—專訪森林小學朱苔翔校長**。檢索日期：2020 年 4 月 17 日，取自：https://hef1987.pixnet.net/blog/post/24318461

監察院（2019）。**我國實驗教育的實施現況與未來發展**。檢索日期，2020 年 6 月 25 日，取自：cybsbox.cy.gov.tw/CYBSBoxSSL/edoc/download/28777

維基文庫（2019a）。**國民教育法（民國 68 年）**。檢索日期：2020 年 4 月 6 日，取自：https://zh.wikisource.org/wiki/%E5%9C%8B%E6%B0%91%E6%95%99%E8%82%B2%E6%B3%95_(%E6%B0%91%E5%9C%8B68%E5%B9%B4)

維基文庫（2019b）。**教育基本法（民國 88 年）**。檢索日期：2020 年 4 月 17 日，取自：https://zh.wikisource.org/wiki/%E6%95%99%E8%82%B2%E5%9F%BA%E6%9C%AC%E6%B3%95_(%E6%B0%91%E5%9C%8B88%E5%B9%B4)

https://zh.wikisource.org/wiki/%E5%9C%8B%E6%B0%91%E6%95%99%E8%82%B2%E6%B3%95_(%E6%B0%91%E5%9C%8B88%E5%B9%B4)

維基文庫（2019c）。**國民教育法（民國 88 年）**。檢索日期：2020 年 4 月 19 日，取自：https://zh.wikisource.org/wiki/%E5%9C%8B%E6%B0%91%E6%95%99%E8%82%B2%E6%B3%95_(%E6%B0%91%E5%9C%8B88%E5%B9%B4)

親子天下（2017）。**人文國中小爭議｜宜蘭教育處長：不能只顧教育理念，犧牲教育價值**。檢索日期：2020 年 4 月 10 日，取自：https://flipedu.parenting.com.tw/article/4205

親子天下（2020）。**2020 最新實驗學校清單**。檢索日期：2020 年 4 月 14 日，取自：https://cp.cw1.tw/files/md5/45/32/45327cc90c0815f9bce32ee972e1cc52-283467.pdf

蕭新煌（1989a）。社會力——臺灣向前看。臺北市：自立晚報文化部。

蕭新煌（1989b）。政治自由與經濟公平——社會運動階段性使命的地位。中國論壇，322，65-70。

第十三章

構思教師公開授課模式促進教師教學專業發展契機

梁金盛

「凡事豫則立，不豫則廢。」──中庸第二十章之六

壹　前言

隨著時代的進步與發展，知識也不斷創新與更替，學習科技亦日新月益，身為知識傳授、教導、與轉譯的第一線教師，亦需時時精進授課的教學技巧與方法。事實上，我國的教育行政機關對於國民教育階段教師的教學能力與發展極為重視。1958 年即成立臺灣省國民教育巡迴輔導團，並於 1964 年設立各縣市輔導團，以調用優秀的現場教師巡迴各校，實施改進教學輔導措施（張素貞，2006；蔡文鳳，2004；王全興，2013）。

九年一貫課程的實施，強化以學校為本位的課程規劃，對於教學內容特別強調以學生生活為核心的學習經驗，加上資訊設備進入課堂也成為事實，教師的教學面臨更多的挑戰。教育主管機關體認到教師的需求，除持續運用中央及地方教學輔導團建立教學輔導網絡，健全教學輔導組織，發展教師專業知能、精進教師課堂教學能力、提升教師教學效能，化解教師執行課程的困境（教育部，2006a）。此外，教育部為促進教師專業發展，於 2006 年頒布「教育部補助辦理教師專業發展評鑑試辦計畫」，2009 年正式更名為「教育部補助辦理教師專業發展評鑑實施計畫」，經由學校自願方式，採行社群、課室觀察、教學檔案等三種或其中一種方式辦理，尤其是課室觀察部分，除建議採同儕觀課及觀課的步驟、和課前配對、教學計畫討論、課室觀察的指標與表格、課後回饋、和專業發展計畫等均有相當詳實的規劃，還辦理初階、進階研習，以及教學輔導人員培訓等，讓此計畫的落實相當有助益，並強化教師課堂觀察能力（教育部，2006b；教育部，2009）。

教育部於 2014 年公布的《十二年國民基本教育課程總綱》，其中之實施要點第五項「教師專業發展」提及：「為持續提升教學品質與學生學習成效，形成同儕共學的教學文化，校長及每位教師每學年應在學校或社群整體規劃下，至少公開授課一次，並進行回饋（教育部，2014）。」另教育部於 2016 年 12 月 23 日以臺師教字第 1050181509號之說明內容略以：「近年來教育現場反映中小學充斥與教學無關之行

政負擔過重。教育部規劃於 106 學年度起建立「教師專業發展支持系統」，提供貼近現場教師專業成長需求之實質支持與協助，讓教師有充裕時間回歸教學專業，幫助教師課堂實踐，提升學生學習成效；其第六點特別明示將已推動十年的教師專業發展評鑑轉型為教師專業發展實踐方案，成為教師專業發展支持系統中的方案之一，並將保留教專評鑑十年成果優點及經費（教育部，2016a）。又於 2016 年 10 月 17 日頒布《國民中學與國民小學實施校長及教師公開授課參考原則》，說明應進行公開授課人員、授課地點、公開授課實施方式、擬定公開授課計畫、經費補助事項等（教育部國民及學前教育署，2016）。再於 2017 年 8 月 11 日公布「教育部補助辦理教師專業發展實踐方案作業要點」，其中有關教師專業成長部分指明，因應實際教學活動之情境脈絡實施教學觀察，得採備課、觀課與議課，以實踐十二年國民基本教育課程綱要中公開授課及專業回饋之措施；規定對初任教師應遴派薪傳教師一人提供有關課程研討、備觀議課等諮詢輔導；及明定對縣市及學校辦理教師專業發展實踐方案的經費補助基準等（教育部，2017）。

　　由上述的脈絡看來，我國近六十餘年來對於國民教育階段的教師專業成長極為重視，除了透過中央及地方教學輔導網絡的建立與實施外，另於近十餘年來尚透過教師專業發展相關計畫和支持系統，協助教師教學專業成長，又於 2019 年開始實施的十二年國民基本教育課程綱要總綱中明示，校長及教師每學年應公開授課一次，以促進教師專業發展；另訂定補助相關規定，讓縣市政府及學校在推動教師專業發展過程中獲得必要的協助。只是有了這些相關的行政措施，在第一線的學校端，如沒有更具體的公開授課模式或方式，是項政策的落實可能會流於形式。

貳　教師專業發展的方向

　　有道是活到老學到老，尤其是身為教師，更必須時時增長自我的知識，強化自我的專業能力，依據教育部於 2016 年 2 月 15 日以臺教師（三）字第 1050018281 號函頒之《中華民國教師專業標準指引》指明教師專業標準包含專業知能及態度。而在教師專業知能方面應具備教育

理論、學科專門知識、及學科教學知能，同時要具有課堂教學的實踐能力；在專業態度方面，則應積極透過多元管道終身學習，提升整體教育品質，並指出具備教育專業知能、學科知識及相關教學知能、課程與教學設計能力、善用教學策略進行有效教學、運用適切方法進行學習評量、發揮班級經營效能營造支持性學習環境、掌握學生差異進行相關輔導、善盡教育專業責任、致力教師專業成長、展現協作與領導能力等十大專業標準（教育部，2016b）。

　　從教師專業標準指引中所述及的十大教師專業標準及內涵來看，可說每項均以提升教師課室教學能力的提升為主軸，以下即就提升教教師師課室教學專業成長的方向進行說明：

一、個人自學：對於個人的專業方面的發展，有部分是可以經由個人獨力完成的，只要能夠經由閱讀與思考的過程，必能夠促進自我專業的提升，至於自學的方式，可以透過電子媒材、專書或論文、各類機構或團體、個人成長檔案建置等方式進行之。然而孔子曾說：「學而不思則罔，思而不學則殆。」意即在自學過程中，如果沒有加上思考，則可能會產生迷惑而不得解。固然思考能有所得，但如果沒有多一些對話或討論，也可能會成為一偏之見的問題。

二、同儕學習：《禮記・學記篇》有云：「獨學而無友，則孤陋而寡聞。」此即點出同儕學習的重要，在個人的見識與專業增長方面，如果沒有學習的夥伴一起切磋琢磨，則可能會顯得孤單及見聞淺薄，如能有要好又同好的同儕，進行有方向性、開放的對話與激發，極可能會有更多的體悟與創思。尤其是教師的教學方法與技巧，可經由現場的教學觀課與討論，使教學與班級經營更加精進。

三、社群共學：由於交通、通訊與網路等媒材的發明與進展，使得人與人之間的距離顯得更為親近，團隊學習的可能性也大為增加。社群的成立都有共同的理念與目標，的確是個很好的學習成長的途徑，不過網路可以讓社群之間的聯繫與對話，提供很好的管道，但也不是毫無限制，如果能夠透過面對面的交流與分享，則更為完美。是以，參加社群進行共學，必須要有很強的熱情，與持續不懈的耐力，否則不容易運作順暢。

四、專業機構研修：到專業機構研修的方式有相當多的可能，如學位進修、學分修習、短期研習、工作坊等，因係由專業機構規劃辦理，一般而言，其知識結構性高、類別多元，對專業發展與成長也有極大的幫助。但因其結構性高，難免有其限制，如名額、時間、類別、地點等較難有普及性。

教師專業成長的方向有以上四類，各有其方便與限制，個人自學雖自主性最高，但有可能動能難以持續；同儕學習有互動的機會，但可能廣度方面會有所限制；社群共學是團隊型式，可以有多元的意見交流，但有可能失之訊息過度問題及時空的限制；專業機構研修，知識結構性高，但可能無法符合個別情境與需求。若從課堂現場的教師專業成長而言，無疑是同儕學習或社群共學等二種方式最為實際且有效的途徑，因為同儕或社群如能藉由課前的共備、課間的觀課、及課後的議課等過程，討論的方向與目標清晰、焦點明確、反饋及時等好處。

參　建構教師公開授課的模式

1980 年，研究者服役結束，回任國民小學教職第一年，當時所任教的年級有二個班級，發現隔壁班導師上課時，個個學生都顯現出專注與歡愉的表情，讓研究者打從心裡的佩服與羨慕，自己的教學實在有很大的改善空間，剛好那位老師是本人的學姐，因此利用課餘時間，向其表達是否能夠利用她沒課的時間，到我的班級觀課，並給我一些建議，她欣然答應了，也確實做了一次觀課，並給予本人非常有建設性的意見，讓我受用無窮，此次的觀課的確是出於自願，且相互之間也有一定程度的互信，同時在給予意見的過程中，針對性明確也很具體。後來發現學校每學期都安排辦理校內的教學觀摩會，利用週間的一個時機，沒有課務的老師都到某一個班級，觀看被指定教學者的班級實施授課教學，課後也進行了教學檢討活動，基於同事情誼，大都較為表面性的意見為主，收獲相當有限。接者，因有幸擔任國民小學自然科學實驗班老師，此任務每學年有機會參加異於學校辦理教學觀摩會，此觀摩會的聚焦性高了許多，首先是每個參與者都必須在觀摩活動前，針對該單元進行了解，並負責撰擬約十題的選擇題，負責教學者則必須提供其教

學設計內容，由主辦學校印製給所有的與會者，教學觀摩活動是同個班級整個單元，單元活動結束後，即進行教學評量活動，這些評量活動即是從參加觀摩會者的評量題目中選取，而檢討會的第一階段是針對教學過程中的師生互動、教學技巧、教學方法、教學程序等進行討論，次階段則將評量結果進行統計分析，再行檢視教學結果與教學相關問題之探討，進而對教材內容是否需要修正調整做最終之建議，而教學輔導員都能給予極為中肯的建議，讓本人印象極為深刻，也很佩服他們的觀察及指導的專業能力。

　　2005 年，研究者兼任國立花蓮教育大學附設實驗國民小學校長，正巧 1980 年和研究者同校且隔壁班的學姐也在附小任教。頃接教育部來函，邀請高級中等以下學校試辦教師專業發展評鑑，負責該業務的杜主任拿著公文向本人表示，這項計畫學校值得申請，希望本人詳細看過之後再做最終決定，經過了解，我發現此計畫是屬於形成性評鑑，而且對於教師的教學能力提升大有幫助，因該計畫敘明必須經由校務會議通過方得申請試辦，因此先請研究處擬具校內的試辦計畫經由定期的行政會議討論後，再提校務會議討論決定。會議中本人特別提及過去初任教師遇到教學困境自發的邀請鄒師觀課，並獲具體建議的經驗，然是時並無教育行政與學校行政的輔助措施，認為該試辦計畫是對教師的教學專業能力提升最為善意的計畫，因為此計畫只專注於教師的教學專業成長，分為教師社群、教學檔案、及教學觀察等三大部分，學校可選擇其中之一辦理，且不和不適任教師、教師考核等掛鉤外，還安排教師專業初階研習、進階研習、教學輔導教師研習、講師研習等強化輔助措施。對於教學觀察部分，則強調同儕評鑑、教學前的匯談、說課、教學觀察的重點、課後對話、自我成長計畫等重點，所以商請老師們能夠通過此試辦計畫，也的確順利通過試辦計畫。

　　2014 年教育部頒布的《十二年國民基本教育課程總綱》中，明定校長及教師每學年應公開授課一次，又於 2016 年由教育部國教署頒布《國民中學與國民小學實施校長及教師公開授課參考原則》，再於 2017 年公布《教育部補助辦理教師專業發展實踐方案作業要點》對於縣市主管教育行政機關及學校辦理公開授課提供支持措施，讓學校對於

公開授課中的教學觀察有極大的助力。基於以上教育政策對教師課堂教學能力提升的支持與挹注，因國教署公布的公開授課原則提示，將公開授課計畫於每年 3 月 31 日及 9 月 30 日前在學校網頁公布，是以擬議一整學年的週期，建構教師公開授課模式，以促進教師專業的持續發展。慈

一、公開授課的前置規劃階段

　　為落實學校校長及教師公開授課事項，學校行政同仁應於暑假期間擬定完整之公開授課計畫，其內容應就公開授課之表單、內容、觀課原則、支持措施等做好準備，作為公開授課的重要參考依據，是以公開授課計畫通過的時間，以前一學年的期末校務會議中確定最為理想，如果學校的人事穩定情形不佳，可退而求其次選在八月初辦理校務會議，通過是項計畫，方能有充裕的時間，進行公開觀課時程的安排。

　　其次，是在計畫內容確定後，應由業務承辦人員，徵詢學校同仁的意願及時段，原則全校分為二大區塊，上學期至少要有一半的同仁實施公開授課，另一半則安排於下學期，才不致於太過於集中於某一學期，不好安排觀課者。對於班級數較多的大規模學校而言，這的確是一件複雜費時的差事，但只要原則確定也不是難事。

　　接下來，就是第一學期公開授課的時間與領域（或科目）確認，當然，每一位授課教師對於自己的課程之整學期進度要能夠確定，方能掌握將公開授課的時間，這部分對於施教多年的教師較無困擾，新手教師則可能會需要學校行政同仁或薪傳教師的支援，輔助其能夠順利配合政策的推動。至於第二學期的準備事項，準備時間宜在上學期期末之前完成，過程與第一學期類似。

　　最後則是觀課者的配對，公開授課並不是一場教學表演，重點是在於教師的課堂教學之精進，所以觀課者非常重要。伍嘉琪、熊治剛（2018）指出，若公開授課教師未能在觀課前、後與專業回饋人員開展共同備課、同儕專業對話，則公開授課將徒具形式，不具教師專業發展之意義。因此，觀課者應該是專業回饋人員，而且此專業人員最好是與授課之領域、年段及教學方面具有專業者，方能對公開授課者提供實

質的建議與助益。

二、公開授課的實施階段

　　這個階段授課者應該對於所授課程的單元及進度已有明確的決定，最重要的就是授課者和觀課者雙方（或多方）之間的互動與專業對話，其間包含共同備課、說課、觀課、及議課等過程，其重點分別說明如下：

（一）共同備課：共同備課的基礎，首先，就是雙方能夠有共同的認知，並能夠針對即將實施的授課內容有所了解，並願意加以深究，共備者對授課內容重點能夠有所掌握，方能對於內容的實施切中要點。其次，授課者宜在共備之初，先就授課班學生狀況、授課內容了解、擬採取的教學策略、教學設計情形等進行陳述，雙方再以開放的態度，進行專業對話才能達到預期的效果，當然，共同備課的次數，應由授課者與觀課者共同判斷是否已足夠決定之。

（二）說課：說課部分，應是公開授課者之教學設計已經完成，並對如何實施教學也已胸有成竹，最重要的是希望自己有所成長的重點能夠充分表達，例如授課者的問答技巧、肢體語言、學生對問題或要求回應後的處理技巧等，讓觀課者在觀課過程中，能夠針對授課者的需求進行觀課，方能在觀課過程中選擇適合的課堂觀察技巧、觀察位置、觀察工具……，增進觀課的成效。

（三）觀課：對授課者而言，最基本的期望，是能夠從觀課者的觀察中看到自己想要獲得成長的建議，當然如果有其他發現或建議則更為理想；至於對觀課者而言，因在共備及說課的專業對話中，已對授課者的教學重點與需求有全盤的了解，所以，進課堂觀課前，必須備妥相關工具，就合適位置，進行觀課，當然不宜在授課進行中，干擾授課者教學的實施，有任何疑問應在議課時再行對話。

（四）議課：公開授課實施階段是否能夠提升教師教學專業成長，議課是個重要節點，公開授課者可就自己事前設計的教學進行反思，

並在實際授課中的反省提出分享，再由觀課者，就說課時的需求、課堂中的現場或錄影觀察，以及授課者的反思等，可就知識概念、教學實施、班級經營、教學方法與技巧、學生反應等方面提出具體的意見，並進行專業對話。

總之，校長及教師的公開授課，從共同備課起，即應建立應有的互信基礎，接者願意花費時間進行對話，最後是授課者能針對所授課程具體陳述自我的規劃與構想，有助於現場觀課者的資料蒐尋，直至議課聚焦於課堂的觀察與對話，每個過程都相當重要，尤其是授課者和觀察者之間，對所授內容要有足夠的專業知能，教育專業態度，並能夠充分相互理解、本於專業需求，逐步推進，方能促成教師的專業發展與成長。

三、自我成長計畫

教師在公開授課後的重要工作之一，即為擬定自我成長計畫，釐清自我繼續成長發展的目標，作為未來努力的方向，也可從而思索可及的專業成長途徑，採行個人自學、同儕學習、社群共學、或專業機構研修等多元方式，增進自我的專業發展。在學校行政端則應將教師自我成長計畫內容加以蒐集分析，屬共同性者，可以納入學校年度購書計畫中的書單進行採購重要參考依據；或規劃校本研習的規劃重點，讓教師樂於投入推介書單及校本研習活動。

綜之，有效的、教師樂於投入的教師公開授課模式之建構，是以教師教學專業成長為本位的設計，需就公開授課前、中、後各階段確實掌握要領，引導教師共同完成，並對教師的需求積極面對，給予必要協助，其中之專業回饋可說是最為重要的關鍵，宜支持教師參與相關之研習或進修，且將年度實施結果與心得作為來年計畫修正的依循。

肆　當前實施公開授課可能面臨的限制

事實上，我國國民教育階段在實施公開授課之前，各校均已實施各式各樣的教學觀摩活動，不過大多數人會認為這是一場演出，較少投注於教師教學專業成長，不過自從 2005 年間，強調教學專業成長、精進課堂教學的政策持續的推出，雖然在十二年國民基本教育綱要中所聲

明的公開授課，教育部於 2017 年推出補助辦理教師專業發展實踐方案作業要點，支持縣市政府教育局處及學校對於公開授課的經費上的支助，以及對於偏遠地區學校推出活化教學與多元學習計畫，提供計畫性的補助，都能有利學校對於是項政策的推展。但是，這些都只是原則性的宣示，並沒有提及如果不做會有什麼不利的後果，所以，其強制性方面仍有所不足。除此之外，尚有學校行政與教師個人的限制待面對。以下即就各層面可能的限制陳明如下：

一、教育行政端的限制

雖然公開授課的政策，對於現場教師的教學專業發展幫助最爲直接，教育部也在政策及經費資助方面擬定了明確的計畫，提供縣市政府及學校提出申請，但都是屬於鼓勵性質，縣市政府局處及學校行政端並不會因未提出申請，而有不利的狀況產生。的確，當初將公開授課納入課綱條文時，即已引起全國教師會的反彈，如果加上罰則，此條文的出現便更加困難，因此，主管教育行政機關要訂定明確的罰則，確實有其限制。

此外，教師專業發展評鑑推動的十年期間，參加教師的比例未到 40%（教育部，2016a），而專業回饋人員的條件之一，即是參加教師專業發展評鑑的初階研習並取得證書者，依教育部教專轉型說明會的宣示，具初階研習以上證書者，視爲合格的公開授課之專業回饋人員，爲能發揮公開授課的成效，積極辦理教學觀察相關培訓活動，讓每位教師都能成爲專業回饋人員極爲重要。

二、學校行政端的限制

2000 年起實施的九年一貫課程，與過往的國民小學或國民中學課程標準最大的不同，在於強調教師的課程與教學設計能力，也在實施過程中，積極興辦教師研習活動，建立教師應具課程發展與教學設計的責任。廿年來，多數教師確已具有此認知與能力。至於教學能力的提升部分，應該說是自 1964 年設立縣市輔導團，即以強化教師教學能力與成效爲主要任務，2005 年公布的教師專業發展評鑑試辦計畫，更

是專注於教師的課堂教學能力的提升，不過，因爲此計畫必須經過校務會議通過，造成一些學校無法辦理，或者雖然申請辦理，亦只有部分教師參與的景況，是以推動至 2016 年止，僅 7 萬 5,676 名教師參與，佔全部教師的 37.24%（教育部，2016a）。由此可以看出，沒有強制的規定，是很難全面實施的。不過以研究者當初在附小的經驗，學校通過校務會議的原則是三年後全面實施，關鍵是在於學校行政的溝通與友善的推動，並確實遵守不做成績考核、不做教師分級、不與不適任教師連結等原則外，並履行保密措施，對學校購書及教師成長需求予以回應，其餘部分除非當事人同意，否則不得成爲話題，所以得以順利執行。除了共識的建立之外，更爲重要的是校內的公開授課計畫的內容、時程的規劃，並能依程序落實執行與滾動式的修正，使讓計畫的實施能夠成爲學校的例行公式，又能確實對教師的教學專業成長有實質的助益。

　　教師的教學能力成長固然重要，但是學校行政業務推展方面，尚需面對上級主管機關的領導與互動、學生事務的推動、家長與社區夥伴關係的維繫與拓展等，因爲學校的人力與資源有限，所以學校領導者需要衡量學校的量能，做好人力資源管理與事務管理，決定學校事務的優先順序，認定教師教學能力發展是重中之重，擬定合宜的計畫爭取外部資源的支持，挹注學校政事的推展，最重要的是，要能拆解教師的心防，樂意敞開教室的大門，提供同儕或專業輔導人員進場觀課，輔助教師教學專業能力的發展。

　　雖然公開授課需要學校行政的規劃與執行，但是在教專時代的教學觀察最被詬病者，就是文件太多、過程繁瑣，嚴重干擾教師的教學與負荷，造成未見其利反受其害的爭議，賴光眞、張民杰（2019）引介 Kaufman & Grimm（2013）在《透明的教師：透過同儕蒐集課堂資料精進教學》（*The transparent teacher: Taking charge of your instruction with peer-collected classroom data*）一書中所提倡的「授課教師主導的教學觀察」（teacher-driven observation, TDO），比較 TDO 與公開授課之間的差異指出，教師主導的教學觀察係基於教師自身教學改進、待解決問題或專業成長的內在動因，強調鎖定單一焦點問題進行觀課，並依據焦點問題，選擇適用的資料蒐集方法 / 技術，及設計資料蒐集的工

具等，可簡化許多行政的負荷，簡化公開授課的規則，又可加強教師的
意願。

三、教師本身的限制

身為教師當然了解，課堂教學是其志業的主要任務，只是開放課堂
教學供他人觀課，對多數教師的心理尚待調適。又公開授課如要能有
所收獲，則事前的準備及事後的對話，較之過去的教學觀摩而言，需要
投入更多的時間與精力，如果缺少精進教學理想，則會認為是一大困
擾，亟待克服。還有公開授課係屬全校性、年度性的公事，學校教師
除了自己的授課任務之外，俗話說「內行人看門道、外行人看熱鬧」，
也就是說，具專業能力的回饋與對話攸關公開授課之成效，觀他人之
課，並給予建設性意見的能力亦不可少，所以觀課技術的提升，專業表
達能力的展現也不容忽視，尤其是專業回饋人員的培訓，雖然教專的
轉型說明中，特別說明，凡是在教專時期取得初階、進階、教學輔導
教師、講師資格者，均承認其為專業回饋人員，但是教專時期尚有約
60% 的教師未參加，為能具有較為專業的教學回饋能力，積極參加專
業回饋人員培訓乃當務之急。

對於教師的教學來說，可以套一句俗話「沒有最好，只能不斷追求
更好」相當貼切，這也是教師需要每年公開授課一次的原因吧！有道
是觀局者清，在局者迷，亦即教師個人在課堂中的教學狀況，如果有另
一雙眼或另一個（組）人進行課堂的教學觀察，將能從不同的視角來解
析，亦能讓教學者有較多的訊息，從而改善自我的教學。

有關於教師公開授課究應由誰來主導的問題，賴光真、張民杰
（2019）指出，由教師主導的教學觀察（TOD）更能實質協助教師教
學專業發展，因為係由教師主導，更能貼近教師的需求，方能深化公開
授課或觀課，發揮實質幫助教師教學專業發展的功能，是以行政端宜作
為公開授課的觸發者，在實際執行的過程中，對於觀課焦點、觀課方法
與工具、觀課者、實施歷程與細節方面，應給予授課教師最大的可能空
間。

伍　共創教師教學專業發展新樣貌

要提高學生的學習成效，最主要的關鍵在於第一線的教師，尤其是的課堂教學能否更為有效，有賴教育行政機關、學校行政團隊、教師團隊等共同努力以促成之。以下即就三方的行動建議如下：

一、教育行政主管機關

目前國內的教育行政主管機關分為中央與地方二個層級，可就教師教學專業發展進行規劃與實施，中央教育主管機關已制定相關教師教學專業發展的組織與法令，在補助辦理教師專業發展實踐方案作業要點中已有明確的經費補助標準，為能落實此項政策，經費的支持絕不可少，尤其是專業回饋人員的培訓，讓專業回饋更具建設性。其次，國民小學階段的六班（含）以下學校，約占全部學校的 39.6%（梁金盛，2019，2020），其代理教師，以 106 學年度觀之全國達 11.9%，花蓮縣則高達 31.1%（梁金盛，2019）。從此現狀可知，公開觀課時，要實施同儕同領域的觀課，且能實施專業回饋，可說難上登天，唯有仰賴國教輔導團或他校具專業能力者補充之，從他校來協助者的交通費及其他相關費用，對偏遠小型學校而言，亟需中央教育行政主管機關的積極協助，且最好能夠簡化許多公文程序，讓此政策更易執行。

至於地方教育行政主管機關部分，對於公開授原則宜給予更為寬廣的空間，利於學校亦可採取由教師主導的教學觀察，簡化許多程序，提高教師積極且樂意面對公開授課的實施。又因縣市國教輔導團屬縣市政府教育局處之主管業務，理當將協助各校公開授課納入業務推展的重點，建置專業回饋人員人才資料庫，對於有需求支援的學校，能夠適時給予各校支持，如果可能，其差旅經費，由國教輔導團負責處理，減輕學校的行政業務及負荷。還有縣市政府教育局處的督學室亦應將督導各校公開授課作為到校視導的重要事項，及將公開授課律定為校長及老師的成績考核重要項目，有支持，也有督促，雙管齊下，才容易獲得學校端的重視與落實。

二、學校行政的規劃與執行

　　校長及教師公開授課已在十二年國民基本教育課程綱要中明示，唯實際執行的情形如何，端看各學校如何規劃與執行，因之，學校行政的處理與運作，將直接關係到此項政策的落實情形，首先在學校部分的計畫中必須掌握簡單易行且有效，平心而言，教師教學專業的發展應是無止境的過程，而且年年要進行，所以，應採細水長流的策略與方法，不躁進也不推遲，循序漸進，不要求在公開授課過程中，都要採全面性的、一次到位式的觀課，只要教師本身有方向、有標的，即應予以尊重。另在課綱中明示的是校長及教師，表示校長負有教學領導的任務，在校內公開授課過程中，理應有帶頭示範作用，引領行政團隊，不但要能訂定切合學校特質與引導教學專業成長的觀課計畫，且能身體力行。其次，學校行政團隊應將年度計畫於每年暑假結束前完成滾動式修正，並將校內全部教師做好上下學期安排，並依規定於學期開始一個月內完成配置，優先由教師規劃公開授課時間及科目與觀課人員，如有必要支援專業回饋人員，則商請國教輔導團協助安排，以利進行備課、說課、觀課、議課等作業。還有，必須蒐集分析每位教師的自我成長計畫內涵，納入學校購置專書及校本進修研習活動計畫中，增加校內相關研習活動的意義性。

三、教師個人的積極應對

　　身為教職人員，不斷在教學專業的發長就是最佳的自我實現，面對友善的公開授課過程，精進自我教學能力，極有可能達到此理想。所以，身為教師必須化被動為主動，掌握專業成長的機會，在政策的支持下，採取自我主導的教學觀察行動，透過自我省思，尋求可能的改進途徑，與同儕或專業輔導員的建設性互動機制，經由備課深化對教學內容的解讀、理解、認知、與轉化，再從說課的準備當中，了解自我需要強化的焦點所在，思考其可能性和可及性，商請專業回饋人員於授課中給予特別關注，期能在觀課後的對話能夠聚焦，就算是微小的單點突破，也極具價值。其次，教師亦應自許本身也是良好的專業回饋人

員，在同儕需要協助觀課時，能夠適時給予支援，因之，應該把握教學相關的進修成長的機會，持續提升教學與課室觀察的專業知識，利用適當時機運用於教學現場，以成為某個領域或科別的教學專家自許。還有，教學者與觀課者間必須能夠相互理解並充分對話，彼此的互信與開放的態度，是最為根本的條件。

綜上所述，教育行政主管機關對於增進教師專業的政策己有明確的規定，亟需依政策內涵落實執行，力行行政簡化、只訂基本原則，至於實際的執行層面，則由學校行政團隊與教師主導，其執行是否具有成效，除了事前準備的備課、說課，過程中的觀課，及事後的議課與自我成長計畫等都不容忽視。

陸　結語

對教師而言，教學是基本功，教師的重要任務之一就是課堂教學，要精進課堂教學專業，藉由具專業能力的第三隻眼的觀察及建議，是最為直接且有效的方法，配合現行的教育政策，認真規劃執行公開授課事務，不僅能夠促成教師自我實現，提升學生學習成效，增進教育品質。

由於學校的型式規模差異甚鉅，尤其是小規模的學校，要進行有效且對教師的教師專業有實質助益的公開授課，有賴足夠的、同儕的（最好是同科目同年段）專業回饋人員，採取開放且建設性的對話方足以致之。

為期有效發揮教師公開授課，促成教師教學專業學習與成長，端賴中央主管教育行政機關的鼓勵、扶助與引導，學校行政團隊的詳實規劃，秉持溫而不苛的精神，逐步推進，教師則需認清，此項政策是與其志業的發展息息相關，本於互助、共好的信念，主動積極配合，定能利己利人，日有精進。

問題與討論

一、何謂教師教學專業成長？教師教學專業成長的可能型式為何？請依各

種型式的教師教學專業成長的內涵及可能限制予以申述之。

二、試就教師公開授課的模式分析各個過程的要項及配合措施為何？

參考書目

王全興（2013）。教育部精進課堂教學計畫的規劃與實施之探討——以數學領域為例。**教育理論與實踐學刊，27**，1-33。臺中市。

伍嘉琪、熊治剛（2018）。教師專業發展實踐方案中專業回饋人員增能之可行途徑。**教育行政論壇，10**(1)，121-143。

張素貞（2006）。縣市國民教育輔導團對中小學教師專業發展的意義及其作法之研究。載於國立中興大學舉辦之「教師專業發展」學術研討會論文集。1-26。臺中市。

教育部（2006a）。精進教師課堂教學能力計畫。

教育部（2006b）。教育部補助辦理教師專業發展評鑑試辦計畫。

教育部（2009）。教育部補助辦理教師專業發展評鑑實施計畫。

教育部（2016a）。教育部中小學教師專業發展支持系統規劃說明。

教育部（2016b）。中華民國教師專業標準指引。

教育部（2017）。教育部補助辦理教師專業發展實踐方案作業要點。

教育部國民及學前教育署（2016）。國民中學與國民小學實施校長及教師公開授課參考原則。

梁金盛（2019）。偏遠地區國民小學教師任用課題研究。載於「**教育政策與前瞻創新**」。271-284。五南圖書。臺北市。

梁金盛（2020）。地區行政中心學校芻議——偏鄉地區學校行政的整合與發展。載於「**偏遠地區學校教育與發展**」。245-260。國立政治大學。光碟版。臺北市。

蔡文鳳（2004）。九年一貫健康與體育領域教學輔導團組織與運作之探討。國立屏東師範學院體育學系碩士論文（未出版）。屏東縣。

賴光眞、張民杰（2019）。授課教師主導的教學觀察（TOD）與公開授課的分析比較。**臺灣教育評論月刊，8**(6)，73-80。

第十四章

析論學校實驗教育中創新經營理念與實施策略

陳碧卿、范熾文

壹　前言

　　教育部於 1999 年公布《教育基本法》其中第 13 條「政府及民間得視需要進行教育實驗，並應加強教育研究及評鑑工作，以提升教育品質，促進教育發展」賦予實驗教育的法源依據。而因應時下教育思潮為鼓勵教育創新與實驗，保障學生學習權及家長教育選擇權，教育部於2014 年頒布實驗教育三法（《高級中等以下教育階段非學校型態實驗教育實施條例》、《學校型態實驗教育實施條例》以及《公立國民小學及國民中學委託私人辦理條例》）。實驗教育三法通過，賦予學校公辦民營之法源依據外，對於我國教育政策與教育現場亦帶來諸多影響，林俊成（2015）則認為其對我國當前教育運作產生影響包括：1. 落實教育選擇權，學生就學管道選擇增多；2. 公立學校亦可推動學校型態實驗教育；3. 實驗教育之學費負擔可能降低，就學距離亦可能拉近；4. 學校經營重視特色發展，以吸引學童就讀；5. 教師重視發展多元創新教學。

　　此法令通過後，確實為臺灣教育發展開啓新契機，其中學校實驗教育（機構）已朝向更多元化和特色化的方向發展，並提供學生更多元的教育環境學習及家長的選擇機會。在這樣的環境下，學生能夠擁有更多發展潛能與適性發展的空間。

　　例如：道明實驗教育機構安排種植體驗課程；華德福週期課程設計中，包含「地球學」、「動物學」、「植物學」、「礦物學」、「天文學」、「氣象學」等課程（華德福大地實驗教育機構，2017a）；楓樹腳實驗教育機構亦有食農教育課程（並與英語學習結合）以及戶外生態體驗學習課程（楓樹腳實驗教育機構，2017）等等，本著各個實驗教育的哲學思考和價值發展出的特色課程，確實以多元的課程，適性的學習，提供學生探索多元智能的契機，相對地培養學生核心素養與發掘學生不同的能力。事實上，每個組織都需要創新研發，其本質在於知識與知識的有效應用（Stempfle, 2011）。Boss（2012）特別提到將創新帶入學校歷程，改變教師教學與學校行政實務運作，在學校經營各方面，必需更具創新才能引領學校發展注入新動力。本研究旨在探討學

校實驗教育的現況與發展及創新經營在學校實驗教育上的重要關聯，進而提出運用創新經營與推動學校實驗教育的具體作法。

貳　學校實驗教育的發展

臺灣的實驗教育在國外教育思潮及國內政治民主化影響下於 1990 年代開始萌芽，由「人本教育基金會」在汐止所成立的森林小學開始，陸續有雅歌學苑、卓蘭全人教育實驗中學、新北市種子小學、宜蘭慈心華德福等，這些體制外學校的出現，是一種另類學校，也是實驗教育之先鋒（賴春錦，2015）。

當時隨著另類教育、公辦民營和非學校型態教育的呼聲愈來愈高，促使國民教育法增修，政府乃於 1999 年修正公布《國民教育法》第 4 條增修第 3 項：「前項國民小學及國民中學，得委由私人辦理，其辦法，由直轄市或縣（市）政府定之」，以及第 4 項：「為保障學生學習權及家長教育選擇權，國民教育階段得辦理非學校型態之實驗教育……」，同年 6 月公布《教育基本法》，其中第 7 條：「人民有依教育目的興學之自由。」因此讓「公辦民營」和「非學校型態教育」的成立得以有正式的法源依據。

爾後這些另類的學校，在臺灣逐漸蓬勃發展，如由民間興辦體制外學校——華德福實驗學校和全人實驗高級中學、道禾實驗教育機構、楓樹腳實驗教育機構、復臨國際實驗教育機構等等，皆統稱為「非學校型態之實驗教育」。教育自由化的訴求則具體反映在有關「學校公辦民營」與「非學校型態實驗教育」（即在家自學）等條文規範之上（施又瑀，2017）。

而教育部於 2014 年頒布實驗教育三法，積極鼓勵政府及民間辦理教育實驗，自此，高中以下學校申請辦理實驗教育開始有法源基礎（楊振昇，2015）。隨著實驗教育效益的擴大，實驗教育三法於 2017 年年底修正，將實驗教育延伸至專科以上學校，亦在 2019 年頒布《專科以上學校型態實驗教育許可與設校及教學品質保證辦法》。自此，臺灣實驗教育已涵蓋自國小到專科以上的學習階段（教育部，2019）。

在實驗教育三法通過後，教育部將 2015 年訂為「教育創新行動

年」。其次，教育部亦成立實驗教育推動中心，辦理實驗教育學校師資培訓課程、論壇、審議委員共識營，編製作業手冊，同時亦建立實驗教育人才資料庫，透過國際研討會的舉辦促進臺灣與國際間的學術交流。至此可知，臺灣推展實驗教育已具備法規基礎，並已有許多先導學校之經驗可供參酌（臺灣實驗教育推動中心，2019）。

雖然實驗教育逐漸邁入成長與茁壯的時代，然本文則以學校型態（含公辦公營與公辦民營）爲主軸，針對其兩種型態之學校進行現況探究。全國學校型態的實驗教育從 2015 學年度的八所（均爲公辦公營），上升至 2019 學年度的 89 所（79 所公辦公營、10 所公辦民營），學生數亦逐年上升中，各縣市學校型態的實驗教育可謂蓬勃發展（臺灣實驗教育推動中心，2019）。

以宜蘭縣爲例，宜蘭縣政府爲提供孩子多元發展機會於 2015 年起，教育處即啓動「學校型態實驗教育」學校專案，逐步針對籌設規劃、工作小組、實驗教育審議會、計畫審議、課程方向、辦理學校和其他配套措施，研擬因應措施及相關法規。業於 2016 年 4 月 12 日發布《宜蘭縣政府指定公立學校辦理學校型態實驗教育辦法》，並言明得依學校辦理實驗教育之需要，寬籌經費給予必要協助。縣府並於 2018 年 8 月成立「宜蘭縣實驗教育創新育成中心」——以爲推動本縣實驗教育之專責單位。自此將有更多彈性和空間在學校中導入實驗教育，回應社會多元需求，促進教育多元發展，並落實教育改革。

由上述可知，臺灣實驗教育確實在最近蔚爲風潮，從偏鄉到都會區，都不乏學校型態的實驗教育，學校型態實驗教育的推展多以結合在地特色（如生態、原住民族本位）跨領域學習、自主學習 STEAM 教育、華德福教育、蒙特梭利、混齡教學、四學期制等，強調以提升學生自主學習能力，透過實際的體驗學習、家長的教育培力，有效提升學生學習成效（臺灣實驗教育推動中心，2019）。

參 學校創新的意涵

近年來學校教育改革的殷切期盼，學生教育的選擇權日益受到重視，學校不能再依賴學區的保障，更隨著時代的變遷與政策環境的改

變，需要面對教育市場中的競爭，唯有取得競爭優勢，學校才始得以永續經營（顏秀如，2006；Kotter & Cohen, 2002）。學校創新經營乃是創新與經營的結合體，以「創新」為體，「經營」為用，發揮學校教育的功能（吳清山，2004）。學校是教育場所，是以人為主體的組織，當學校組織面臨內在與環境壓力，為增進行政效能，提高績效，就必須推動創新管理。學校創新經營，不僅是一種理念的倡導（Maslowski, 2006），更是一種行動的實踐。透過正確理念的引導，落實在實際學校環境中，讓學校經營更具績效與特色。吳清山（2004）在「學校創新經營理念與策略」一文中，認為學校創新經營的內容，從觀念、行政、教學、課程、學習、環境等構面思考之，包括下列八項：觀念創新、創技術新、產品創新、服務創新、流程創新、活動創新、環境創新、特色創新等。張明輝、顏秀如（2005）指出，鼓勵學校成員參與創新活動，透過知識的管理和運作，以及系統化的經營策略，促使創意的形成、發展與永續經營之動態歷程，以型塑成員創造力發展的組織文化和環境，提升組織績效，是為學校創新經營之定義。濮世緯、黃貞裕（2012）認為學校創新經營，係提升學校各方面之作為與績效，以及滿足成員需求與外部環境的變革，於組織內外部的經營方式進行改變與創新。

綜上，學校創新經營包含人員的創新思維與創新策略的應用及內外環境的創新。其中學校組織發展的價值與創新是創新經營的核心概念，經由創意思維的發想、學校成員的團隊合作並發展出系統性的經營策略，突破傳統教學方式創新行動，以升學校競爭力、進而實現教育目標，並促使校園永續經營與發展。進一步分析，學校實驗可以應用創新方式，整合學校人力、物力資源，進行學校空間與設備進行整體的規劃，活用創新概念與策略，建立具創造力與特色的學習場域，校園景觀綠美化等，以符應教師教學與學生學習之需求，進而發揮潛移默化的境教功能。同時規劃與舉辦具創意性質的創新活動與競賽，辦理多元的學生課內、外活動，強化學生學習興趣，培育學生創意思考能力，提供學生展現創意與不同才能之機會，讓學生肯定自我，鼓勵學生勇於嘗試、發揮創意，以培養學生具有創新的能力，總之，創新可以促進資源

共享，展現學校特色，以達學校實驗永續經營的契機。

肆 創新經營在學校實驗教育上的重要關聯

一、學校實驗需要創新的才能啓動

在實驗教育三法中的《學校型態實驗教育實施條例》裡開宗明義第 1 條：「爲鼓勵教育創新，實施學校型態實驗教育，以保障人民學習及受教育權利，增加人民選擇教育方式與內容之機會，促進教育多元化發展，落實教育基本法第十三條規定，特制定本條例。」其中內容已闡明「創新」乃是實驗教育最重要的核心概念。世界各國爲脫離傳統學校窠臼、創新教育新氣象，一些創新概念之學校紛紛興起如標竿學校、藍帶學校、特色學校、綠色學校、生態學校、太陽能學校、永續學校、委辦學校、另類學校等等開拓教育新視野（湯志民，2009）。而 Hall、Agarwal 與 Green（2013）則以澳洲管理課程爲研究範疇，研究發現，「創新」爲未來學校成功的重要影響因子；換言之，未來學校經營的重要發展趨勢即是學校的創新發展。學校必須不斷進行創新，才能因應未來的挑戰。

聯合國教科文組織，於 2015 年在南韓通過的《仁川宣言》內容，提出 2030 未來教育的趨勢，以及對應未來教育的挑戰。該宣言論及未來教育是教育機會公平的全民教育，型塑未來教育的政策走向，需強調受教者的主體性，提升人力素質，連結在地化與國際化（張慶勳，2017；Incheon Declaration, 2015）。然維護學生的受教權益、強調學生的主體性、發展學生的潛能是學校型態實驗教育設立的宗旨，爲了達到此一目標，傳統的辦學思維必需改變。

二、學校實驗需要有效的經營策略

近年來面對少子化與學校面臨裁併校與減班壓力、社會大眾對學校教育品質提升有極期待，加上家長對學校教育要求增多、及學校辦學績效重視等外在因素。面對環境如此變遷，學校經營策略不應再固守傳統經營模式，必須透過學習與改革來重新檢視及修正，而創新經營正提

供了一個可行方向（張明輝，2009）。而運用創新理念及作法來轉化並精進學校經營運作，已成爲學校革新中不可抵擋趨勢（張奕華、顏弘欽、謝傳崇，2008）。

學校型態實驗教育在 2014 年實驗教育三法通過後如雨後春筍般地蓬勃發展，希望藉由學校的轉型，爲學校塑造另類型態的發展，以打造更優質的學習環境、增進教育多元發展、達到適性揚才的教育目標。然而公立學校在轉型爲學校型態實驗教育的過程中，需要更有效的經營策略，才能發展學校特色，提升辦學績效。依據劉祥熹、陳玉娟、鄭筱慧（2016）指出，藉由創新經營提升服務品質的同時，亦能藉由優質的服務塑造出良好的形象，將對家長的選校意願帶來加乘的效果。在教育選擇權日漸高漲的今日，對學校型態實驗教育而言，如何建立完善、有效的創新經營策略與方案，並使創新經營成爲全體成員之共識，是爲首要的努力項目。

三、學校實驗需要人員與事物的創新

吳清山和林天祐（2003）將學校創新經營界定爲：「在學校環境的場域中，採用創意的點子將其轉化到學校的服務、產品或工作方法的過程，以發展學校特色，提升學校效能和達成學校教育目標」。其中的產生想法到轉化、過程、執行等，所有的關鍵都在於「人」。也就是學校要有成功的創新經營，學校的組織成員都必需有創新的思維或共識，包含行政人員、教師、所有的教育人員等，才能達到所設定的教育目標。實驗教育最重要與基礎特色，正是其由哲學出發的特質，而堅持「特定教育理念」；實驗教育教師必須勇於創新、願意嘗試，懷抱高度熱情，才能勝任其挑戰；其所需要的特質，包含「生動教學風格」、「清晰課程目標」、「有效紀律技能」、「良善管理技巧」、「優質親師溝通」、「通達課程標準」、「熟稔知識主題」「高度專業期許」、「熱情對待學生」、「友善師生關係」（Cooper, 2014）。

正因有實驗教育三法爲法源依據，學校所擬定實驗教育計畫書（載明教育理念及計畫特色、課程及教學規劃、行政運作、組織型態、學生入學、學習成就評量等），得跳脫國民教育法、高級中等教育法及其

相關法規之規定，經提送各縣市政府學校型態實驗教育審議委員會通過後，即可實施。這正是政府大力支持學校型態實驗教育，賦予各校轉型過程中人員、事物、組織重整的創新契機。

因此有別於傳統公立學校辦學的模式，學校型態實驗教育不僅是在課程設計有特色、老師的教材、教法創新外，在學校組織成員更必需開放參與、多元發展及不斷學習新知能，有創新的理念並凝聚共識後，才能以創新專業的做法處理校務、具體支持學校特色課程並妥善規劃學生多元的學習活動、進而促進學校效能。

四、創新得以引導學校實驗永續發展

知識經濟最重要的特質是在於知識的創新，唯有不斷地創新，才能在知識經濟時代避免失敗與被淘汰；創新是一種具體行為，創新事物的實際行動。同時創新也是知識經濟最重要的核心理念（范熾文，2008）。吳清山（2004）指出，經營方式因循守舊的學校將面臨淘汰的危機，處在精緻教育蔚為風尚的今天，學校創新經營不單是理念的倡導，更是行動的實踐。學校雖非以利益為導向，但最終的目標是讓孩子學習到未來需要的知識與能力，因此教育人員需要運用合乎時代潮流的教育理念，搭配上創新的策略、有效的執行方式及運用一切可用的資源，以獲得最大的教學成果、達到教育目標。學校的創新作為可以是軟體與硬體的經營與運用，包括組織結構與管理創新、學校環境空間的創新、學生學習活動的創新、學校課程設計與教學的創新及社區互動創新等等。

近幾年來，臺灣的偏鄉學校而言，除地處文化不利外，更面臨少子化之衝擊，所以為了免於被裁併或廢校，莫不汲汲營營為保校而努力。自實驗教育三法的公布實施，被認為是公私立學校轉型之契機（李柏佳，2016）。而使得這些小校得免於受傳統法規的束縛，有了創新的經營模式，以打造學校特色、吸引家長將孩子送來就讀。根據詹志禹、吳璧純（2015）研究指出：偏鄉學校需要有效的策略，其中包含：教學創新／教育實驗、數位融入／虛實共學、資源媒合／社群互聯、看見改變／典範分享。這些也正是協助在地居民翻轉命運的策略。小

校、偏鄉學校因有創新的經營策略而得以超越困頓、永續經營。

　　唯有創新，才有前進發展的可能性。實驗教育爲教育創新之議題，創新必須是新穎且具有價值的想法與作爲。公辦公營學校在進行實驗教育過程中，能否有創新的理念、進行實驗教育課程與教學的創新，並時常檢視缺失檢討改進，是爲成功與否的關鍵。

伍　運用創新推動學校實驗教育的具體作法

　　根據相關文獻（林明地，1999；張明輝，2003；林筱瑩，2005；范熾文，2006；莊國威，2011；張雅甄，2009；蔡純姿，2005；顏秀如，2006；黃懿嬌，2007；廖傳結，2008；Boss, 2012），運用創新推動學校實驗教育的具體策略與作法如下：

一、運用行政創新以活化實驗教育的制度發展

　　濮世緯、黃貞裕（2012）認爲行政管理重在形塑創新願景與學校組織調整、加速創新管理流程、校務資訊管理之整合、校務績效考核規範，以及校務相關法規之訂立與落實。謝傳崇、劉佳賢（2011）則提出學校應善用知識管理導入標準流程，促進行政管理之服務創新。友善與互動溝通形成推動創新助力（倪靜貴，2006；陳瑞成，2008；Jeffers, 2010）。依據陳韋志（2018）對公辦公營實驗學校的個案研究，校長的創新領導具體作爲有：評估學校整體環境，整合組織成員想法，發展實驗教育學校的願景圖像、運用正式與非正式互動，促進組織成員建構實驗教育「論述」、善用激勵、陪伴與創造機會策略，引發教師參與學校實驗教育計畫意願等。

　　學校行政人員有別於一般機關的公務員，行政人員之行政作爲，必須根基於紮實的知識基礎與創新意念，才能作出正確教育判斷，同時將理念轉化爲實際，以提升行政效能。實驗學校更是如此，有理念的行政團隊，才能完成實驗教育組織規劃、支持課程及教學，落實多元展能的教學理念。研究者認爲因應實驗教育的變革，進行組織再造，透過校內各種會議，對教職員工宣導實驗教育理念以凝聚共識；多方溝通、協調等共享創新專業理念與做法，並激勵同仁發揮創意、善用資源（人力、

財力、事務）以有效處理校務，提升行政品質等，都是有效推動實驗教育的校務行政管理創新作為。

　　例如：臺北市和平實驗國民小學，在籌備期間校長即發揮合作領導的精神，期間不斷對話、溝通以凝聚共識、培養有共同理念的行政團隊，並藉由民主式的帶領，引領所有的教師們共同擘劃願景，整合組織成員想法，發展實驗教育學校的願景圖像。另如宜蘭岳明國小，建立教師的流動機制，給予教師們選擇的機會促進學校教師參與實驗教育的意願；同時在行政規劃上，積極地支持教師進行與實驗教育有關之自我成長進修活動、研習、成果蒐集及發表等。

二、營造組織文化創新以奠基實驗教育的價值

　　任何教育實驗創新的作為，若無法強化組織凝聚，增進學生的學習效益，提升其學習成就，整個教育創新將不具效益（吳清山，2015）。范熾文、張文權（2016）認為學校實驗的經營策略裡有關組織文化與氣氛創新的作法有：凝聚學校未來願景、引領成員邁入努力之方向、型塑專業對話的學校文化，促成學校革新動力、營造自由開放的學校氣氛，激發成員創意等。

　　例如：基隆八堵國小，一開始因為少子化嚴重影響生源的問題，校長帶領著教師一起改變。校長引導著教師思考、尋找想要的實驗教育模式、希望孩子們學到的是哪些能力？慢慢凝聚教師們的共識，建構出未來學校圖像及發展方向。期間，鼓勵成員不斷進修，參訪各實驗教育學校，以增進創造新知、充實教學準備。在型塑專業對話的學校文化時，學校以團隊精神代替科層組織，以參與決策來取代集權命令，例如不用傳統的「宣達」方式，教師有團隊討論方式進行，而每個星期有公民討論時間，讓學生能充分討論時事、學習相關議題等。在過程中每個成員彼此是生命共同體，每位教師透過充分溝通、分享一起共同決定學校課程、創造學校未來。

三、運用課程與教學創新以確保實驗教育學生為主體

　　課程與教學是學校教育的核心，辦理實驗教育係期待透過課程與教

學的改進與創新，讓學生可以快樂學習、充滿自信、健康成長，進而適性揚才、終身學習。實驗教育學校在解構、重構課程時，須緊密結合教育理念，因地制宜將周遭環境資源納入課程題材，滿足學生需求（李柏佳，2016；馮朝霖，2015；Burns, 2013）。

　　為助於學校創新經營之實施，鄭崇趁（2011）提出發表學校特色課程與教學，展現創新經營賣點是學校創新經營的積極策略之一；顏童文（2007）也說明，學校創新經營為運用創意的想法與系統性的經營策略，打破守舊的教學觀念，將創意的發想轉化至學校課程、教學方法和成效上，再透過學校成員一同合作參與，不停的創新、改進、修調與執行的過程。課程與教學的創新需建立以學生學習為主體的環境。有關課程的發展與教學的實踐創新如教師能展現自編教材的能力，整合跨學科或領域合作如主題式課程，並以多元的教學方式，如參觀、合作學習、體驗、角色扮演、戲劇、藝術欣賞、展演發表等來引起學生的學習興趣和提升學習成效（溫育賢，2019）。因此要鼓勵教師設計課程、透過創新教學方法，發展多元教學策略與評量方式，改善教學品質，更能有效達成教學目標。

　　運用課程與教學方法的創新一直是實驗教育最引以為甚之處。實驗學校在課程上的創新作為必須是系統規劃、完善課程─設計適於學校本位的實驗教育課程，如規劃多元探索活動、戶外教育，或採「做中學」方式讓學生彼此互動與體驗課程等。例如：臺南市西門國小以「打造沉浸式英語全臺首學，以西門在地文化美學斜槓加乘與世界接軌的核心素養」為核心理念，並以培育具備國際核心素養的跨域世界公民為目標。另如臺中東汽國小及許多偏鄉的實驗教育學校因學生人數少需增加人際互動群性發展而實施混齡教學，依據學生能力進行課程內容與設計，學生進行適性分組及合作學習。

四、運用學習活動創新以培育實驗教育的適性潛能

　　實驗教育學校，需創新規劃多元取向的學生課內、外活動，以提供學生發展多元才能的機會，培育學生創意思考能力，給予展現的舞臺，成功的經驗，進而提升學生學習成效。吳清山（2004）認為有

效成功的組織採取創新經營是大勢所趨，學校創新經營的內容可從觀念、行政、教學、課程、學習等構面思考之，具體而言在學生活動創新方面：如開學典禮、畢業典禮、校慶、運動會、體育表演會、開學日、節慶、教學觀摩會、戶外教學活動、城鄉交流活動、畢業旅行等，使學生肯定自我，擴展學生才能。學校除了提供學生必要的課程學習外，在學生活動的安排，可以用創新思維來設計學生學習活動。因為每個孩子都擁有各項多元智能的發展能，如果能給予適當地鼓勵、指導，這些不同智能都能發展至合適的水準（鄭美芳，2012）。

如宜蘭岳明國小為了培養具有品格力、健康力、學習力、生活力、創造力，溫暖自信的小孩，學校特別設計了海角樂園、幸福岳明的總體課程其中包含三大主軸山野教育、美麗家園、海洋教育的特色課程及DFC（Design for Change）創意行動計畫。學校從帆船活動開始進而融合各領域教學，設計出全國獨一無二的特色課程，希望學生能從帆船運動培養韌性的品格。

另如臺中東汴國小以統整式主題活動（昆蟲、蝙蝠、枇杷、食農、水域、山野），探究實作及戶外教育統整知識系統在實際體驗中做中學。多數的實驗教育學校安排每學期 10 週（每年 4 學期）課程規劃依春、夏、秋、冬不同的特質的課程與活動規劃，並於學期結束前為成果發表展演，邀請家長與社區到校共同參與。這些經過創新設計後的多元學習活動，不但能鼓勵學生發展潛能、激勵學生創意與巧思、啟發其多元智慧，進而展現學校特色外，亦成為家長與社區人士肯定辦學成效的重要關鍵。

五、運用環境空間創新以發揮實驗教育的境教功能

實驗教育本質，以學習者為中心，提供適合學生的客製化教學環境，讓學生潛能得以有效開展（吳清山，2015）。詹孟傑（2010）以個案研究分析國小之學校創新經營，提出創新經營之策略包括學校空間運用等。潘玉龍（2019）則認為校園環境規劃革新需因應教育發展趨勢，更新校園環境布置，刺激學生主動探索，提高學生學習動機，配合主題課程，布置多元學習情境，建構數位化校園及規劃校園環境，增加

空間利用價值，結合社會機構，協助建構校園建築或設施特色。

　　學校所有的軟硬體創新作為皆是以增進學生的學習成效為目標，因此實驗教育為符應教師教學與學生學習之需求，校園環境必須搭配課程重新規劃，活用創新概念與策略，建立具創造力與特色的學習場域，以發揮潛移默化的境教功能。

　　例如臺北市和平國小的校舍建築，運用創意巧思讓原來大空間的教室規劃出兩班的教學區、討論區、共同活動區、學生的置物區等，最重要的教育意義是：教師必須透過這樣的空間，隨時進行教學的討論與修正、調整在這學習空間的進行方式等，這也是實驗教育可貴的教室風貌。另外配合學校在地特色，將空間營造符合教師教學需求、學生多元學習之場域，如生態教材園、農場、教學步道等，打造可親近自然生態的永續校園環境亦是實驗教育學校在環境設備上的創新作法。

六、運用社區資源創新以型塑實驗教育的夥伴關係

　　實驗教育模糊了校園界限，社區成為學校的合作夥伴，可支援學校辦學（馮朝霖，2017b；Harwood, 2009）。濮世緯、黃貞裕（2012）認為學校應採取開放態度廣納外部資源，成員如能跨越組織界線，促成知識流動，確能提升學校競爭力，包括鼓勵家長及社區志工參與學校活動、協助多元課程教學進行，多利用當地資源以增加學生相關知識之學習機會。學校若能整合資源，必能支援學校創新教學。范熾文、張文權（2016）則認為學校實驗像個有生命的有機體，能學習、能創造、能思考，使組織日新又新，以迎向未來社會。因此，學校實驗不僅要與外界社區有良好互動，更要隨著情境變化加以調適革新，才能生存發展。學校是一個開放的組織系統，必須與外在社會環境保持密切的互動、並且讓資訊迅速流通，並保持其敏感度，才能不斷進步。謝傳崇、曾煥淦、張莉君（2019）指出各校均利用不同管道行銷實驗教育內涵與成果，以化解疑慮、大多數學校運用家長與社區資源，建立夥伴關係。公辦公營實驗教育是一新興的教育議題，許多家長對實驗教育並不熟悉，因此學校應該清楚論述理念及做法，並與家長、社區多溝通以建立信任感。

實驗學校與社區建立良好夥伴關係的做法有：鼓勵家長、志工多元參與學校教育活動，協助學校解決問題；定期邀請家長、志工、社區人士（如社區發展協會、地方仕紳）討論學校重要議題；彼此資源共享、互信互榮等。另透過學校慶典、活動辦理等機會，如藉由文宣品、拍攝「實驗教育特色」影片呈現課程發展、師生表現成果等，善用行銷策略，不但有助家長了解辦學成效，吸引更多學生就讀，更建立良好公共關係，以形塑學校特色與形象。

例如臺中市東汴國小，學校先從改變自己開始，秉持教育熱誠，吸引家長選擇就讀。學校為吸引更多家長認同學校理念，不但在學校慶典如運動會主動邀請社區民眾同樂；另於社區重要節日時，讓學生組隊參與，增添社區活力密切與社區互動；學校也邀請社區長者，教導學生相關知識；學生訪問社區耆老，參與社區文史調查，學生充當小小導遊，帶領市區學生認識學校之人文與生態，注入社區活潑生動的元素。社區欣喜學生成長之餘，更加肯定學校的努力經營（陳延興、朱秀麗，2018）。

陸　結語

學校領導者面對教育環境的變遷與社會多元化、少子化的影響下，社會及家長對學校所期望的學校教育能發揮的功效與目的也日趨重要。因此，學校如何以有效的創新經營策略、凝聚學校組織成員的共識，建立學校願景，結合多方資源，達成學校教育目標，提升學校整體效能，以符應社區及家長的期待，即成為學校辦學要面對的考驗與挑戰。近十年來，臺灣的學校型態實驗教育在經營的各項層面有了創新作為，打破固有的學校運作體制，解決了被裁併、教師超額等危機，在各校團隊的努力之下，不但強化學校經營績效、建立學校特色，更提升了學校競爭力。其中實驗教育學校的創新課程教學雖為主要吸引家長的主因，但為長期學校教育的發展，有關學校各層面的配合，如行政團隊的合作、環境設備的創新、社區資源的融入，甚至政府行政機關的支持等等，都是維繫其是否永續經營的重要關鍵。

本文主要探討學校型態實驗教育中創新經營的理念與實施策略：如

運用行政創新以活化實驗教育的制度發展、營造組織文化創新以奠基實驗教育的價值、運用課程與教學創新以確保實驗教育學生為主體、運用學習活動創新以培育實驗教育的適性潛能、運用環境空間創新以發揮實驗教育的境教功能、以及運用社區資源創新以型塑實驗教育的夥伴關係等。實驗學校創新經營須依據學校所處脈絡環境，由內部行政管理、課程教學、學校文化形塑上正向積極、精進創新外，並整合家長與社區資源發展運用至校園環境營造以建立學校特色，使學生能夠多元的學習與展能並達到適性教育的目標。因此希藉由本文之探討能有助於提供國民中小學現階段和未來面臨轉型發展之創新經營時參考。

參考文獻

（一）中文部分

李柏佳（2016）。學校型態實驗教育實施條例解析——國民教育階段為例。**學校行政**，**101**，15-33。

林明地（1999）。學校行政管理研究的現況與趨勢。載於國立中正大學教育研究所主編，**教育學門研究生研究方法研討會手冊**（頁24-39）。嘉義：國立中正大學。

林俊成（2015）。實驗教育相關法規對當U教育之影響及公立學校經營策略。**臺灣教育評論月刊**，**4(1)**，172-178。

林筱瑩（2005）。**臺北市國民中學創新經營之研究**。國立臺北教育大學，未出版之碩士論文，臺北市。

吳清山、林天佑（2003）。創新經營。**教育資料與研究**，**53**，134-135

吳清山（2004）。學校創新經營理念與策略。**教師天地**，**128**，30-44。

吳清山（2015）。「實驗教育三法」的重要內涵與策進作為。**教育研究月刊**，**258**，42-58。

范熾文（*2006*）。學校創新管理的內涵與實施途徑。載於花蓮教育大學舉辦之「**2006年臺灣教育**」學術研討會論文集（頁158-174），花蓮市。

范熾文（2008）。**學校經營與管理概念理論與實務**。高雄：復文。

范熾文、張文權（2016）。**當代學校經營與管理新興議題**。臺北：高等教育。

施又瑀（2017）。從法規演變談我國國民教育階段實驗教育發展趨勢。**學校行政雙月刊，109**，176-177。

倪靜貴（2006）。**高級中學校長創新領導表現指標建構之研究**。國立臺灣師範大學，未出版之博士論文，臺北市。

黃懿嬌（2007）**臺北縣國民小學校長轉型領導行為與學校創新經營關係之研究**。國立臺北教育大學教育政策與管理研究所，未出版之碩士論文，臺北市。

莊國威（2011）。**教師知覺國民中學校長領導態度與學校組織創新經營之相關研究——以花東兩縣為例**。國立彰化師範大學，未出版之碩士論文，彰化市。

陳延興、朱秀麗（2018）。一所學校型態創新混齡實驗教育學校的成長與蛻變。**師資培育與教師專業發展期刊，11**(3)，109-135。

陳韋志（2018）。**公辦公營實驗學校校長創新領導之個案研究**。國立臺北教育大學，未出版之碩士論文，臺北市。

陳瑞城（2008）。**國小校長創新領導實踐與反思之自傳研究——以兩個 InnoSchool 全國學校經營創新獎方案為例**。國立臺南大學，未出版之博士論文，臺南市。

湯志民（2009）。**臺北縣市國中小學校創新經營策略之研究研究成果報告（精簡版）**。行政院國家科學委員會專題研究計畫成果報告，計畫編號：NSC 97-2410-H-004-030。

溫育賢（2019）。國中小學校創新經營關鍵因素——以五位 KDP 首獎校長的經驗為例。**臺灣教育評論月刊，8**(4)，103-110。

張明輝（2003）。**學校經營與管理研究：前瞻、整合、學習與革新**。臺北：學富。

張明輝（2009）。**學校經營與管理新興議題研究**。臺北市：學富。

張奕華、顏弘欽、謝傳崇（2008）。新竹縣市國民小學組織學習與組織創新關係之研究。**學校行政雙月刊，57**，69-89。

張雅甄（2009）。**臺中市國民小學應用知識管理於學校創新經營之研究**。國立臺中教育大學教育學系碩士論文，未出版，臺中市。

張慶勳（2017）。教育 2030 的趨勢與挑戰。**教育研究月刊，281**，14-24。

馮朝霖（2015）。把根紮深、把夢作大——臺灣實驗教育發展願景。**新北市教育，14**，13-18。

馮朝霖（2017b）。實驗教育論壇。載於馮朝霖（主編），**臺灣另類教育實踐經驗與十二年國教課綱之對話**（頁 173-189）。新北市：國家教育研究院。

華德福大地實驗教育機構（2017a）。**華德福大地實驗教育課程特色**。取自 https://school.parenting.com.tw/schools/82

楊振昇（2015）。從實驗教育三法析論我國中小學教育之發展。**教育研究月刊，258**，15-27。

詹志禹、吳璧純（2015）。偏鄉教育創新發展。**教育研究，258**，28-41。

詹孟傑（2010）。學校創新經營：以屏東縣僑勇國小爲例。**經營管理學刊，2**(3)，179-221。

楓樹腳實驗教育機構（2017）。**楓樹腳實驗教育機構基礎課程**。取自 http://www.coolschool. com.tw/

廖傳結（2008）。**國民小學學校創新經營與教師文化關係之研究**。國立臺中教育大學教育學系碩士論文，未出版，臺中市。

臺北市立大學（2014 年）。**InnoSchool-KDP 2014 全國學校經營創新 KDP 國際認證獎簡章**。臺北市立大學。取自 http://principal.utaipei.edu.tw/bin/home.php

臺灣實驗教育推動中心（2019）。**實驗教育作業手冊**。臺北：作者。

蔡純姿（2005）。**學校經營創新模式與衡量指標建構之研究**。國立臺南大學教育經營與管理研究所博士論文，未出版，臺南市。

鄭美芳（2012）。**以多元智能理論爲基礎的繪本教學對國中生的覺習投入與創造力影響之實驗研究**。國立彰化師範大學，未出版碩士論文，彰化縣鄭崇趁（2011）。**教育經營學導論：理念、策略、實踐**。臺北：心理。

劉祥熹、陳玉娟、鄭筱慧（2016）。學校創新經營對家長選校意願影響之研究──以服務品質與學校形象爲中介變項。**教育科學研究期刊，61**(4)，59-88。

潘玉龍（2019）。學校創新經營在校經營之評析。**臺灣教育評論月刊，8**(3)，151-159。

賴春錦（2015）。實驗教育新起點──開啓另類學習一扇窗。**新北市教育，14**，28-29。

謝傳崇、曾煥淦、張莉君（2019）。另類教育創新取徑：臺灣公立實驗學校現況之探討。**學校行政雙月刊，122**，185-201。

謝傳崇、劉佳賢（2011）。國民中小學智慧資本與學校創新經營效能關係之研究。**教育行政與評鑑學刊，11，**63-88。

濮世緯、黃貞裕（2012）。國民中學初任校長學校創新經營之困境與因應。**學校行政，82，**20-46。

顏童文（2007）。優質學校創新經營的理念與策略。**學校行政雙月刊，47，**92-112。

顏秀如、張明輝（2005）。學校創新經營的意涵與實施計畫。中等**教育，56**(3)，28-52。

顏秀如（2006）。**國民中小學創新經營與競爭優勢之研究**。國立臺灣師範大學教育學系博士論文，未出版，臺北市。

（二）英文部分

Boss, S. (2012). *Bringing innovation to school : Empowering students to thrive in a changing world.* Bloomington, IN: Solution Tree Press.

Burns, M. K. (2013). Contextualizing school psychology practice: Introducing featured research. *School Psychology Review, 42*(3), 334-342.

Cooper, J. M. (2014). *Classroom teaching skills.* Belmont, CA: Wadsworth Cengage Learning.

Harwood, P. (2009). Spatial and educational patterns of innovation for charter schools. *Open House International, 34*(1), 55-67.

Hall, R., Agarwal, R., & Green, R. (2013). The future of management education in Australia: Challenges and innovations. *Education & Training, 55*(4/5), 348-369.

Incheon Declaration. (2015). *Education 2030 Towards inclusive and equitable quality education and lifelong learning for all.* Retrieved from http://unesdoc.unesco.org/images/0024/002456/245656E.pdf

Jeffers, G. (2010). The role of school leadership in the implementation of the transition year programme in Ireland. *School Leadership & Management, 30* (5), 469-486.

Kotter, J., & Cohen, D. S. (2002). *The heart of change.* Boston, MA: Harvard Business Press.

Maslowski, R. (2006). A review of inventories for diagnosing school culture. *Journal of*

Educational Administration, 44(1), 6-35.

Stempfle, J. (2011). Overcoming organizational fixation: Creating and sustaining an innovation culture. *Journal of Creative Behavior, 45*(2), 116-129.

Whitehurst, G. J. (2012). *The value of experiments in education. Education Finance and Policy.* Washington, DC: Association for Education Finance and Policy.

問題與討論

一、請討論學校實驗與學校創新之意涵為何？有何關係？

二、請討論促發學校實驗之內在、外在因素為何？

三、請討論學校型態實驗教育面臨哪些問題與挑戰？如何因應？

四、請討論學校實驗如何確保學生為學習之主體？

第十五章

生態導向之創業教育研究

郭怡立、張明文

目標並非命運，而是方向。

(Objectives are not fate; they are direction.)

——彼得‧杜拉克（Peter F. Drucker）

 壹　緒論

　　新冠病毒席捲全球，環視國際經濟顯著陷入衰退或復甦疲弱的危機，各國政府面對一波波失業潮，全球就業市場遭遇的苦痛規模前所未見，設若疫情無法受控，臺灣亦無法倖免，例如風險最大的行業：包括住宿和餐飲服務、製造業、零售業等，申請失業救濟金與各型企業裁員接踵而至，政府即便啓動所謂各種紓困方案，然而仍屬杯水車薪，社會問題繼經濟民生問題之後，躍躍然動。所幸，生命自尋出路，我們也在疫期中看到遠端經濟和無人商業模式興起，多樣化的新創經營成爲熱門新寵，破壞式創新導致產業大洗牌，卻也帶來創新因應的契機。

　　在這翻天覆地的大時代裡，教育能否直面疫情，扮演更積極的角色，甚或前瞻後疫情結束來臨，爲臺灣社會超前布署，爲臺灣年輕人尋路？研究者認爲青年創業探索教育的重視與反思，此其時也。其次，創業教育論述者甚藩，但研究多集中於創業育才留才之跨國比較，或以投資者的角度審視育成中心成效，抑或論述大學端的行政與課程設計，然而以生態觀點整合大中小學端與創業文化的探究則付之闕如，本研究藉由層級分析，期待能對生態導向的創業教育有更整全的貢獻。

 貳　內文

一、巨觀的創業生態系統

　　商業行爲肇因於人的交流互動，兼有個人的個殊性與群體的共通性，由於創業教育生態研究的邊界跨越多個領域的藩籬，不只著眼於創業者所處的區域及周遭環境的變遷，猶且聚焦在創業者在其創業發展歷程中，與各方行動者所交會牽引的互動關係。

　　從創業認知覺醒、價值主張、市場機會之配適、規劃市場通路及推廣的能力、取得資金的友善環境、相關聯產業有助發展的條件、所地

發展地點與空間資源條件與限制等水平發散式思考，學者導入自然生態概念框架，來描述創業教育脈絡的現象，是很「自然」的發展選擇。茲列舉幾種較能顯著展現創業生態脈絡的模式：知名的美國 Babson College 創業實務教授丹尼爾・伊森伯格 Daniel Isenberg 即是代表人物之一，將生態學的概念、方法和模型轉化成創業生態系統研究計畫 BEEP（Babson Entrepreneurship Ecosystem Project），他分析創業活動的關鍵制約因素，描述漸進式的創業生態，重點是讓各利害關係人有利可圖，而企業或政府等行動者依循在地差異的發展，必須掌握的關鍵前提。例如：企業經理人以新產品活絡供應鏈而賺錢，大學端獲得新知、名譽以及捐贈的基金；或政府端創造就業機會和提高稅賦收入，從而歸納出「政府政策」、「人力資本」、「財務資金」等項目，均是企業或政府把握良好創業生態的關鍵因素（Isenberg, 2011），其中人力資本與社會文化的內涵，尤其顯示教育可著力之處；其次，世界經濟論壇的報告指出，糧食和土地利用、基礎建設與建築，以及能源和採礦等相關行業與永續習習相關，若從創業者爲核心來審視創業系統，但仍可歸納出八個重要的關鍵（World Ecomony Forum, 2014），如圖 1 所示。

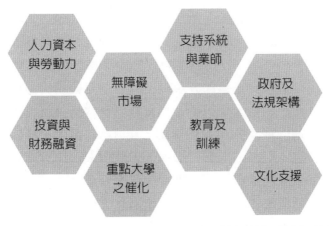

圖1　世界經濟論壇創業生態系統的八大重要關鍵（研究者自繪）

　　其中人力資本及勞動力素質，支持系統與業師、文化營造支持、重點大學群聚與教育訓練等向度，都不脫學校或類學校型態的創業教育養成；此外，針對人群網絡具有廣泛演變的結構，基於包容性理念展現，構面的互動關係才能呈現其完整性，因此探討不同構面間之連結關係至關重要。德國學者 Schwarzkopf 提出了一個由四個同心圓所構建四維度的創業生態計畫系統模型（如圖 2），從創業者本身的環境觀點出發，由內而外的一圈圈同心圓模型，較為特殊之處是他在個人的能力、人格特質、經營風格與經驗處於最核心，接著家庭、朋友、社群參與等社交脈絡關係私人圈（private circle）為內宇宙與關係外推到企業運營、管理機制、文化建設等方面內容的公眾商業圈（public & business circle）間，由所有創業運作所在的社會宏觀系統組合的維度，從文化到政府，從媒體到商業。然而中間緩衝區是標舉教育圈（educational circle）作為連結，幅度涵蓋學齡中的各級學校，甚至終身學習的進修教育，研究指出成功的企業家，即使他們從大學輟學，也肯定在教育期間獲得了實務經驗，尤其強調「教育」居創業的關鍵橋樑角色；晚近，從解決人類生存需求觀點看，預計將面臨的全球未來重大挑戰，包含水資源、糧食危機、醫療保健、開發綠色能源、永續環境、貧窮問題、創新科技等。於是 Loikkanen 新創生態中心共享計畫，為既有產業帶來活水（如圖 3）。當新三創（創新、創意、創業）要素為構築企業創業生態的基本要角，其中創意發明與研究活動與培育富有創業思維的人群，顯然學校創業教育在這部分規劃上具有舉足輕重的角色。若符應到真實的現況發展，例如大學衍生企業實際上很容易接軌，需要透過專利與知識才能夠邁向成功的次領域產業，舉凡 5G 電信、機器人（Robotics）與人工智慧（AI）、生命科學等，因此帶入法律專業服務、創業競賽、天使投資、群眾募資、創業投資、民間育成中心、加速孵化器、研究機構開發、創業家簽證等在這樣生態網絡下所觸及的利益關係者如圖 3 所示（Loikkanen, 2017）。

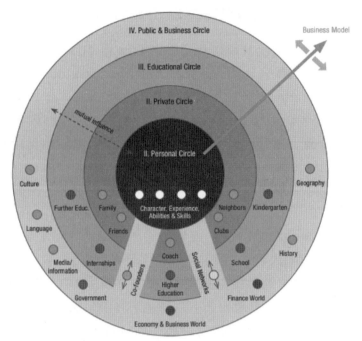

圖2　創業生態同心圓模型（Schwarzkopf, 2016）

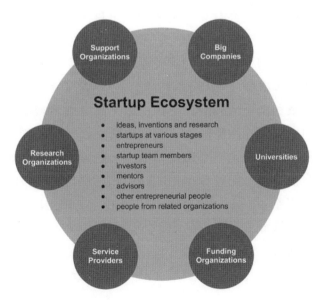

圖3　新創生態中心共享計畫（Loikkanen, 2017）

二、從教育體制中觀察創業教育在不同年段的貫串

　　以國際上的創業教育績優生芬蘭爲例，自 2009 年以來，芬蘭制定了創業教育國家戰略，即「創業教育指南」（Guidelines for entre-preneurship education），由教育和文化部（Ministry of Education and Culture）牽頭，涵蓋了 2009-2015 年生態系統合作夥伴包括一系列政府和國家機構，教育組織，區域當局和商業組織。個年段的學習重點，舉凡早期兒童教育即發展行動探索學習（action-based learning）的學習環境，在中學一年級和二年級，創業教育納入了跨課程主題：「個人成長」和「參與式公民和企業家精神」（Participatory Citizen-ship and Entrepreneurship），通過核心和選擇性（core and optional subjects）推廣模擬企業的活動。此外，「社會研究」科目（7 至 9 年級）包括創業教育元素，例如在《國際教育標準分類法》第 3 版（ISCED 3）中，國家核心課程以「社會研究」爲特色，其中包括創業教育。基礎教育貫穿整個中等教育，技職教育發展在職教育及技職師資與業界的連結，因此可以確保課程結構連續學習。一年級和二年級的主要學習成果「參與式公民和創業精神」是爲了發展公民所需的技能參與和基本的創業技能（例如形成批判性意見，處理衝突，具有進取心和創新行爲）。在三年級的「社會研究」中，學生學習了解企業家精神的基本知識，並了解其對社會福祉和社會福利的重要性經濟。國家核心課程要求學校創造一個學習環境，讓學生在自己的目標，並學會獨立和協作地工作。這些模塊以「創業和創業活動」爲學習主軸，高等教育教攜手師培訓機構發展教師與創業相關的教學能力，發展科學園區／科技園區／企業育成中心之間的合作，即便是高等教育畢業生，透過學徒式訓練的方式，也能達到成人繼續教育，並確保學生能評估和認識自己的技能和優勢，開展自己的事業規劃（Opetusministeriö, 2009）。綜上所述，由 K-12 至大學的創業素養教育，是可以依照不同學習年段來適切安排，成爲一種有意義的終身學習。

三、從生態取向探究創業教育營造的可能構面

　　1. 就創業學校經營的部分，以歐洲青年創業組織（JA Europe）推動實施爲例，協助各會員國提供教師專業訓練和建置網路支援平臺，帶動中小學生學習創新創業課程彼此交流。每年從歐洲近 30 個國家之中，評比出當年度深具創業教育特色的學校，公布的創業教育學校獎得獎學校進行統計，採用 CIEC（Centre for Education and Industry）所提供的品質評估表（CIEC, 2012），以 2019 年爲例，來自歐洲共34 所創業學校獲選爲創業學校獎 TESA（The Entrepreneurial School Awards）。其中創業教育願景、提供創業教育課程等皆列爲評選向度或規準（TES, 2019），頗值我們發展創業教育參考，聚焦當前臺灣新課綱的選修課程規劃，從態度、技能與知識三管齊下，提升孩子的創業素養。

　　2. 就課程與教學部分：基於人本精神與學習者爲中心的思考，北歐開創學派倡議「如同養分充足具有根莖葉的果樹開花」、「在實作參與中建構開創學習者的認同」，他們提醒對創業的思考，不能只停留在傳統管理學或經濟導向的觀點，能力、認知與情意兼顧，鼓勵透過學習者的反思報告與訪談，讓創業教育主動在啓發與熱情中建構，創業知識是人與人協商的歷程，加入更多可能的脈絡因素，在情境招喚中展開創意織組的開創學習者（entrepreneuring learner）（Johannisson, 2011）見諸芬蘭瑞典等國的創業教育扎根，給臺灣教學上也獲得印證。再者，揉合實驗主義理論（Experimentalism Theory）、合作學習理論（Cooperative Learning Theory）、情境學習理論（Situated Learning Theory）、建構主義（Constructivism Theory）、後設認知（Metacognitive Theory）理論等精要，教育部（2019）提出的「108 年技術及職業教育發展報告書」更將「問題導向（PBL）教學」明訂爲技職教育師資實務增能的推動重點，很適合運用於創業學程強調融合創意思考、行銷管理、專案管理、財務管理、創新管理等課程，培養學生創業能力。

　　3. 就「完善的創業生態政策營造」此一視角言，除前述歷年世界經濟論壇（World Economic Forum）曾經歸結出影響創業生態的向度，分別包含：無障礙市場、政府及法規架構、人力資本與勞動力、

支持系統與業師、教育及訓練、重點大學之催化、投資與財務融資、文化支持等環節都是創業生態的核心之外，爲了解臺灣的整體創業環境與競爭力，本研究援引近期發布的英美調查體系《全球創業觀察研究》（Global Entrepreneurship Monitor，簡稱 GEM），根據 GEM 報告，例如藉以評估個人創業精神的指標包括感知機會（Perceived Opportunities）、感知能力（Perceived Capabilities）、對失敗的恐懼（Fear of Failure Rate）等。本文特別關注是從創業整體的「態度」（Attitude）、「活動」（Acitvity）和「抱負」（Aspiration），進而提出受調查國家的政策參考建言。根據最新一期《全球創業觀察：2019/20 年全球報告》（Global Entrepreneurship Monitor：2019/20 Global Report），針對各國創業者之早期創業階段概況綜合分析，臺灣表現不錯，榮獲第 4 名的佳績，唯檢視細項比較結果發現，在三個向度相對得分較其他國家低：「學校階段的創業教育」（Entreprenerial education at school stage）（3.91 分）、「離校階段的創業教育」（Entreprenerial education at post-school stage）（5.17 分）「文化和社會規範」（Cultural and social norms）（6.08 分）。因此，本研究特別將「培養創業導向的文化」列爲重要構面之一。

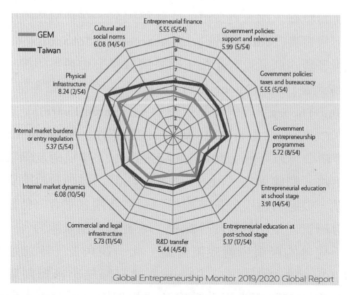

圖4 「國家創業環境指數」臺灣創業環境基礎條件得分與排名（GEM, 2019/2020）

4.創業教育自主學習角度來說，結合線上創業社群與實地創業操演，更讓學習歷程不斷反饋，教育學觀點言之轉向學習者爲中心的思考。例如：紐約大學讓商學院學生自組團隊前往印度，針對創業教育自主學習，也提出「無疆界教室」的概念，眞正投入企業學習（Kickul, Griffiths, & VBacq, 2010；蔡敦浩 & 林韶怡，2013）。創業是一種動態的歷程，學習創業管理是一種向「學習者爲中心」典範的轉向，教師只是從旁催化轉型，輔導引領。創業是一種動態的歷程，學習創業管理是一種向「學習者爲中心」典範的轉向，教師只是從旁催化轉型，輔導引領。

5.從「培養創業導向的文化」觀點言，大學責無旁貸，以美國哈佛大學在 2015 到 2020 年之間發展《哈佛大學永續發展方案》（Harvard University Sustainability Plan）爲例，創業文化環境作爲大學生創業環境的子環境，旨在培養創業型人才的過程中發揮著文化豐富目標導向、文化引導品質優化、文化促進能力提升等連動而特殊的功能。創業過程校園綠能及校園產業和在地相互連結，創業產出增進區域的生態多樣性及個人福祉（Harvard University, 2015）。我國教育部大學社會責任推動中心（2018）也指出：「大學社會責任實踐計畫以『在地連結』與『人才培育』爲核心，引導大專校院以人爲本，從在地需求出發（例如：在地富育計畫，鏈結區域資源實踐在地服務模式，漁村海岸地方創生等）並透過人文關懷與協助解決區域問題之概念，善盡社會責任。」因此校園本身猶如一個教育實驗室，探索創業實踐，在高等教育市場化趨勢之下，去解決未來世代可能的永續發展的課題，將環境共生融入平日學術工作和校園實踐。未來創業趨勢，一定是串接政府部門、業界與非營利組織之相關資源，形成後續產學推動相關創新計畫的支持系統網絡，創造出更多新的可能。

四、研究方法與架構

（一）研究方法

第一步透過文獻分析法建立基本層級架構，第二步安排專家訪談，協助審查並修正本研究基本層級架構，第三步採用層級分析法

（AHP），進行層級架構間的權重計算，推算影響臺灣發展創業教育之關鍵因素（如表 1）。

表 1　資料蒐集方法與其目的

方法	目的
文獻分析法	建立本研究初步層級架構
專家訪談法	協助檢驗與修正本研究之初步層級架構
層級分析法	針對確定之層級結構進行權重計算

（二）研究對象

　　本研究之研究對象可分爲兩群，其篩選原則論述如下：

　　1.專家訪談：主要爲徵詢創業教育專家看法，請求協助確認與修正本研究建立的 AHP 層級架構。因此，本研究將採用立意抽樣方式，針對符合前述條件的專家，逐一聯繫並徵詢協助本研究之訪談。

　　2.AHP 專家問卷發放對象：爲考量實證的研究對象需對創業有一定程度的了解，本研究問卷的訪談對象有中小企業經理人、大學中產學或育成中心經理、大學創業教育教師、技職高中創業教育教師等四組專家，每組 4 位合計 16 位專家，皆爲創業規劃、創業輔導、創業教育之專業人士，學經歷都具有相當之代表性，基於研究協定，尊重受訪者意願，基本資料予以保密。

表 2　本研究之 AHP 問卷調查決策群配當表

專家領域	人數
產業界	4
育成機構	4
大學創業教育教師	4
技職高中創業教育教師	4
合計	16

表3　影響「生態導向之創業教育」的關鍵因素構面說明

主準則 （衡量構面）	次準則 （評估準則）	操作性定義
1. 創業教育學校行政（CIEC, 2012）（JA Europe, 2019）	1. 確立創業教育的學校願景	創業學校對未來的需求抱有遠見，領導團隊確保在整個機構中有清晰的流程來傳達有關創業學習的計畫決策（含學生、教職員和家長社區等），並對創業教育如何適合更廣泛的課程和發展計畫具有清晰的認識。
	2. 系統化檢核創業教育活動	系統收集學生的反饋 - 學習者的積極反應是實施創業學習和加快接受創業教育的重要動力。學校可透過能力指標及學生先備能力之蒐集，訂出其能力實質改變之指標。了解學生（課程）學習前後之學習成效與變化，並連結到教學方法與教學品質的改善。針對不同學生學習問題提供所需協助。使學生進行有方向、有目標的學習歷程。
	3. 適切規劃與管理創業教育進程	本於學生迫切需要認知的議題做鋪陳，舉凡課務規劃、師資調配、資源管理、教材選編及選課輔導。循序引導可分為「課程理念進程」、「課程發展進程」及「課務運作進程」階段。
	4. 師資進修成長的安排	盤整所有問題設想可能挑戰，必須進入教師層級的「學科」、「社群」思維，校企合作，讓學校的中間領導都學會師資員額計算與調配，共同承擔未來挑戰，並推動教師持續專業發展和培訓
2. 發展創業教育課程與教學（Alobaidi, 2018）	1 發展全方位的創業能力相關課程	發展具道德與倫理的創業活動，創業教育已納入課程的主流，並且嵌入所有主題。融入 PBL 教學方式，改善現有創業教育之商業流程。運用決策技巧，要求學生運用解決問題的技能，設計產品／服務、生產／交付、查看成本並確定價格、廣告或宣傳他們的工作以某種形式進行市場研究，有效和多樣化的本地商業夥伴關係是關鍵。

主準則 （衡量構面）	次準則 （評估準則）	操作性定義
	2. 開創式行動實做學習（Johannis-son,2011）	在實作歷程中增加經驗養成，以便在對話中保持動態改善改善、在情境招喚中展開創意纖組的開創學習者（entrepreneuringlearner）。
	3. 建置課程評鑑與學習評量規準	建立創業教育學習成果或進度的學生記錄、檔案文件。確定創業教育的關鍵知識、理解和技能，可以構成評量和評估的重點。學校與外社區、企業一起行銷和共享創業教育良好實踐。
	4. 多元的教學活動設計	活動設計目標是希望學生能透過團隊學習，共享各教學資源，學習信息，引導學生自行建構出完整的概念與技能。舉凡個案教學研討、PBL 小組課程討論、模擬創業競賽、實務工作者演講與優質企業參訪、與他校交流聯合發表會等多樣方式。
	5. 投入全國性的創新創業商業模式競賽	指導團隊參賽，針對目標客層提出價值主張，構思通路以利溝通傳遞，順暢顧客關係，分析成本結構提升收益流，尋找關鍵資源，聯合關鍵合作夥伴，活絡關鍵活動。
3 完善的創業生態政策營造（Foster et al.,2013）（GlobalEntrepreneur-shipMonitor：2019/20 GlobalReport）	1. 創業服務行動	公私協力創業服務行動，包括：提供業師服務與支持、著重效率的育成中心、闢建公共共同工作空間、活絡網絡交流活動、多樣選擇的加速器訓練方案等。
	2. 創業資源提供	導入資源平臺，例如：創投與銀行扮演資金提供者角色、群眾募資與點對點借貸、股票市場、大企業、大學、研究中心等。
	3. 創業關係連接	輔導成立各種專業協會、創業俱樂部、新創社群、社會企業中心，獎勵投資媒合服務、商務仲介機構平臺，以推動有效連接。

主準則 （衡量構面）	次準則 （評估準則）	操作性定義
	4 法規框架 與基礎建 設	為了促進我國數位創新產業之發展，例如 5G 通訊、生物與綠能科技、金融科技創新領域 中，支付為成長最快且比例最高的應用領域， 而財富管理及區塊鏈金融將是臺灣未來發展金 融科技的利基領域。因此法規必需相應科技變 革。
4. 培養創業導向 的文化（Glo- balEntrepreneur- shipMonitor： 2019/20 Glob- alReport）	1. 型塑創業 家精神與 社會地位	鼓勵媒體報導創業家及其企業正向的社會責 任，包容過程中的挫折，仍堅持擁抱創新的學 習典範。
	2. 推廣企業 社會責任 文化入校 園產學互 惠	企業走進校園辦營隊，融入公民意識，借助年 輕人的好點子，兼顧經濟利益、社會公益、環 境永續，做 CSR（企業社會責任）共同建構美 好社會的想像。
	3. 獎勵接軌 國際的創 新青創企 業	如：tartup Terrace 獎勵：提供最高 90 萬元獎 勵金，公開徵求以「微型未來城市」為主題之 IoT 應用服務提案；政府針對研發主題符合政 策條例產業者提供稅捐減免等。

資料來源：本研究整理

（三）資料分析工具

　　本研究所採用的分析工具為 Expert Choice 2000，利用 Expert Choice 軟體之「Inconsistency 功能」，以節省重新詢問專家意見花費的成本，透過「what-if」和靈敏性分析，比較矩陣是否符合一致性。C.R. = C.I. / R.I. 若值≦ 0.1，表示符合邏輯一致性的要求；若值＞ 0.1 則表示不符合一致性的要求，就需修正成對比較矩陣或將問卷予以剔除，使目標的達到最佳化的選擇的方法。（簡禎富，2005）

（四）研究結果分析

1. 專家意見訪談

　　本研究經專家訪談後，獲得許多寶貴的資訊與意見，茲將訪談之重

點及修改後的最終層級架構呈現如下：

第二層級「發展創業教育課程與教學」因素原有五項第三層級評估指標，為彰顯創業教育以學生中心學習的主動性，專家建議修改如下：

(1) 第二層級保留原來「課程與教學」向度，增列「創業教育自主學習」構面。

(2) 第二層級「發展創業教育課程與教學」下設「發展全方位的創業能力相關課程」、「建置課程評鑑與學習評量規準」、「多元的教學活動設計」。

(3) 第三層級「創業教育自主學習」下設「開創式行動實做學習」、「投入全國性的創新創業商業模式競賽」、「實作社群學習」（意義：鼓勵成員在共享的脈絡中相互學習，以帶來反思相互影響，認同支持體驗補強，深化對創業機會的體悟）（Kickul, Griffiths, & VBacq, 2010）。

(4) 衡量構面一「創業教育學校行政」其中項目「1. 確立創業教育的學校願景」陳義頗高，專家們正反互見，然呼應歐盟創業學校獎之審查規準，最後仍予保留以彰顯其精神。以教育現況大學原本即有多元價值的推動，無需特別標舉，而中學普高、技高與綜合高中刻正面臨新課程綱要改革，將「創業教育」精神融入學科教學或以微課程、校訂選修、跨校社團、多元選修等方式，操作上不帶來排擠效應為宜。與家長或學生的溝通很重要，課程諮詢教師與行政主管可借助公開場合集會等時機，妥善宣示。

(5) 原先「投入全國性的創新創業商業模式競賽」建議改成「投入多樣性」字眼，以避免窄化競賽的場域。

2. 整體專家問卷評估結果

本研究共發出 16 份問卷，經由密切請託與跟催後，所發放的問卷全數回收，並以 Expert Choice 軟體進行問卷資料輸入及一致性檢定。結果顯示，在「創業教育生態理論與模型發展之研究」之因素分析 I.R. 值與 O.I.I. 值，兩者皆 ≦ 0.1，表示整體的層級架構均符合一致性性要求。

表 4　第二層次準則衡量之評估結果

推動創業教育關鍵構面	評估指標權重值	權重排名	CR = 0.08(<0.1)
B 發展創業教育課程與教學	0.334	1	
E 培養創業導向的文化	0.242	2	
D 完善的創業生態政策營造	0.170	3	
A 創業教育學校行政	0.145	4	
C 創業教育自主學習	0.109	5	

　　由重要性排序可知，專家們認為，在「創業教育生態理論與模型發展之研究」之因素分析目標的考量下，第二層級（衡量構面）之相對重要性以「B 發展創業教育課程與教學（0.334）」最為重要，其次依序為 E 培養創業導向的文化（0.242）、D 完善的創業生態政策營造（0.170）、A 創業教育學校行政（0.145）、C 創業教育自主學習（0.109）。

表 5　第三層次準則衡量之評估結果

次準則 （B 發展創業教育課程與教學）	評估指標權重值	權重排名	優先次序如表 5 所示，其一致性指標 CR = 0.09；因此本層之特徵向量具有一致性。
B1 發展全方位的創業能力相關課程	0.515	1	
B2 多元的教學活動設計	0.315	2	
B3 建置課程評鑑與學習評量規準	0.170	3	

　　由重要性排序可知，專家們認為，在第三層次準則「（B 發展創業教育課程與教學）」之因素分析目標的考量下，第二層級（衡量構面）之相對重要性以「B1 發展全方位的創業能力相關課程（0.515）」最為重要，其次依序為 B2 多元的教學活動設計（0.315）、B3 建置課程評鑑與學習評量規準（0.170）。究其決策思路之形成，以高教為例，「高教深耕計畫」，創新創業方案包括「問題解決導向 PBL」、「教學

創新實驗」與「教師專業社群」，核心通識課程「創意與創新」課程，並列為大一共同必修科目，並新增跨院選修之院通識課程，包括「科技創新」、「財務與會計」、「服務創新」、「銷售與行銷」、「人力資源管理」、「溝通與表達」、「文化創新」等。除了基礎理論教學，更需把時間留給學生，讓學生透過小組討論的方式盡情發想創意。例如五顏六色的便利貼「創意拼貼」，是腦力激盪法的工具，將師生天馬行空的創意發想，讓學生分類、整理、歸納，凝聚共識。在中小學方面，美國的非營利組織「孵化器教育網」（INCubatoredu）為超過 20 個州的小學到中學生，提供創業教育課程，以及相關輔導等資源。英國創業教育是從小學至高等教育、擴充教育等各階段教育的重要教學項目，列入第四基本階段與工作職業有關課目之內，屬於強制必修課程。其中教授對象主要是 14–19 歲中學階段青少年。在多元的教學活動設計，例如：創客系列的機器人社群，透過 ARDUINO 微機電整合課程，導入簡單的程式編寫，創業創新的呈現，產品自製融合燈光、聲音跟馬達，更吸引學生投入。適逢十二年國教新課綱，嘗試與學科課程結合，創業思維融入主科的學習中，或加入校訂必修、多元選修試探、微課程等。

表6　第三層次準則「培養創業導向的文化」衡量之評估結果

次準則 （E 培養創業導向的文化）	評估指標權重值	權重排名	此階層之各項比率及優先次序如表6所示，其一致性指標 CR=0.02；因此本準則之特徵向量具有一致性。
E2 推廣企業社會責任文化入校園產學互惠	0.448	1	
E3 獎勵接軌國際的創新青創企業	0.305	2	
E1 塑創業家精神與社會地位	0.247	3	

由重要性排序可知，專家們認為，第三層次準則「培養創業導向的文化」衡量之因素分析目標的考量下，構面之相對重要性以「E2 推廣企業社會責任文化入校園產學互惠（0.448）」最為重要，其次依序

爲 E3 獎勵接軌國際的創新青創企業（0.305）、E1 塑創業家精神與社會地位（0.247）。觀摩與臺灣許多相似的新加坡，在改變創業文化上的努力，是外派許多學生投入世界的人才池中，並搭配產學合作方案及多樣化的創業人才輔助，尤其新加坡大學企業中心聞名遐邇的創業學院 Overseas Colleges（NOC）計畫，與多個海外著名學校合作，如以色列特拉維夫大學、瑞典皇家理工學院、紐約大學、北京清華大學等國際知名創業學府，進行多樣化創業課程與創業人才的交流。這些學生即爲創業與創新的種子，把各地最新的技術、商業文化以及經營信念重新植入再生，帶回新加坡產生新揉合的創業文化；而臺灣依照教育部「大學社會責任實踐計畫（USR）」資料，大學的功能不僅爲研究學術與培育人才，更以提升文化、服務社會、促進國家發展爲宗旨。目前臺灣地區154 所大專校院，在學人口約 123 萬名大學生，可扮演協助社會進步動力來源的角色，透過人才培育及知識建構與轉譯，建立對話平臺，跨域整合串起資金募集、人才培訓、業師經驗、課程開發及社群經營、在地關懷、產業鏈結、永續環境、食品安全與長期照護等創業導向的文化創新價值鏈，協助地方產業升級或解決地方問題，讓大專院校攜手地方政府或鄉鎮推動地方創生的夥伴。以臺灣師範大學爲例，108 年度以「建構高齡者長健全方位系統—營造高齡友善社區」跨校合作臺北護理健康大學、臺灣大學、臺北醫學大學等校，以高齡者爲主要服務對象，藉由政府、社區、產業各方，以高齡者的生理、心理、社會以及其他需求爲依歸，建構高齡者長健全方位系統。爲了累積後續學生創業動能，透過學校端 - 微學程的開設，讓學生可以選修學系專業課程，及修習高齡長健基礎課程，並透過實作安排學生至本計畫執行方案進行實作，結合育成中心資源，協助學生未來可投入高齡產業。在中小學方面，以臺積電文教基金會爲例，與臺北市立美術館所共同打造的「兒童藝術教育中心」，爲國內美育導向的創新精神扎根教育基地；針對中學階段，與教育部及吳健雄基金會共同合作「高中物理實驗學程」計畫，提供學子科學導向的職涯規劃。臺積公司並號召「節能志工」，透過勘查與溝通，擬定節能改善計畫供師生學習參考，應用至創業亦能改善能源使用效率。

表 7　第三層次準則「完善的創業生態政策營造」衡量之評估結果

次準則（D 完善的創業生態政策營造）	評估指標權重值	權重排名	此階層之各項比率及優先次序如表7所示，其一致性指標 CR=0.08（<0.1）；特徵向量具有一致性。
D2 創業資源提供	0.295	1	
D3 創業關係連接	0.238	2	
D1 創業服務行動	0.235	3	
D4 法規框架與基礎建設	0.232	4	

　　由重要性排序可知，專家們認為，第三層次準則「完善的創業生態政策營造」衡量之因素分析目標的考量下，構面之相對重要性以「D2 創業資源提供（0.295）」最為重要，其次依序為 D3 創業關係連接（0.238）、D1 創業服務行動（0.235）、D4 法規框架與基礎建設（0.232）。創業資源提供主要是人力資源與財務資源。任何一個新創公司很難一下子找到正確商業模式，對於大多數創業者需要更審慎控制好「需要燒錢的時間」。創業資源往往遭遇困難，受限於「人才資源」及「資金籌措」等方面，以創業教育的觀點言，例如：美國史丹佛大學衍生企業成功的經驗，建立創業種子基金的磁吸效應，不只吸引投資資金，更吸引全球一流人才匯集結合；日本東京大學 TLO 為東京大學100% 持有的子公司，不僅進行產學技術媒合，亦負責技術商業化通路與行銷。於新創事業起步缺乏行銷能力時，東大 TLO 不只是做授權，還幫助思考商品行銷策略，提供足夠的商業能力（科技部，2015）。新加坡國立大學企業機構（NUS Enterprise）串聯學術與企業創業資源，加速新創團隊育成發展。英格蘭政府曾於 2008 年期間設立為期 5年、每年 550 萬英鎊的學校發展基金（School Development Grant），補助學校推動創業教育課程之用。在大學校內的育成中心透過技術開發、資金募集、人才招募、行銷通路、產業研究、專利分析、管理諮詢…等多元輔導界面進行串接合作夥伴，協助新創事業嫁接有價值的商業資源；而臺灣地區則多募集外部資源成立「天使投資公司」，挹注創

業基金，協助學子完成創業夢想。爲求解決育才問題，參考國發會當前
的作法，透過大學、法人培育，結合工業 4.0 變革，例如促成企業在臺
設 AI 研發中心，引入企業直接參智慧科技菁英計畫，開辦 AI 學苑及認
證機制。以臺塑企業爲例，長期推動農業生產品質改善、農作物品質改
善及農場創業生態營造輔導，聘請具海洋生態保育經驗及漁業知識背景
之專家學者擔任講師，向當地漁村青少年及學校師生教授海洋生態保育
課程，針對麥寮、臺西等雲林社區農友與中職學校提供輔導作業。許多
大學或法人育成創客育成中心，也肩負了創業資源提供與創業關係連接
的任務：1. 鼓勵研發成果技術移轉，協助技術商品化；擴大產學合作服
務層面，創造多元化服務成效；整合校內資源，鼓勵學生進行跨領域學
習；推動校園創業學習風氣，培育師生創業團隊；衍生企業創業輔導、
進駐及管理，促進學生創意發想，增加學生就業機會。

表 8　第三層次準則「創業教育學校行政」衡量之評估結果

次準則 （A 創業教育學校行政）	評估指標權重值	權重排名	得此階層之各項比率及優先次序如表 8 所示，其一致性指標 CR = 0.03（<0.1）；因此本層之特徵向量具有一致性。
A2 適切規劃與管理創業教育進程	0.357	1	
A4 師資進修成長的安排	0.331	2	
A1 系統化檢核創業教育活動	0.174	3	
A3 確立創業教育的學校願景	0.138	4	

　　由重要性排序可知，專家們認爲，第三層次準則「創業教育學校
行政」衡量之因素分析目標的考量下，構面之相對重要性以「A2 適切
規劃與管理創業教育進程（0.357）」最爲重要，其次依序爲 A4 師資
進修成長的安排（0.331）、A1 系統化檢核創業教育活動（0.174）、
A3 確立創業教育的學校願景（0.138）。以高教爲例，學校行政領導階
層首先必須明確告訴大家，爲何要轉型爲創業型大學？什麼是創業型

大學？未來打算怎麼做？因此，必須一開始有力的論述及說帖，並在校務會議等公開場合宣示，系院主管用行動證明推動的決心；成立「創業型大學推動辦公室」推動創業型大學組織、創新與創業學分學程之課程規劃表，及參加教育部「大專畢業生創業服務計畫」（U-start）之創業團隊進行詳細說明，逐年建置「創夢工場」、「創客基地」、「創業園區」、「智慧製造實作工場」、「跨領域實作工場」等硬體設施，為實作教育及跨領域整合能力培養鋪排；邀請產官學界人士成立「創業型大學指導委員會」對於系統化檢核創業教育活動，包括：創新與創業學程、創業教材編輯、創新創業專題講座、審查創新創業提案等。與業界結盟，增能師資，例如成立「跨域教學組」安排進修成長，負責規劃創意、創新、創業與創客模組課程，統籌創業學程，推展跨域教師 PLC，激勵教師研發成果商品化，開發跨域教學教材教具與教學方法，以促進教師跨域教學。讓師生研發創新成果能有更多技轉及創業機會，共帶動師生創新創業風氣，協助在地產業轉型或解決在地問題，以創造更多經濟產值。

表9　第三層次準則「創業教育自主學習」衡量之評估結果

次準則（C 創業教育自主學習）	評估指標權重值	權重排名	優先次序如表 9 所示，其一致性指標 CR=0.03（<0.1）；因此本層之特徵向量具有一致性。
C3 實作社群學習	0.415	1	
C2 投入多樣性的創新創業商業模式競賽	0.349	2	
C1 開創式行動實做學習	0.236	3	

由重要性排序可知，專家們認為，第三層次準則「創業教育自主學習」衡量之因素分析目標的考量下，構面之相對重要性以「C3 實作社群學習（0.415）」最為重要，其次依序為 C2 投入多樣性的創新創業商業模式競賽（0.349）、C1 開創式行動實做學習（0.236）。鼓勵開設創業相關的學生社團，透過學生社團的參與，協助舉辦創業講座、創業競賽及相關活動，因為學生之間的傳播力與感染力最直接，也最能發

揮效果。同時，也希望藉由社團的成立，提供學生組成創業團隊進駐實體試賣角或線上商店，培育學生的領導力、團隊精神及微創業體驗互助互利的同理心的具體實踐。投入多樣性的創新創業商業模式競賽是一種歷程學習，獲得寶貴的經驗，在美國，有數 10 個機構爲中學生舉辦創業相關的課程、短期營隊、競賽，鼓勵從中學開始培養、發揮創業精神，有些活動甚至從小學高年級就可以參加。專門讓青少年（K-9 年級起）參加的「全球青年創業挑戰」（Global Youth Entrepreneurship Challenge）和「藍海創業大賽」（Blue Ocean Entrepreneurship Competition），在全美多個州吸引上百學校角逐各種獎項。我國例如「德國紅點（Red Dot）設計獎」、「在地服務創新與創意團隊競賽」、「臺北國際發明暨技術交易展」等常年競賽標的都相當有建設性，爲幫助學生參與創新創意創業競賽，或創業投資時給予諮詢輔導，校方可邀請異質性高領域的老師一起加入輔導行列，協助新創團隊面對市場評估、產業鏈結、專利布局等創業關卡。學生提供完整的「校園微創業試驗場行銷計畫」，內容涵蓋產品特色解說與計畫構想、目標市場、經營模式、行銷策略與工具、編列行銷預算及評估效益等。教師則從旁協助與督導。

表 10　整體 AHP 問卷評估結果

第二層級			第三層級			
衡量構面	權重值	排序	評估指標	構面權重	整體權重	排序
A 創業教育學校行政	0.145	4	A1 系統化檢核創業教育活動	0.174	0.025	16
			A2 適切規劃與管理創業教育進程	0.357	0.052	7
			A3 確立創業教育的學校願景	0.138	0.020	17
			A4 師資進修成長的安排	0.331	0.048	9

第二層級			第三層級			
衡量構面	權重值	排序	評估指標	構面權重	整體權重	排序
B 發展創業教育課程與教學	0.334	1	B1 發展全方位的創業能力相關課程	0.515	0.172	1
			B2 多元的教學活動設計	0.315	0.105	3
			B3 建置課程評鑑與學習評量規準	0.170	0.057	6
C 創業教育自主學習	0.109	5	C1 開創式行動實做學習	0.236	0.025	15
			C2 投入多樣性的創新創業商業模式競賽	0.349	0.038	14
			C3 實作社群學習	0.415	0.046	10
D 完善的創業生態政策營造	0.170	3	D1 創業服務行動	0.235	0.040	12
			D2 創業資源提供	0.295	0.049	8
			D3 創業關係連接	0.238	0.042	11
			D4 法規框架與基礎建設	0.232	0.039	13
E 培養創業導向的文化	0.242	2	E1 型塑創業家精神與社會地位	0.247	0.061	5
			E2 推廣企業社會責任文化入校園產學互惠	0.448	0.108	2

第二層級			第三層級			
衡量構面	權重值	排序	評估指標	構面權重	整體權重	排序
			E3 獎勵接軌國際的創新青創企業	0.305	0.073	4

　　此外，由表 10 顯示，專家們認為臺灣在發展完備的創業教育生態模型之關鍵因素，第三層級共 17 個評估指標中，以「B1 發展全方位的創業能力相關課程（0.172）」最受重視，其次依序還有「E2 推廣企業社會責任文化入校園產學互惠（0.108）」、「B2 多元的教學活動設計（0.105）」、「E3 獎勵接軌國際的創新青創企業（0.073）」等因素亦為受測專家認為重要之指標。

　　另外，排序五到十名的「型塑創業家精神與社會地位」、「建置課程評鑑與學習評量規準」、「適切規劃與管理創業教育進程」、「創業資源提供」、「師資進修成長的安排」、「實作社群學習」。顯見相當程度，呼應了「全球創業觀察：2019/20 年全球報告」（Global Entrepreneurship Monitor：2019/20 Global Report），臺灣需要補強的項目：創業教育和培訓與文化和社會規範。

參　結論與建議

一、研究發現與管理意涵

　　本研究透過文獻及專家意見，建立「影響生態導向之創業教育的重要因素構面」，並透過層級分析法（AHP）了解各構面之相對權重，彙整出「生態導向之創業教育的重要因素權重表」，其研究可獲得以下結論：

　　彙整 17 項關鍵因素指標得知，在所有因素中，權重最高的 5 項因素分別為「發展全方位的創業能力相關課程」、「推廣企業社會責任文化入校園產學互惠」、「多元的教學活動設計」、「獎勵接軌國際的創新青創企業」、「型塑創業家精神與社會地位」。「發展創業教育課程

與教學」是關鍵構面。遠高於其他四構面之權重比，此結果顯示，創業課程教學的良窳與是否具備競爭力，攸關影響生態導向之創業教育是否完善。研究發現整體權重前 5 名因素當中，其中分居 1、3 名「發展全方位的創業能力相關課程」、「多元的教學活動設計」皆為發展創業教育課程與教學構面底下之因素，由此結果可知，教育人員能充分活化創新創業教學是對學生最佳的承諾，以滿足社會對創業教育的期待，最發展創業教育良好生態的重要基礎。分居 2、4、5 名「推廣企業社會責任文化入校園產學互惠」、「獎勵接軌國際的創新青創企業」、「型塑創業家精神與社會地位」皆為培養創業導向的文化構面之因素；代表業界與教育培養單位所重視的良好因素是總體性的，不僅需重視相關能力課程傳授，創業文化點滴孕育的生態營造，更是一種強大的潛在課程。

除此之外，滾動檢討，課程教學的後端「建置課程評鑑與學習評量規準」居第 7，以動態修正課程施作，屬於學校行政在實施創業教育的前置，可著力第 8「適切規劃與管理創業教育進程」，值得一提的是在「完善的創業生態政策營造」構面中占最高權重的「創業資源提供」這項服務，主動幫助師生找資源，提高一定的服務認同感。創業資源環境涵蓋共同工作空間、法規框架與基礎建設、加速器計畫、投資媒合等外顯的協助。臺灣新南向政策強調經貿合作、人才交流、資源共享、區域連結四大面向，整體而言，創業教育生態系統從上到下連結綿密，教育主管機關透過人才教育、課程規劃、資源引進、競賽宣傳、聚落經營等方式，將學校、產業、社區與國際發展串起創業價值鏈，穩紮穩打建構臺灣完整創業生態系。

二、研究限制與後續研究之建議

1.本研究對創業教育的內涵乃從生態觀切入，析論實施創業教育成功向度的條件，展望未來迎向新課綱中課程與教學落實，需要更多的實踐與反思，在此也提出培養「創業素養」（Entreprenerial literacy）概念以融合認知、情意、技能，作為優化創業教育的進化目標。

2.儘管在本研究中發現學校安排之課程教學，是創業教育內容的較大比例，然而學生於校園中對創業的學習，並不僅限於正式的課程活

動安排，隨著行動學習工具普遍化，學生自行組織的課外活動日漸興起，後續這一「自主學習」構面的學習型態與社群經營，日益普遍，未來將是教師們需面對的課題。

　　3. 創業課程不能只強調認知與能力，於國民教育年段，宜強化職業道德與經營倫理的議題，中等教育與大學階段則強化企業社會責任，以確保走在正確價值的學習道路上。

　　4. 本研究歷程方面，受限距離與時間因素未能全面訪談，部份專家選擇以電子郵件及電話聯繫蒐集及彙整意見，難免導致資料詮釋的偏誤。再則，研究問卷調查對象未能擴大納入數位新創產業開發商及專門領域學者等，專家群的數量與代表性可能不夠充分，也可能限制評估層級架構之周延，影響問卷施測之結果。建議後續研究者可兼採其他研究方法，豐富專門領域學者的訪談，找出最適化的本土創業教育模式。

參考文獻

（一）中文部分

科技部（2015）。日本東京地區產學合作及科學園區參訪報告。https://report.nat.gov.tw/ReportFront/ReportDetail/detail?sysId=C10400624 (Jun. 12, 2020)

教育部（2019）。108 年技術及職業教育發展報告書：104 學年度及 105 學年度。臺北市：教育部。

蔡敦浩、林韶怡（2013）。創業教育的教學模式。**創業管理研究**，**8**(2)，1-18。

簡禎富（2005）。「決策分析與管理」，雙葉書廊，224-253。http://report.nat.gov.tw/ReportFront/repor t_detail.jspx?sysId=C10400624

（二）英文部分

Alobaidi Amina (2018). Problem based learning (PBL) in organic chemistry. *International Journal of Medical Sciences*, *1*(2), 64-70.

CIEC (2012). A Quality Standard for Enterprise Education. Retrieved from http://ja-ye.

atom2.cz/form/download.ashx?FileId=100

European Commission/EACEA/Eurydice, (2016). EE at School in Europe.

Foster, G., Shimizu, C., Ciesinski, S., Davila, A., Hassan, S. Z., Jia, N., & Morris, R. (2013). Entrepreneurial ecosystems around the globe and company growth dynamics (September 2013). Retrieved from World Economic Forum: https://bit.ly/1lKRdOD

Harvard University (2015). *Harvard University Sustainability Plan*. December 24, 2018 from https://green.harvard.edu/sites/green.harvard.edu/files/Harvard%20Sust ainability%20Plan-Web.pdf

Isenberg, D. (2011). The entrepreneurship ecosystem strategy as a new paradigm for economic policy: Principles for cultivating entrepreneurship. *Presentation at the Institute of International and European Affairs*.

JA Europe(2019). The Entrepreneurial School. Retrieved from http://www.jaeurope.org/education/init iatives/40-the-entrepreneurial-school.html

Johannisson, B. (2011). Towards a practice theory of entrepreneuring. *Small Business Economics, 36*(2): 135-150.

Kickul, J., Griffiths, M., and Bacq, S., (2010), "The Boundary-less Classroom: Extending Social Innovation and Impact Learning to the Field", Journal of Small Business and Enterprise Development, Vol.17(4), 652-663.

Opetusministeriö. (2009). Guidelines for entrepreneurship education. Retrieved from Helsinki:http://www.minedu.fi/export/sites/default/OPM/Julkaisut/2009/liitteet/o pm09.pdf (Jan 12 2019)

Schwarzkopf, C. (2016). *Fostering innovation and entrepreneurship: Entrepreneurial Ecosystem and Entrepreneurial Fundamentals in the USA and Germany*. Karlsruhe: Springer Gabler. World Economic Forum (2014). "Global Risks 2014,"

TES (2019). TE S Awar ds 2019 brochure. Retrieved fro m http://jaeurope.org/index. php?option=com_attachments&task=download&id=1116: brochure-TES-2019-web-1

問題與討論

一、疫情衝擊下，自然永續經營的理念更加受到重視。您的創業教育教學
　　活動，會以什麼方式添加環保元素，引導孩子學到企業的社會責任？

二、臺灣自實施新課綱以來，以多元選修、校定必修、自主學習等彈性的
　　課程規劃，您可以透過怎樣的設計，補強創業教育呢？

三、如果您是學校行政主管，您有哪些想法結合行動支付等新科技，融入
　　適當的課程設計，啟發學生的創業教育思維？

第十六章

學校推動美感教育的可行性策略

卓秀冬

108 新課綱：藝術涵養與美感素養是培養學生核心素養的九大項目之一。

諾貝爾獎牌上寫著：「發明透過人生，人生透過藝術而美化」。美化不只指美化世間環境，更進一步美化心靈，建構健康的生命價值觀。

杜威：藝術即經驗，即生活；美的感受是個人與環境交互作用的結果。

朗格（S.K. Langer）：藝術教育即情感教育也是心靈教育、文化教育。

康德與蔡元培的美學與美育思想，其以「美感人作為自然人與道德人之間的橋樑」。

漢寶德：提出藝術教育救國論。美感與藝術不同，但有交集。

壹　前言

因深感教育的目的極須要因材施教、多元能力的啟發，德、智、體、群、美全人的培育，教育成身、心、靈健康的國民。北大前蔡元培校長：美學與美育思想，其以「美感人作為自然人與道德人之間的橋樑」，他提出美育的重要。朱光潛、漢寶德兩位藝術哲人也都很重視藝術教育，認為是健全品德與救國的重要因子。

教育部自 2019 起積極推動「第二期各級學校美感教育計畫」，個人深感校長與學校行政人員，全力支援教師美感教學的重要性與必要性；因此，就學校有效推行美感教育的可行性策略，提出研究專文，敬請指教。

以下從藝術作品或藝術專家，評論其創作背後所表示的美感哲學、信念、觀念等來說明其意涵與重要性；並就國內實際美感教育政策、

專家學者的研究專論文獻，尤其筆者親自溝通，邀請資深大學、高中職、國中、小校長、及藝術教學資深優良教師，歸納、擇要其實務經驗、特色重點等等，最後提出學校美感教育的可行性策略。

貳　資深藝術家的藝術動力因子說

一、感性生活，浪漫不悔的藝術心靈

藝術創作需要誠懇的浪漫心，例如：梵谷的「星夜的天空」、鋼琴王子李斯特的瘋狂醉人的曲調；例如：本土畫家梁奕焚先生的作品，女人、靜物、花卉及動物，巧妙銜接內在浪慢情調的想像力，形成極富瑰麗色的畫面及藝術的裝飾性風格，格局大方呈現快意灑脫的清鬆氣份，宛如一篇浪漫情歌，使觀者在充滿奇特、美妙的遐思之餘，油然心生歡愉的感受（梁奕焚，1995：3）。

魏瑛慧（2003）對畫家洪政東先生浪漫的自然風的評論：「繪畫是看得到的音樂，音樂是聽得到的色彩，音樂家用音階和音符表達藝術生命，正如我的繪畫用色彩和線條來掌握自性及對生命的詮釋。」──洪政東狂野的色彩，衝激恣意流竄的筆觸，忽而漫天的夕陽，熾熱燃燒你的視覺，忽而藝鬱的空間，壓迫你的神經，他是一位將心靈感受毫不保留地揮灑在畫布上的畫家，有一顆無比善感又執著的心，一種浪漫的自燃風。

二、作品表現以唯美為精神

藝術作品的表達在「美感」，它可以是浪漫愉快的，可以是熱情奔騰的，也可以是靜態冷冷的美，極端純粹的表達，真情流露（梁奕焚，1999）。

臺灣本土畫家洪政東（2004）強調：當代繪畫或視覺藝術以表達「觀念」為主軸，以展現「美感」為精神，而非僅是技巧而已。

三、表達人文精神、表現「觀念與知識」，而非技巧

人文真理是人類生存的重要文化，最重要的部分是「認知」，縱然

情意部分也是要以真正的認知為基礎，才能涵化真正的道德、善念、美感；因此，現代或後現代藝術是以觀念、哲學概念、知識為揮灑核心，而不再以技巧取勝；例如：我們從洪瑞麟的藝術中學習尊重別人，看重自己（張瑞濱 2001）；顧炳星（2001）：一個畫家的創作風格來自創作者的人文哲學底蘊、美學觀念。藝術來自生活，而真正創作不應只是技術的升高，而是人文生命的提高。

四、生命的尊重

白省三（2001）說：洪瑞麟的作品，精湛藝術創作，，詮釋生命關懷。蔣勳教授：真正的美術，真正的創作，不只是技術的提高，更是生命的提升，對生命的尊重。諾貝爾獎牌上寫著：「發明透過人生，人生透過藝術而美化」。美化不只指美化世間環境，更進一步美化心靈，建構健康的生命價值觀。

貝多芬的生命交響曲正是描述生命的律韻、尊嚴與無價的可貴，難怪臺積電董事長說：他最喜歡、最感動的樂曲是「生命交響曲」。

五、「真」就是美

當代抽象畫大師焦士太先生說（2004）：古今中外藝術的因子來自人性激情表現的真，沒有虛飾的做作，是赤子之心的原美，所以「真」是藝術內發的源頭，「真」就是美了。

洪政東（2003）：藝術之美在真情無暇疵，赤子之心，「反璞歸真」之境。藝術的呈現，即是當下的感覺；「美」是沒有形象，沒有尺寸，沒有重量，沒有體積；感動、真誠即是美（2004）。

六、「道」是藝術的源頭

老子說：「一陰一陽之謂道」。「道」是藝術的本體，「道」是抽象最高的上位概念，「道」是永恆的。焦士太（2004）：藝術創作如同參禪，要在禪修靜觀中省悟才能圓夢，要心靈淨空，虛室生白，方能看到「道」的光。「道」是藝術的源頭，因為「美」是要陽剛，也要陰柔。藝術之美不再是自然原形，而是內蘊的精神與形體，材質美的展

現。

七、普道（David Blundell，2003）與馬奎（Maquet，2003）的經驗美感說

當今有名的人類學者普道說：美感是一種心智的運作，美感經驗是一種沉思，一種認知。在美學體系中，形式上的看見與觀察，只不過是視覺的面向，而隱藏在冰山角下的廣大層面，是美感的心與靈，美感經驗就是沉思。

馬奎（Jaques Maquet, 2003：65）：美感的知覺是去確認個人凝聚心神所框設的景象；人產生注意力包括對所知覺的人事內含與細節內容，但對物體本身的興趣則置之腦後，經驗美感的靈妙；而當下所發生的情境是觀看者置之一種沉靜與抽離的狀態中，景象一旦存乎心專注就引進了沉思默想的狀態。集中、冥想就開始發生作用，藉由冥想成就了美感的吸收，物體、時、空和個人肉體的意識全部消失，觀看者的自我進入了美感經驗的領域。

教育部國家教育研究院課程及教學研究中心主任洪詠善（2016）：美感是感官接受外在事物後，所引起的愉悅感受。美感是一種天賦本能，每個人都有感受美好事物的能力；而且，如此舒適、愉悅的感受，皆指向和諧、均衡、良善等原則，人類所共同感受。

綜括上述可以明白，所謂的「美」是指浪漫眞情的赤子心靈，一種無邪的心念，以表達人道精神、尊重生命爲主旨，一種無特殊外在目的「道」心的揮灑。藝術之美不再是自然原形，而是內蘊的精神與形體，材質美的展現。

美育是在提供學生美感經驗的機會與環境，其終極目的在培養精神眞正自由的人。

參　教育哲人對美感的觀點

以下介紹近代幾位教育哲學家其對美感的看法

一、杜威的美學概念

藝術即經驗，即生活；美的感受是個人與環境交互作用的結果。

杜威哲學的最大特色在於「行動力」，因此，他提出「藝術即學生經驗」的體驗，也是學生實際生活的描述。崔光宙（2000）認為：（1）杜威美育思想基礎為自然主義經驗論述以自然為師，人與自然所形成的交互作用為杜威美育思想的中心，從美育經驗探索自然的奧秘；（2）交互作用是杜威美育思想的中心：杜威他認為美育活動是人與周遭環境事務交互作用的產物，做事與感受的交互作用。美育環境需要靠眾人協力，個體、家庭、學校、社會群力才能建立好良好的美育情境。

二、朗格的美學概念

朗格（S.K. Langer,1895-1985）是美國著明名的哲學家、美學家，他的美育觀是：藝術教育即情感教育也是心靈教育、文化教育；藝術教育在教導學生認識人類情感，藝術教育在培養：學生具藝術家之眼，將外在實在的物象轉化成生命與情感的符號，例如：將一幅風景、一段歷史、一棟建築物、轉化成一種沁透著藝術活力的想像（崔光宙，2000：165-170）。

朗格將社會的混亂與沉淪，歸諸於膚淺文化與藝術品之害，大眾的心靈閉塞粗俗不雅是因美感教育教育的失敗。

三、崔光宙的美學研究

崔光宙（2000）在其「美學中人的概念及其教育內涵」中研討柏拉圖的洞穴之喻、亞里斯多德的心靈淨化說、康德的「批判力批判」、席勒的「教育書簡」和叔本華的「意志與表象的世界」，這些哲人背後都潛藏一個「自由人」的圖像

柏拉圖與亞里斯多德的美學都認為人處在感觀世界，有許多負面情緒，應藉美的作品的心靈淨化過程，以達理性與感性均衡的健康境界，也才能成為真正精神自由的人。

綜合康德與席勒的美學與美育思想，其以美感人作為自然人與道德

人之間的橋樑，即人的自然狀態藉美育陶冶人格統整理性與感性平衡的人，最後達到無拘束、無偏頗、無過、無不及的精神自由狀態（崔光宙，2000：208）。

叔本華的美學觀點：他認為人存在兩個無法逃避的痛苦現實世界；一是自然世界或表象世界，一是欲求無法滿足的痛苦世界；解脫的途逕：一是消極的透過藝術暫時擺脫，一是積極的運用宗教智慧；最終目的在：追求意志的自由，唯有不受充足理律所決定的「本體意志」非「個人的意志」，才能有真正的自由。

崔光宙最後綜合五位哲人的思想，提出美育歷程：1. 以各種藝術課程的欣賞淨化心靈，特別加重作品精神內涵的介紹與感受；2. 對一班課程的設計，應兼顧知識與情意，理性與感性，以達人格統整、精神自由的目的；3. 為達叔本華所謂「否定意志」之美育目的，可在教材中選擇具啓發宗教智慧的文藝作品如（六祖壇經、歌德的浮士德）等進行深入欣賞與討論。

四、馮朝霖的研究

馮朝霖（2000：28）在其「化混沌之情，原天地之美」一文指出：在人同時為美之受用者與作用者之人類學基礎上，教育是化自然人的迷離、渾沌狀況，還原天地本體之美的動力。情意教育可以建構教育美學的取向。

總括前面幾位教育及哲學家的美感與美育觀點，可得到以下的共識：1. 美感是心靈層面的，2. 美感教育就是情意教育，3. 藝術是與生活經驗相融的，4. 美育可以淨化人心提升精神層次，5. 美育是培養美感人，也是自然人到道德人的過程，6. 美育是現象世界到達自由自在的本體世界的過程，7. 美感教育可以涵化人文素養，8. 美感的環境設計需要是團體共同互動的。

杜威說：教育是生活經驗的重組歷程。教育具有重組、提升的功能；因此，美感教育極其重要。教育六大目標中有四項屬於情意層面（德育、群育、美育、聖育），其對學生心理健康與人格發展、意志狀態、人生觀等皆有高度的影響。

肆　文獻探討

（因篇幅所限，僅列與國家政策與實例優異精華，擇重點陳列如下）

一、相關計畫、專論與研究

（一）教育部公布 108 新課綱與 STEAM 概念

吳清基（2019）提出 STEAM 課程設計新概念。Sience 、Technology、Engineering、Art、and Mathematics。是結合科學、技術、工程、藝術以及數學的跨學科教學方法，透過相關課程，以主題式眞實問題，將五大領域的知識結合起來，補強各學科之間的隔閡。科技與人文藝術的整合，培養學生跨領域的學習，提高學習效能。

詳閱教育部公布的 108 中小學生新課綱，可以了解國小、國中、高中不同類型的學校，每階段每一科目都以自主行動、溝通互動（含藝術涵養與美感素養）、社會參與三大層面爲教材設計依據，以學生表現、鑑賞能力與實踐能力爲教材設計的內涵指標，以交互、跨領域統整教材的創新設計，加深、加廣學習效果。

（二）卓秀冬（2019，243-247）教育部公布的第二期美感教育計畫重點與推動創新策略

1. 重點

美感即生活，從幼兒扎根，跨域創新，與國際連結。

2. 美感的意涵

人運用其視聽感官去體驗、知覺各種形式的特質，而產生愉悅、幸福、舒適、賞心悅目、喜歡與敬佩等經驗，轉化成韻律、符號、作品等，去表現其經驗與意義。

3. 美感教育的意涵

美感教育是培養美感素養的實踐作爲，美感素養是透過生活美學的省思，豐富美感體驗，培養對美善的人、事、物、進行賞析、分享的態度與能力。美感教育須引領學習者覺察美、探索美、感受美、認識美及實踐美，敏銳其身心靈、多元感知的學習方法、學習機會與環境。

4. 第二期美感教育計畫創意新策略

(1) 加強行政單位、校長、主任、推動相關策略的知能。

(2) 從幼兒扎根，中學加深加廣，大專階段學生，可以再增加當代藝術抽象美學的基本概念與創作知能。這正合乎教育哲學家懷海德（Alfred. North. Whitehead）所主張的三階段不同教育方式的「律動論」。

(3) 兼顧藝術教育與美感教育的目標。

(4) 強調善用社會各方資源。

(5) 計畫中明列績效評估指標。

(6) 明訂美感教育的目標，在培育德、智、體、群、美五育均衡發展。

(7) 提升美感教育師資及在職進修計畫，因材施教、彈性活潑化、數位化、前瞻化的教材教法，充實教學相關前衛性設備。

(8) 配合 108 新課綱「藝術涵養與美感素養」核心素養，發展創新前瞻性教材。

（三）漢寶德（2005）

提出藝術教育救國論他認為西方產品的內在品質：美感。學校推動藝術教育主要在使國民擁有審美能力；圖畫教育有意想不到的妙用；當科技發達時感性的需求也大幅提高。

好看就是美，但藝術與美不盡相同，兩者有相交相疊的地方，又各有空間；因此，美不完全是藝術，藝術不是只為美服務，美是一種生活品味，提高生活領域的精神品質，不受藝術之累。美感教育的任務在激發身審美能力。

漢寶德提出美育的有效途徑：培養學生美的敏銳度；美育與智育同重要，應該要全民化；課程中加強美感啟蒙、美感察覺力；每週一小時課程是不夠的，建議一個下午較好。

（四）陳木金（1999）

在美感教育研討會中提出：美感教育的內涵分析，可以包含：情緒陶冶與情感陶冶的教育，也是藝術教育或透過藝術的教育。它的教育功能可以有五方面：感性品味的精練，智性認知的增進，行為實踐的改

善，文化發展境界的提升，結果表現的完美：學生更能感受與體量別人的感受而表現更高尚的道德情操。

陳木金以小學為例，提出具體活動項目：1. 加強生活好習慣與生活秩序；2. 輔導學生在學校. 在家庭與校外整潔美化的生活習慣；3. 導師與任課老師，輔導、鼓勵班級教室的美化；4. 經常舉辦文藝、美勞、音樂、戲劇、體育、語文、數理科目等融入美感教學活動，採美感、欣賞、合作、發表教學，師生共同參與。

對學校美感教育的教學措施，他提出幾個層面：1. 師資與進修，2. 教學與課程，3. 教學設備、資源與輔助教材，4. 行政領導與支援。

（五）Benefits of an Aesthetic Education (Doane University, www.doane.edu 2020); Aesthetic Education (Lehman College The City University of New York, www.lehman.edu 2020)

美學是關於美、醜、優秀、歡喜的哲思觀念，是感受的覺知。美感教育是透過實際生活，經由親身探討、疑問、撰寫、和藝術創作，伴隨著心裡感動的藝術學習過程。

美感教育可以透過以下藝術教學活動：參觀藝術博物館、戲劇、生動表演、閱讀、樂器演奏、繪畫及其他等。重點在美的感覺、觀看、知覺、感動。

美感教育影響學生的學習素養，因對畫畫、雕塑、舞蹈——的深入學習，也增強在數學、多元觀點、做複雜工作的學習效果，有益美感教育過程中的深度觀看、傾聽、提問的學習能力。

二、資深教育工作者的實例經驗與智慧心得

（一）鄭淵全司長（教育部藝術司長、新竹教育大學教授）（5/17 2020）

鄭淵全提出學校如何推動美感教育的看法：美感教育來自生活的潛移默化，可透過發現、探索、體驗的歷程，從人與自己、人與社會、人與自然生態環境的互動中培養「發覺美」、「探索美」、「認識美」及「實踐美」的認知，進而應用於生活之中。

建議學校的作法：

1. 訂定美感學校願景與教育目標：據此落實於校務發展計畫、課程教學、學習環境營造等軟、硬體工作。

2. 培育美感種子教：配合教育部第二期美感教育計畫，例如：參與跨領域美感教育卓越領航計畫、美感與設計課程創新計畫、見美踐美漸美，設計由知到行的學習過程。

3. 辦理學校行政人員美感素養提升講習或共識營。鼓勵學校行政人員參加進修、學習。

4. 發展學校特色的課程

5. 營造美感的校園學習環境：結合社區資源，共創學校特有的學習環境。教育部引入專業輔導團隊，可以積極參與「校園美感環境再造計畫」、「美學校園美感設計實踐計畫」等。

21 世紀是美感的世紀，希望學生透過參與、互動、創造價值轉換所建構的經驗裡，在「美感即生活」理念中，進行美感新生活運動。

（二）賴清標前臺中教育大學校長、大臺中教育局長（5/20 2020）

針對學校實施美感教育實施策略，建議如下：

1. 成立校園綠化、美化環境小組，聘請具有美感素養的校內教師及家長組成，共同討論可行措施。

2. 減少水泥及柏油鋪面，增加草地及花木植栽。

3. 對既有校舍外觀及內部教室器物等等力求精緻化。

4. 以最美麗、具特色校園之一隅為主題，舉辦作文及繪畫活動等。

5. 學校定期舉辦藝文活動，鼓勵教師、學生、家長及社區人士參與。

6. 透過活動課程，例如：開學活動、畢業典禮、運動會等設計，潛化美感學習。

7. 校外教學安排：美術館、博物館、藝術表演、音樂演奏、戲劇、電影等等，以增加美感經驗。

8. 加強校長、行政人員、教師、家長的美感素養能力之進修活動、課程學習。

（三）劉淑芬永平高中校長獲師鐸獎（6/2 2020）

　　詳如附件（一）。

　　學校推動美感教育可行策略：

　　1. 成立教師藝術課程 PLC，匯聚教師對話共學。

　　2. 結合國際教育，發展跨領域藝文主題課程。

　　3. 爭取競爭型計畫經費支助，卓越多元藝術展演。

　　4. 營造藝術人文環境，辦理社區美學活動。

　　5. 匯集專業多元藝術師資，策略聯盟引進外部資源。

（四）何金針前錦和國中、錦和高中、鶯歌高職校長，耕薪建康管理學
　　　校助理教授（5/9 2020）

　　推動十二年國民基本教育，學校推動美感教育可行性策略，有下列
幾點：

　　1. **釐清學校美感教育的目標**

　　美感教育不是培養各領域的藝術家，旨在培育學生的合作、寬容、
人與社會情境互動，提升公民素養；此外，美感教育透過自然情境或活
動課程設計，教導學生學習如何用心感受，表達美的經驗與感受，學習
欣賞鑑賞能力，內化自我與其生活經驗、理智知識激盪，逐步累積美感
經驗，進而提升其創造力；因此，學校教育應兼顧學生個別差異適性，
教導美感具有主、客觀性，不同民族文化，不同的欣賞認知，培養學生
欣賞國家固有文化之美，也能具備多種文化素養與國際觀。

　　2. **正式課程與潛在課程**

　　透過正式課程藝文教育正常化，並將美感教育融入各科教學，情境
布置、行政管理措施，推動美感教學。

　　3. **妥善社區資源推動美感教育在地化**

　　結合學校教師、家長、社區資源人力，推動美感教育在地化，例
如：鶯歌陶瓷藝術資源，可引入學校美感教育。

　　4. **美感教育生活化，生活美感化。**

　　美感教育融入學生生活中，注重學校環境整潔、學生課桌椅的整齊
排列，及學生制服之清潔等美感教育，結合生活教育，做到生活美感
化。

（五）吳原榮大明高中校長（5/13 2020）

　　大明高中推動美感教育重點：

　　1. 美感教學活動設計，走入社區，交互回饋，藝術美學生活化，彩繪社區，藝術創作與地區慈濟醫院師生聯展。

　　2. 大明高中的校園裡，處處有美感，讓學生自主學習，藉由參與、溝通、互動、體驗及自省，培養以學生為中心的美感感知覺察，審美思考與創意表現。

（六）臺北市中山國中周婉玲校長、逸仙國小賴俊賢校長（5/15 2020），分享卓越藝術亮點計畫教學設計要點

　　1. 以藝術為出發點的 ** 跨領域課程 **

　　2. 各校藝術課程蓬勃發展延伸到社區中產生文化脈絡

（七）名藝術家朱幼華老師，現代水墨課程設計；及五股國小藝術人文李福雄老師，感、動不已，設計教案實例（詳如附件二、三）

　　學生自主、開心學習，感受、主動、快樂學習美的感動。

（八）丁澤民前臺北縣中合國中校長（5/18 2020）

　　提出學校推動美感教育可行策略之看法：

　　1. 加強校長與行政人員對美感教育的認知能力。

　　2. 掌握核心精神：校長利用適當時機加強與師生溝通，幫助了解美感教育的價值、理念、實施步驟。

　　3. 美感體驗：美化校園的軟硬體設施，用心設計以美化校園、班級、學生學習的各項活動、物品等等，營造美感優質環境。

　　4. 培養熱心有意願、有潛力的種子老師，提升跨領域美感教學效果。

　　5. 課程設計應兼具認知與實作，結合校園活動，跨年級的系列活動，與校園生活自然整合。

　　6. 丁澤民校長以中和國中為例，美感教育圖表，詳如下：

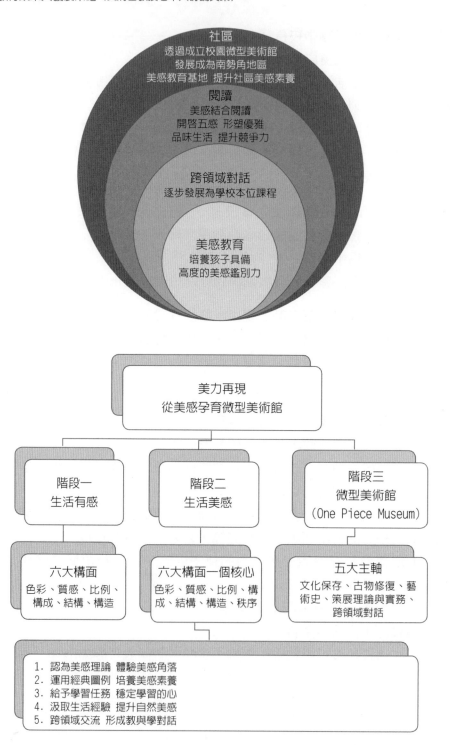

綜括上述，可以歸納以下重點：

美感即生活，從幼兒扎根，跨域創新，與國際連結。教育部公布的108中小學生新課綱，可以了解國小、國中、高中不同類型的學校，每階段每一科目都以自主行動、溝通互動（含藝術涵養與美感素養）、社會參與三大層面為教材設計依據。美感教育的目標，在培育德、智、體、群、美五育均衡發展。提升美感教育師資及在職進修計畫。

策略重點：

1.訂定美感學校願景與教育目標，2.培育美感種子教，3.發展學校特色的課程，4.營造美感的校園學習環境，5.師資與進修，6.教學與課程，7.教學設備、資源與輔助教材，8.行政領導與支援，9.美化學習環境，境教，10.與生活結合，11.融入各科教學，12.跨領域學習，13.善用社會資源，與社區特色文化結合，14.正視課程與潛在課程並重，15.編列相關經費，專款專用。

伍　學校推動美感教育的可行性策

從以上的美學的基本觀念，筆者提出美感在學校教育的實施途徑，供學校教育人員參考。

一、校長領導

（一）塑造優質學校文化

凝結師生對新課綱與教育部推動第二期美感教育計畫的目標、實施策略、改變創新教學等共識，充滿和諧、朝氣的氣份，良善的溝通協調，理性的衝突管理，前瞻趨勢的學校教育計畫等。訂定美感學校願景與教育目標：據此落實於校務發展計畫、課程教學、學習環境營造等軟、硬體工作。

（二）課程與教材編選領導

培養學生美的敏銳度；美育與智育同重要，應該要全民化；課程中加強美感啓蒙、美感察覺力；協調美感教育課程，每週一小時課程是不夠的，建議一個下午以上時間更好，含課外活動課程、潛在與空白課

程。權衡學校整體主客觀因素、條件，發展學校課程特色。

（三）教學領導

　　確實以德、智、體、群、美五育均衡發展為教育目標。學校教學，除了德、智、體、群育為校務經營的目標外，更應重視美感的啟發與培育，學校文化與制度、策略、教學都應將美感列入目標，以培育全人的學生。在實施過程中應定期追蹤、研討、改進，以追求效能。

（四）靈活善用社會資源

　　結合社區資源，共創學校特有的學習環境。教育部引入專業輔導團隊，可以積極參與「校園美感環境再造計畫」、「美學校園美感設計實踐計畫」等。

二、將美感教育融入各科教學當中，規劃跨領域學習課程

　　依 108 新課綱，各領域的教學計畫中的行為目標，應包含情意目標；即教導學生倫理、道德、信仰、興趣、情感、價值觀與人文涵養；如同前述五位西方哲人的美學觀及我國蔡元培先生所說：「美育」是引導學生從現象世界到達實體世界的經驗過程。美學教育是從自然人到自由人的途逕。

　　透過各科情意、美感、欣賞的教學，教材的設計兼顧知識與情意、理性與感性，讓學生獲得「全人」的認知與陶冶，以建構善良、慈悲、愉快、健康、開朗等美的人格特質。

三、加強戲劇、美術、音樂、舞蹈、表演藝術、數位、資訊視覺藝術等課程之教學效能

　　教師除提高學生美育的一般及特殊藝術作品的品味外，更須指導學生領悟有關的文化與哲學問題，教師應明白自己的角色，可安排主題討論，提供增加學生經驗的活動，教師應深入了解學生的能力，適當地安排有關的教學活動，鼓勵學生熱烈討論、發表創作或創意點子、腦力激盪等，課程安排也應符合學生之美感心理發展。

　　美育的專業課程可以選擇具有強大悲劇或震憾的情緒性力量為內

容，教學過程，加重作品精神內涵的介紹與感受等等。

四、教學環境與班級經營應尊重與啓發學生多元智慧

啓發學生的美感潛能，尊重其多元智慧，在活動課程中設計多元、活潑動人的美感藝術活動，以啓發學生美的能力。例如：彩繪美麗校園、雕塑難忘的人、音樂欣賞、電影賞析、文學小品寫作、攝影「意難忘」、班級布置、校園美化等活動，讓學生參與或負責，設計與執行。

五、創意、改變、巧思、用心建構「美感」潛在課程

筆者從事學校教育工作多年，深感校園裡師生之間「眞誠交心」是一種美。個人認爲所爲美是廣意的，一種盡心盡力、眞誠至性的心。眞情流露，溫心關懷是美；清新乾淨，寬敞整潔是美；健康有勁，活潑開朗是美；燦爛鮮豔，數大整齊是美；神采奕奕，自信自在是美；認眞負責，敬業不怠是美；歷經滄桑，內斂成熟是美；至情至性，無怨無悔是美；天眞爛漫，赤子之情是美；眞理原則，千古不變是美；渾厚雄壯，奔騰滾滾是美；平靜溫柔，流水潺潺是美。

教師的班級經營與輔導、學校環境與無形的境教，都應以美感啓發爲原則。

例如：設置文化走廊、藝術中心，校園美化、公共藝術品的裝飾、音樂的廣播、學生創意作品的展示等是實體環境的美；師生之間的相互交心、體諒關心，學校的溫馨氣氛、優質文化，也是無形的另一種美。

六、以藝術教育啓迪美感，並充實人文素養

學校的美感啓發應以充實人文素養，培育健全人格，追求眞、善、美爲目的，以引發學習者的創作意念爲目標；美感教育是以人道關懷勝過藝術品的了解爲原則。如果藝術的最高境界是在表達至極至深的美感，教育則當教導學生涵化其內蘊，認知眞、善、美、聖的眞正意涵，進而省悟、改變行爲。各級學校校長以及教育人員應該用心規劃美育目標，確實落實具體方案，以培養學生健全的人格，健康的身心爲目的。

近代教育哲學家懷德海（A.N.Whitehead, 1861-1947）提出「教育律動論」，筆者認為，如果將其用在美育方面，則在初等教育階段宜以多元活潑的教學為原則，中等教育階段應加強美感、藝術、人文的嚴謹認知為原則，高等教育階段則以創意表達與應用、研究探索更高的認知為原則。

美育是自然人透過美感人到道德人的過程，是現象世界到本體、精神自由的世界的催化動能；因此，教育過程宜設計、安排較多的人文藝術課程；例如：藝術與生活、人生哲學概要、藝術概論、藝術基礎賞析、現代藝術概要、宗教概論、宗教與人生、教育與人生、音樂、文學、戲劇、電影等。教學方法可多使用啟發教學、多媒體輔助教學、討論兩難問題、多元價值討論、批判報告、創新創作、發表教學等方式。

七、善用創意教學、欣賞教學、合作教學方法，重視「實做與感受」的交互作用

杜威認為美育的最大效益是：個人與環境交互作用的啟迪。因此，教師應妥善設計師生多元互動的美感教學活動，以提高教學效能。例如：文學、音樂、舞蹈、美術、雕刻、工藝、哲思、生物、多媒體等等。教學宜與正式課程、活動課程、潛在課程相結合並與其他課程融合，與多位教師、學校資源整合，發揮整體互動的交互效果。協同教學、欣賞教學、啟發教學法等都可應用之。

八、整合學校、社區、家庭、網際網路、社會資源，提高美感教育效能

古今中外許多教育家都強調美育的重要，杜威更提出互動說；因此，學校在推動美感教育時，應整合學校內外、甚至是國外的社區、家長等社會資源以提高美育效能；社會資源例如：各鄉鎮的藝術中心、縣市文化局、文建會、美術館、博物館、基金會、各種美術學會等。

九、加強校長、教師及學校同仁們的美學、藝術感的知能進修

每年學校及教育行政單位在規劃年度預算時，應編列美育相關的進修經費，以提升教育人員的藝術、人文素養這對學校氣氛、組織文化都

有正向的功能。辦理學校行政人員美感素養提升講習或共識營。鼓勵學校行政人員參加進修、學習。

十、重視「教、訓、輔三合一」的輔導工作，以提升學生自我效能

學校必須將輔導工作列入核心業務，重視輔導功能，協助學生、甚至是教育人員的自我概念、自我意志。藝術美感的最高境界是培養道德人、自由人，那麼學校理各項校務計畫，應整合教學、訓導、輔導資源與功能，全力推動美感教育。

十一、各級學校應編列經費預算，規劃設置藝文教育中心，以提高人文與美育效能

學校校長、教育行政人員應要有美育的概念，重視其對學生、教育人員的影響。

每年的教育預算應編有關的業務及資本額，並專款專用為原則。主管單位甚至應特別撥款補助學校設置藝文教育中心，以配合美感教育，確時落實之。學校可以積極申請「教育部的第二期美感教育計畫」經費，也善用社區資源或各種教育基金會的資源。

十二、將美感教學、美育列入重要的學校績效評鑑指標

校內形成性及總結性自我評鑑，應將美育的項目列入指標，評鑑標準提校務會議大家共同研討。

教師對學生的學習評量，也應將情意部分列入重要指標，計入較合理的分數比率，此可由各科教學研究會共同研究之。

陸　結語

叔本華說：藝術是人生中最令人愉快和唯一純潔無暇的一面。……它是一切事物的昇華，更加完美的發展，……如此藝術真可稱之為人生的精華。（崔光宙，2000：212）

愛因斯坦（1929）在他的著作《我所看到的世界》（*The World As I See It*）：美是一切藝術與科學的泉源，若人對此情緒陌生，沒有對美

感到驚訝與著迷，則此人是麻木的，與死人無異。他還說：對此生命奧妙的悟覺，加上幾許惶恐，即產生宗教。悟出無法突破但又的確存在的「道」，顯示了最高的智慧與最炫耀的美。但是吾人愚鈍的心靈悟得此道，只是一種原始的形式……此知識、此感受即是一切宗教的精隨。僅由此，我就是一個虔誠的悟道者（教育部人文系列叢書，1991）。

　　總結前述的藝術、教育、哲人的美學觀念，皆肯定「美」對人的情意、道德、思想、心靈的醒悟有極大的影響。

　　心靈的最高境界是智慧與最炫耀的美。因此，美育在教育，尤其在各層級的學校教育都很重要。筆者陳述了幾位美學家對「美」意涵的看法，並綜括幾位教育哲學家對美感教育的觀點，相關文獻政策，尤其是實際負責美感教育的教育行政人員、資深藝術教育專家很寶貴的資料，最後就學者、專家以及自己的經驗、看法，提出十二點學校實施的途徑，並且提供三件自願分享的師鐸獎校長、資深教師，用心設計的教案與實際教學照片，詳如附件（一）、（二）、（三）；以上僅供學校教育人員及關心美育的先進參酌，敬請指教。

問題與討論

一、美感教育的意涵與重要性？

二、教育部公布108國中小高中新課綱有關藝術與美感素養部分為何？有何新創意？

三、與師生、家長、社區人士共同討論，編寫一項美感教育課程設計之創意教案？

四、學校落實美感教育，有哪些可行性策略？

參考文獻

（一）中文部分

白省三（2001）。生命的榮光——洪瑞麟。14-15。臺北：華藝文化。

吳清基（2019）。「從工業 4.0 到教育 4.0 教育創新策略」專題演講。2019 吳門師生教育研討座談會。臺北市。

卓秀冬（2019）。第二期美感教育計畫創新策略與教學設計實例。**教育政策與前瞻創新**，242-245。臺北：五南。

洪政東（2003）。**陽光、音樂、時間——洪政東畫冊**。高雄市：洪政東。

洪政東（2004）。**洪政東畫冊贈言**。高雄市：洪政東。

梁奕焚（1995）。**梁奕焚畫冊**。臺中：金石畫廊出版。

洪詠善（2016）。聯合新聞網，青春共和國專文。

陳木金（1999）。美感教育的理念與詮釋之研究。臺灣藝術大學「美感教育的理念與詮釋研討會」pp. 36-51。臺藝大官網（2020）。

焦士太（2004）。**揮灑最愛——黃焉蓉的繪畫藝術序言**。臺北：黃焉蓉。

普道、馬奎。王慧姬翻譯（2004）。**美感經驗**。64-66。臺北：幼獅。

崔光宙、林逢祺主編（2000）。**教育美學**。臺北：五南。

馮朝霖（2000）。化渾沌之情原天地之美。收編在崔光宙、林逢祺主編。2-28。臺北：五南。

教育部（1991）。西洋文化思想。教育部中教司教師人文思想系列叢書。臺北：正中。

張瑞濱（2001）。**洪瑞霖畫冊序言**。7-7。臺北：華藝文化。

漢寶德（2005。**漢寶德談美**。聯經。

顧炳星（2001）。幽微中探出的光芒。**洪瑞霖畫冊**，8-9。臺北：華藝文化。

魏瑛慧（2003）。浪漫的自然風。**洪政東畫冊**，4-5。高雄市：洪政東。

可進一步研讀的：

牟宗參譯注（1992）。**康德批判力之批判**。臺北：臺灣學生書店。

哲學雜誌季刊第 11 期（1995）。美學的極至。

席勒著（1987）。**美育書簡**。臺北：丹青圖書。

崔光宙著（1992）。美感批判發展研究。臺北：師大書苑。

莫詒謀（1987）。叔本華的美學原理。臺北：水牛。

楊深坑（1983）。柏拉圖美學思想研究。臺北：水牛。

（二）英文部分

Benefits of an Aesthetic Education (Doane University, www.doane.edu 2020).

Aesthetic Education (Lehman College The City University of New York,www.lehman.edu 2020).

Parsons, M.J. & Blocker, H.G. (2000). Aesthetics and Education.Disciplines in Art Education: Contexts of Understanding.Ralph A. Smith edited.The University of Illinois Press.

Blocker, G. & Bender, J. (1993).Contemporary Philosophy of Art.Englewood Cliffs,N. J.:Prentice-Hall.

Ralph,A.S. (ed.)(1991). Aesthetics and Arts Education.Urbana:University of Illinois Press.

Silverman, H.,(ed.)(1990).Postmodernism: Philosophy and the Arts.New York:Routledge.

Jounals The British Journal of Aesthetics.

The Journal of Aesthetics and Art Criticism.

The Journal of Aesthetics Education.

$$附　錄$$

附件一

　　永平高中案例、藝術教師朱幼華、李福雄教學教案與學校推動美感教育實例。

一、從永平出發向世界找答案─藝意非凡學園的美感素養教育

　　　　　　　　　　　　　　　新北市立永平高級中學　　校長劉淑芬

　　永平高中是新北市第一代完全中學，高中部已有 22 屆畢業生，是永和地區唯一設有美術藝才班的公立高中，學校願景「從永平出發向世界找答案」期許以品格力、閱讀力、創造力、鑑賞力、表達力之五種校本能力來培養孩子國際競合力，學校深知人文藝術素養的建立不是一朝一夕，在歷任校長的支持與行政規劃，師生共同努力下，學生錄取高等教育的藝術學群表現亮眼，永平以「藝境」陶冶師生美感，提升校園社區的藝術涵養，推展國際教育的交流課程體驗，獲頒新北市彩虹學校、新北之星特色學校與教育部藝術教育貢獻學校，是所「藝意非凡」學園。

　　學校擁有一群熱愛教學的教師團隊，透過教師專業社群的定期研討，我們以國際教育為核心，以美感教育為半徑，結合教師的課程教學、學生學習活動、行政服務與社區推廣運用等向度，提出美感素養教育規畫設計理念和實踐策略，祈願引領團隊共同彩繪出精彩豐盈的同心圓課程，讓「藝意非凡」學園的學子充滿希望與想像，勇於實踐自己美麗的夢想。

首先，成立教師藝術課程 PLC，匯聚教師對話共學

　　辦理藝術教學課程研習，教師共同討論與研擬課程規劃，構建藝術人文專門教材及美育課程、將美術班與普通班藝術領域課程統合規劃。規劃美術營隊與館際合作，提升師生藝文深度學習，並透過專家展演、參訪活動、實地操作，展現課程多元性，建立學校本位的藝術特色課程。

其次，結合國際教育，發展跨領域藝文主題課程

　　結合學校發展國際教育特色，將美感教育融入交流活動，設計藝術人文體驗課程，如：海外志工服務結合品德教育彩繪校園、柿染藍染、傳統戲曲布偶戲、原住民編織等特色課程。辦理國際文化藝術展：結合日、德姊妹校文化節慶活動，展出日本女兒節專題、浴衣和服與德國傳統服飾展，提升藝術人文素養。以多元藝術表現形式進行交流，感動全校師生。

第三，爭取競爭型計畫經費挹注，卓越多元藝術展演

　　每年提出競爭型計畫，爭取教育局與教育部的經費補助，充實藝術課程設備，形塑創客精神課程發展。設置白玉美展、畢業美展、社區音樂會及音樂涵養講座；引進藝術家駐校，結合實際示範講座，開設藝術展演實務課程，結合美學展場、藝術方舟進行實際策劃展覽。師生近距離接觸藝術創作，讓校園天天有美展、年年有音樂會，師生浸潤在美感情境中，養成美的鑑賞力與創造力。

第四，營造藝術人文環境，辦理社區美學活動

　　建構藝術多元的學習空間，如：非凡美學展場、藝境 Spotlight 藝術情境營造森林中的藝術方舟與藝術航道、國際文化圍籬、藝術鑑賞教室、學習角等。活化校園角落，以「藝境」陶冶師生美感，開拓學生人文藝術視野。為了吸引北區喜好水彩藝術的各校師生共聚參賽，結合大師示範與 Live 直播課程，迴響熱烈廣受好評，觀賞人數破 5,000 人次。辦理樂永平華校慶音樂會，邀請知名藝術音樂家蒞校演出，並邀請民眾共賞，約 5000 人次參與。讓永平高中成為社區藝術中心，散播美感教育的種籽。

第五，匯集專業多元藝術師資，策略聯盟引進外部資源

　　各處室行政組織分層分工，教師專業師資多元，經常聘請藝術家駐校合作，定期出刊校園刊物、文創商品等。也廣結資源結合美術館、博物館、以及藝術大學資源進行策略聯盟，辦理交流參觀、藝文講座、師資增能研習、擴大師生學習廣度與深度、強化美感創思及賞析能力。

　　值得一提的是，當前本校美術教師團隊，又提出令人振奮的新構

想：亦即將學校的四季永平廣場串聯「藝術方舟」和「非凡美學展場」，規畫成一條「藝術廊道」成爲本校師生及社區的美學基地，此概念是從「行動博物館」的想像出發，構築校園整體的美學步道，讓孩子徜徉在人文藝術情境中能涵養美學素養。我不禁想像學生穿梭樂學於藝術廊道間，腦中浮現師長們對孩子的殷殷期盼：「藝術廊道」猶如開啓創作力的潘朵拉寶盒，化身在四季廣場林蔭之間，豐厚每位學子承載著不同的想像力和可能性！隨著四季變化的自然林蔭藝術廊道，正等待著孩子們在漫步間遇見最美的自己，用他們無限的創造力妝點彩繪，期許滿載藝術美學的廊道妝點，點亮整個永平校園，護持孩子幸福學習希望。

　　孔子說：「知之者不如好之者，好之者不如樂之者。」亦即，最高的學習境界是「漂浮學習（floating learning）、樂在其中」。因此，師長們結合「寓教於樂」的理念，我們設法讓學生在運用這些美學空間進行課程教學時，能讓學習生活充滿「有意義的樂趣」：事事有樂趣、處處皆意義。「成長時時是學習，生活處處是教育」，讓學生在充滿愉悅的心情下學習美學、在實踐的活動中昇華自己，讓學生對學習產生熱情，提升自己的抱負水準及成就，才是推動美感教育的初衷。

精采照片

情境藝術角
——藝術牆公布欄

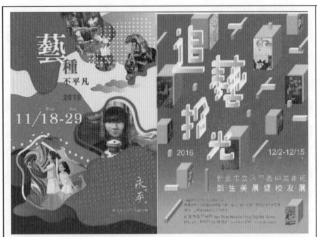	師生美展
	校園藝廊
	藝術方舟

	藍染工作坊
	社區寫生樂活節
	學生彩繪國際文化圍籬

李福雄

學歷：

屏東師範學院美勞教育學士

臺灣藝術大學造形藝術碩士（MFA）

展覽紀錄：

2019 微不足道：繪畫創作個展，工業技術研究院，新竹市。

2018 境：輸出繪畫創作個展，明志科技大學，新北市。

2016 混沌境：繪畫創作個展，工業技術研究院，新竹市。

2006 錄像裝置個展，臺灣藝術大學，臺北

2004 一件裝置作品個展，打開當代工作站，臺北

2004 還原模式 IV「回歸原出‧標向當代」聯展，雕塑磁場—當代藝術空間，臺北。

1996 「衝突與和解」（Conflict and Reconciliation）首次油畫個展，屏東教育大學，屏東。

得獎紀錄：

2015 全國公教美展油畫類優選

2013 第 76 屆臺陽美展油畫類優選

2013 全國美術展油畫類入選

2012 彰化磺溪美展油畫水彩類優選

2001 第 55 屆全省美展油畫優選

1996 屏東縣藝術家聯展攝影第二名

1996 屏東縣藝術家聯展油畫優選

附件二　墨華新韻　現代水墨課程

藝術課程設計

設計者：朱幼華老師

一、設計理念

　　水墨畫蘊含了中國傳統文化精神，因有感於水墨畫領域之技法與媒材運用較為保守，故以現代水墨的實驗性技法作為學習水墨畫的出發點，嘗試以西方抽象繪畫創作理論為依據，使學生在學習水墨畫的過程猶如遊戲一般，激發其強烈的主動學習意願，從做中得到新奇有趣的發現，進而對於水墨畫本質有所體會。

現代水墨課教學實境

學生發現運筆的樂趣，探索新造型之一

學生發現運筆的樂趣，探索新造型之二

學生發現運筆的樂趣，探索新造型之三

學生發現運筆的樂趣，探索新造型之四

二、教學目標

　　介紹現代水墨實驗技法的多元性，讓學生親自體驗。技能部分是讓學生動手做，多方嚐試各種水墨媒材的運用，並加進西方的繪畫理論以及點、線、面、造型的原理，使學生能夠隨心所欲的自由發揮。情意部分則幫助學生將水墨實驗過程的習作，有效的轉化出有主題的作品，此部份偏重在學生的創意表現，如何將習作重新解構組合為正式作品，考驗學生的想像力與判斷力。讓學生發現運筆的樂趣，探索新造型，從而組織自己的作品。

學生將書法字形解構後又重新組合

運用筆法新的組合構築想要的畫面

三、創意水墨鑑賞與培養

　　培養學生的審美能力和敏感度。在水墨畫教學過程中，不以形象為依歸，而是由線條造形的觀察，感受結構與組合能力，轉入內再探索找到繪畫的本質，進而能活用藝術的語言，表達內在真誠與自我、學習中的學生感受力豐富而純淨，表達自由活潑，能發現自我創意。

學生使筆天真活潑，重新解構再組合

學生運用筆法造形，重新解構再組合

創意水墨教學成果展現

附錄三　感、動不已

跨領域藝術課程設計

設計者：李福雄老師

一、設計理念

在十二年國教的教育現場，藝術課程扮演著十分重要的角色。跨領域、學科的學習過程更是時勢所趨。當中，科技教育雖未成為一正式領域的學習，但面對未來兒童所面對的未來挑戰，將科技教育融入藝術領域，在生活當中自然的學習與應用是一定要去努力的。

哥倫比亞大學教授艾倫・米勒 2019 年在一次接受《親子天下》專訪中提到：「一個來自於未來的老師應習慣並引導學生使用科技的能力，一同與學生挖掘知識，共同感受學習的快樂與喜悅。」老師如何轉變以往著重帶著走的能力取向，轉變成為足以面對未來情境所需的知識、能力與態度的素養導向的教學是一項很大的挑戰。

因此，透過動畫教學與製作，無障礙的跨領域學習、將資訊與科技的內容融入學習過程，是一項不錯的途徑。

二、設計目標

（一）透過動畫製作原理的認識，接續有步驟且漸進式的帶領著學生重新認識相機與手機的演變歷程、輔助腳架的介紹與操作，讓拍攝機具的操作賦予更多的變化與可能。

（二）透過影像剪輯軟體的操作與運用，圖
　　　檔的儲存、提取與編輯等，學生充分
　　　整合知識、技能、以及養成正確使用
　　　科技與媒體的正確態度。

（三）經由教室內的拍攝動畫機具的操作與
　　　熟悉，轉換到戶外（校園）等不同區
　　　域動畫拍攝的執行，學生透過分組分
　　　工合作，針對腳本的討論、場勘等實
　　　際拍攝過程將有效益的進行脈絡化的
　　　情境學習。

（四）透過相機景框的單一定點到多定點取景練習，由簡而繁的訓練與
　　　培養學生實際構圖、取景、運鏡的美感素養與能力的提升，也進
　　　一步培養各組分工合作的默契。

（五）將所習得的動畫製作過程，實際的在生活上進行應用，如：對於
　　　母親的感恩影片製作等，將所學的能力與知識，加入學生獨特的
　　　創意，在日常生活中充分的實現與表現。

第十七章

中小學校園組織生態環境轉變的問題與因應策略[1]

蔡進雄

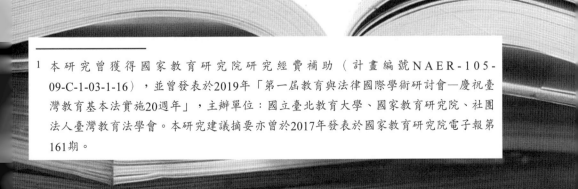

1 本研究曾獲得國家教育研究院研究經費補助（計畫編號NAER-105-09-C-1-03-1-16），並曾發表於2019年「第一屆教育與法律國際學術研討會—慶祝臺灣教育基本法實施20週年」，主辦單位：國立臺北教育大學、國家教育研究院、社團法人臺灣教育法學會。本研究建議摘要亦曾於2017年發表於國家教育研究院電子報第161期。

壹 前言

　　臺灣在 1987 年，政府宣布政治解嚴，社會走向多元開放，校園民主意識高漲，整個校園生態環境大為轉變（吳清基，2015），亦即由於政治及社會環境的轉變，使得過去二十年來的國內中小學的校園組織生態產生了重大改變，這些過程及改變都需要經過檢視與回顧。民國 84 年《教師法》的通過及實施下，保障了教師專業自主且教師可以組成教師會，這對於中小學校園組織生態有了轉變。行政院教育改革審議委員會在民國 85 年所公布的《教育改革總諮議報告書》也強調中小學教育鬆綁的重要性，此外，民國 88 年《教育基本法》的公布亦讓家長的教育參與權具有法源基礎，故行政部門、教師會及家長會三角鼎立取代了過去權力集中於行政部門為主的校園生態。

　　在《教師法》通過實施的前一年，即民國 83 年的「四一○教育改革聯盟」大遊行，一場臺灣教育史上史無前例的寧靜革命，喚醒全民對教育改革的正視（柯貴美，2003）。回顧過去二十年來的教育鬆綁下之校園轉變之利弊得失，其優點是校園民主化，使得中小學校園更為多元活潑具創新，惟亦衍生諸多侷限及可改進之處，例如校長的有責無權，教師抗拒改革時有所聞，家長會的過於干擾校務發展等，這些校園問題都值得加以正視及檢討評估。誠如周祝瑛（2003）所言，解嚴之前，校園趨於保守但生態平衡完整，是比較尊重倫理、有次序的學校組織，但近十年的教育改革則是大大地改變過去長期以來的校園生態，對教育是福或是禍，尚難定論。而學校組織權力重建的重要性在於因應政治解嚴後對教育民主化的呼聲、因應教育法令修正後權力下學校的衝擊、因應教育政策推動學校相關人員擴權增能的需要及因應學校組織內部團體權力衝突的化解等（許籐繼，2001）。換言之，解嚴之後，在教改大旗揮舞下，國內教育生態丕變，校園民主化及多元化更受重視，至於教育素質是不是因而提升？學生程度是不是一年比一年好？其成效如何？均有待追蹤探討。

　　綜言之，本研究的目的在於探究過去教改二十年之教育鬆綁下，中小學校園組織生態的轉變情形，以及轉變後的教育相關現象，並探討是

否因學校組織生態環境轉變而衍生更多教育問題，因而需要新的教育政策措施之擬定。

貳　文獻探討

影響學校生態的因素是多元的，且是各系統間彼此交互作用的結果（黃宇瑀，2014），是故對於教育改革之後，國內中小學校園組織生態環境的轉變，可從校園權力的轉變、學校組織的轉變、教師會的成立及家長會的參與等內外部環境的變遷加以闡述。

一、校園權力的轉變

過去教育改革之推動，校園權力由校長一人為主導，轉移為權力共享的校園生態，《教師法》通過之後，教師的聘任及解聘都非校長一人可以決定。張復興（1999）認為民國 84 年 8 月「教師法」公布實施後，整個校園生態發生了很大的轉變。吳清山（2014）也指出隨著校園民主化和自由化的風潮，加上《教師法》的公布通過後，賦予學校教師組織教師會之權利，使得整個學校權力結構大大改變。另外，依據《國民教育法》規定，校長任用採取遴選制度，四年遴選一次，教師及家長都有權力參加遴選委員會來遴選學校校長。林權騰（2015）陳述目前整個工作環境對校長不友善，權責不相稱，責任全部扛，但校內行政權力卻沒那麼大。

再者，由於校園組織生態的轉變，教師自主意識高漲，學校行政人員異動頻繁，特別是組長層級，許多教師是興趣缺缺而不願兼任，故有代理教師兼任行政工作之現象。

二、學校組織的轉變

早在民國 85 年行政院教育改革審議委員會所提出的《教育改革總咨議報告書》中即強調應促進學校組織彈性化。爾後，在學校組織再造之下，學校可以視需要設立不同組別，使學校經營更為有彈性。研究也發現國民小學行政組織架構之處室和組別應做一合理的調整（吳清山，2002）。在教育改革之前，同教育階段的學校組織結構是一致的

標準，各校少有更動或調整的空間，教育鬆綁氛圍及學校組織改造之倡導，各校可依背景條件及需求進行組織調整，如國民小學可視學校需求成立親師組，這種彈性安排設立在教改及解嚴之前是不會有的情況。

三、教師會的成立

在中小學成立教師會後，主要的正面影響是教師能經由教師會之團體組織方式向外發出聲音或訴求，使教師的自主意識更為提升，也讓教師專業及權益在校園中更有保障。

然教師會也經常出現一些負面的批評，如教師會容易與校長或學校行政系統產生摩擦或衝突，或是教師會與家長會的對立（周祝瑛，2003）。持平而論，任何校園的改變各有其利弊之處，而教師專業自主愈來愈受重視，在學校組織運作及領導上也都給予教師很高的專業自主性，惟教師的自律及專業仍有努力之處。再者，教師及教師會逐漸重視權利及義務的校園環境下，也容易產生教師與行政間的衝突。

四、家長會的參與

民國 77 年政府推動教育鬆綁之前，學校家長會的成員大都是地方士紳或民意代表擔任，自民國 78 年教育鬆綁以來，民間紛紛成立教育改革團體，各層級的家長會組織如雨後春筍般成立，民國 88 年政府訂頒的《教育基本法》及修訂的《國民教育法》，皆有明確規定家長教育參與的角色及法定地位（柯貴美，2003）。

家長會對學校生態的影響，主要為可以為學校與學生、教師之間的溝通管道，透過家長會的運作可使各方溝通更順暢，並且在校務發展上有了發言權（周祝瑛，2003），簡言之，家長或家長會參與校務的優點是可以讓家長了解校務運作及學生的表現情形，甚至可以協助學校辦學、協助溝通及投入資源等。雖然家長參與有上述諸多優點，惟家長如果過度參與校務也有幾種不良的發展，例如在校長遴選的不當介入或過於干預校務等（張芳全，2005）。

五、因應措施初探

　　針對教改後之中小學校園組織生態轉變，蔡進雄（2001）認為在校園民主化及自由化的教育環境下，教育工作者應時時存有學校行政、教師及家長是生命共同體的信念，並且以學生的學習及發展為最後依歸，以創造多贏、全贏的學校行政領導。陳伯璋（2002）亦剴切表示學校本位管理是國內教育改革中具關鍵的措施，而學校本位管理應在政府的規範架構與支援下，培養學校的自主能力，並透過學校成員的攜手同心，重視提升學生學習成就及根據學校特性及社區發展需求，共同努力以達成學校理想與願景，使學校革新成為可能。李建興（2010）曾從教育部的角度對於學校教育改革提出建議：1. 就教育部與學校的關係而言，教育部對學校的監督或干涉、剛性或牽制、評鑑或擾民等都應適中；2. 各校的校長是學校的重心，也是教育部政策是否暢通的代表，只要學校校長依法辦事，教育部就應給予校長支持；3. 站在教育工作第一線的各級教師辛勞備嘗，責任艱巨，教育部應不斷爭取教師的待遇與福利，並重視教師的進修研習及申訴。吳清山（2014）認為因應各項挑戰，未來我國學校行政革新的途徑主要有下列七項：1. 重視學生人格權，確保學生受教權益；2. 確立教育人員權責相稱，提升學校行政效能；3. 推動學校創新經營，發展學校特色；4. 強化學校行政人員進修，提高專業知能；5. 厚實回應社會能力，深化學校行政之政策執行力；6. 因應少子女化趨勢，追求精緻學校行政；7. 深化學校行政作為，開拓學生國際視野與在地關懷。黃乃熒（2014）則表示後現代教育行政政治論述的管理途徑是強調對於權力霸權的挑戰，故宜催化組織成員的自我意識、自我勇氣、自我堅強、自我犧牲，以利驅策教育組織發展的力量，提供組織管理的智慧。

　　顏國樑（2014）表示近幾年的教育改革及教育相關法規的規定，皆顯學校行政權、教師專業權及家長參與權之三權鼎立的現象，學校如何面對組織的變革，將學校行政管理及運作法制化，並加強校長教育法規素養是讓學校組織運作順利的最佳途徑之一。黃宇瑀（2014）陳述在校園環境的轉變下，我國中等學校因應之道為善用資訊科技、調整

課程結構、著重互動實踐、運用系統思考、建立品牌特色、加強策略聯盟、調整組織結構、營造人文情境、協調政治權力及活化組織意象等。此外，教育部於民國 102 年的《教育部人才培育白皮書》中也特別提出提升學校行政效能與校長領導力方案，該方案未來的具體措施主要有三：1. 研議建置國民中小學校務經營資料庫模式，整合全國中小學校務經營、教師、學生及社區等多元資源；2. 研議加強進用其他行政專業人力，改善目前教師兼任行政之現象；3. 研議訂定校長相關法令，賦予校長之教學視導權，如教室走察及校長觀課等，以協助教師教學及確保教學品質；4. 檢視現行教育相關法令及制度，釐清校長與教師之權責，營造權責相符的辦學環境，以利校務運作，並以學生學習及受教權為學校治理目標。黃宇仲與吳京玲（2015）則教育政策面向指出面對未來教育改革，新世紀的教育政策發展方向是教育政策理想化、政策制定權變多元化、政策制定經濟簡單化、決策過程公平公開化、政策推動循序回饋化，唯有透過民主開放的方式，相信專業的角度，全民參與並監督政府，方能為國家社會培育更多優質的新世紀各領域人才。蔡東利（2015）陳述校長遴選非預期現象的調適策略為：1. 取消遴選，回歸原有派任制度；2. 提升權責均衡的辦學績效；3. 提高兼任行政職務加給；4. 力行團體討論、團體決定。

　　總結而言，教育改革之後中小學校園環境確實有需要調整及改善之處，不論是在校長權責、教師權利義務或是家長學校參與等均有需要再加以檢視，且教育改革實施之後常是不可逆的，可能的作法就是在既有改變後的基礎上，進行了解分析並加以改進或修正教育政策，以使學校教育更為有效能，進而發揮更大的教育功能。

參　訪談研究設計與實施

　　本研究除了進行文獻探討外，針對中小學校園組織環境轉變議題亦採用焦點團體多元蒐集學者專家的看法，焦點團體訪談的時間於民國 104 年 6 月 29 日辦理，地點在國家教育研究院臺北院區六樓會議室，此次焦點團體計邀請四位學者專家，參與者之訪談代號、擔任職務及專長如表 1 所示，A 係指參與焦點團體之第一位出席的學者專家，依此類

推。

表 1　焦點團體之參與者訪談代號與擔任職務

訪談代號	擔任職務	專長
A	國立臺灣師範大學教育學系教授	教育行政、教育政策
B	國立臺北教育大學教育經營與管理學系教授	教育行政、教育政策
C	國立臺灣海洋大學教育研究所副教授	教育行政、師資培育
D	新北市三峽區附屬中學校長	教育行政、教育政策

二、訪談結果分析與討論

　　對於中小校園組織生態環境的轉變之觀點，受訪者的學者專家均能侃侃而談地表達其看法，茲將焦點團體座談的主要重點整理歸納如下：

（一）中小學組織生態環境改變是學校運作更為民主化

　　過去二十年來的教育改革及校園組織生態環境改變，最為明顯的是校園更為民主化，誠如受訪編號 A 的學者剴切指出：「環境的改變就是民主，民主已經更民主了，因為你也不得不民主阿！那也因為民主嘛！那所以校長在經營校園裡面面對的挑戰更多了，那民主就是要常常就是要角力要妥協要被衝突阿！那所以校園的民主，所以包含很多委員會的成立，還有很多成立，包括現在也已經定調說校務會議為最高的決策機構，那都是一個民主的象徵，那像高中未來選修課程那一方面你必須透過民主的方向去解決，否則的話就吵不完，那一塊選修到底要開什麼課，那一塊一定是到最後一定又是各個領域強硬搶地盤的啦，那你如果校長還是扮演分配者的角色，這樣會非常危險啦坦白講，所以說校園轉變，那既然朝向民主，那你就應該要有民主的心態，技術要有民主的支撐，所以就心態上要改變啦！」

　　編號 B 學者也提出中小學組織生態環境改變之一就是民主化，B學者甚至認為國民中小學不要有學區制，讓家長自由選擇學校或老師：「像民主化，最明顯的是現在家長會、教師會、校長會共同在學校裡，

然後家長參與校務這個是民主化，而且家長也代表學生有教育的選擇權，但是我們的運作不夠好，那民主化我們要怎麼樣調整可能會幫助教育政策的民主化，然後我提三個點，第一個就是我們中小學開放大學群組，就是學校就不要有學區啦！全部給家長他高興選擇哪個學校他們就去選，然後各校自行排序，在地的優先，然後他就按照那個我們現在不是用抽籤排序什麼嗎？反正就是大學區制，因為大學區最有民主的精神，你自己要選擇哪個學校你就去吧！現在我們有學區制每年都在學區調整，你乾脆就不要，這個就是民主化真正的作法，就是全臺北市的就是大學區，臺北市的通通可以來，他要唸哪個學校他就過來，這個是第一個，那第二個，家長也有選老師的權力，你自己要當老師啊，你要獲得家長過半數的同意，這就是民主啊！」

（二）學校民主化仍有其負面現象

過去教育改革後讓學園更為民主化，但仍有其負面現象，例如民粹化、校長權責不符、衍生衝突等，編號 C 學者指出：「校園的民主化是有正向的但是也有負向的，也就是說校園有民主化，但是校園也有民粹化，就是我們會看到校園的環境的轉變，好的部分是建立的很好的校園民主機制，但是我們也看到在校園裡面有部分的學校是民粹化，他是校長是受到某一些組成的學校的黨派或者是有力人士的一種，講綁架是比較嚴重，但是是受到這樣的一種影響，是很嚴重的。」編號 A 學者陳述校長受媒體、民意代表、家長及教師之牽制影響：「外部環境，媒體就是很大的壓力，家長都因為媒體來對學校施壓，所以變成現在校長變成內外夾擊，那媒體的生態，媒體也是導致我們改革，可是從某一塊我們也日趨保守，為什麼？議員來關說，媒體啦！校長都會怕的要死，一報導對他遴選不好，那這又麻煩跟民選有關係，跟校長民選有關係，因為當這種東西形成一種 IMAGE 的時候，別的學校也不敢要你，你的學校內部也會有紛爭啊，所以校長民選也影響到內外部環境，因為他必須要兩大體系來支撐才能當校長，一個是教師一個是家長，這兩個就把你牽制住了，那你要跳脫，怎麼跳脫，這個如果有這麼好處理，這樣不會有這麼多人哀怨的退休。」編號 D 的受訪校長明確表達，校

園的權力是失衡的，組織觀是扁平的，文化觀是衝突的，領導觀是僕人的，學習觀是翻轉的，此外編號 D 受訪校長也憂心政治與民粹的掛勾介入：「我先丟一些問題，就是我的看法，第一個中小學以下權力觀、組織觀、文化觀、領導觀跟學習觀，那目前的轉變情形，我大概有幾個想法，那權力觀很清楚當然是失衡，權力觀假如失衡，那組織觀當然現在是扁平的嘛，那文化我的觀點是衝突的，文化觀是衝突的，不管老師、行政、學生包括校長非常多衝突，那領導現在已經走向僕人，這個我想我們大家都可以有這樣的想法，那最後學習觀是應該是翻轉的，翻轉學習上是整個翻轉，其中有一個我想要特別強調的是，我們政治是不是對教育的環境的介入，這個是我最近一直在觀察，我們的不同的一個政黨上，不同的一個非常重要的教育的政策，包括，縣市政的政策他其實會不會延續，所以假設從政治去介入而且從民粹在做主導，對不對，那政策就跟民粹他是掛勾的嘛，很多東西的選票到最後的結果價值不見、核心不見。」

（三）修訂相關教育法規釐清權利義務關係

　　如前所述中小學校園民主化後衍生一些負面現象，均與校園權力運作有關，惟目前校園權力運作確有失衡之現象，造成許多校長內外挾擊「退休都是很憂鬱」（編號 A），故編號 C 學者表示應該透過修法加以改善，並使權利義務關係更為合理：「我們講說校園需要民主，校園是個公共對話論敘的場面之外，那成員之間彼此的權利義務的關係是什麼，這就涉及到我們教育法的完備性，也就是說我們的教育法是單獨單獨設立的，但是彼此之間他有沒有去做統合，比如說假設我們是以教育基本法作為我們所謂的教育憲法，而這個教育憲法底下他好像賦予每個人都有權力，但是每個人的權力他的權限在哪裡，或者彼此之間的分工在哪裡，如果沒有去做進一步的去做所謂事情細則的一種界定，到變成每一個人都不斷的自我膨脹，每一個人都認為我有權力，但是最後那個責任誰來扛，現在的國教法裡面是校務會議才是最高的權力機構，不是校長，可是請問各位，當一個學校出問題誰要出來負責？校長！所以這會產生一種權責不相符的一個設計。」因此，編號 C 學者進一步陳述

主張對於既有教育法令需要重整與釐清：「所以我們在整個教育法的一個設計當中，我覺得如果需要因應，應該要把既有的教育法令去做重整，然後把一些相關利害關係人的權利義務要把它明確的界定，才不會有的校長就講，我的權力來源是來自於老師，然後我在領導的時候老師是我的部屬，他說這個很怪，我要領導部屬的一個過程中勢必會有一些的要求，啊可是我要求了當然就要增加老師的負擔，可是老師最後我要連任的時候是老師來決定我能不能連任，所以這樣的一個設計本身是一種充滿著權力的弔詭性，所以如果要去因應這個部分一定要去做處理，否則校園的民主會產生很大的一種對學校經營品質的一種惡質。」

　　總的說來，經由此次的焦點團體訪談，可以歸納出過去教育改革及《教師法》、《教育基本法》等法令的公布實施之後，校園民主化是最為明顯的現象，惟校園民主化也形成校園權力的失衡，解決之道是除了校長的角色與心態的轉變外，仍需要重新檢視修改相關教育法令，使校長、教師及家長的權利義務關係更為合理明確，以避免衍生一些負面現象，因而影響學校教育之發展。

肆　結論與建議

　　本文的目的在於探究中小學校園組織生態的轉變情形，並分析中小學校園環境變化衍生的問題。經由初步的文獻探討可以了解過去教育改革下的中小學校園組織生態確實產生了很大的影響或衝擊，例如權力結構的改變、校長權責的轉變、教師會及家長會的成立及參與校務等。依據相關文獻及研究結果，本文提出以下結論與建議：

一、重新檢視並修訂教育相關法規的適宜性

　　過去的教育改革衝擊著校園的組織生態環境並有了重大轉變，但也產生一些負面效應，其中包括校長與教師間的權力關係、校長的遴選及校長的權責等均有待重新檢視並修訂教育相關的法令。舉例而言，目前國民中小學校長遴選制度衍生相互對立、選票文化，以及教師、家長或社區人士的不當干擾等問題（林權騰，2015；蔡東利，2015），故有需要進一步檢視與調整，訂定更符合校長專業需求的校長遴選辦法（許

籐繼，2001），以使校長遴選過程更能爲學校找到更優質的教育領導者。

二、釐清教師的權利義務及角色，以減少教師與行政間的衝突

隨著校園的民主化以及教師工會的成立，教師爭取自我權益的高漲，因此過去較爲模糊的工作職責，實有進一步釐清的必要性，例如中小學教師是否需要擔任導護工作、教師的工作時間等，此外，《教師法》第16條也有「除法令另有規定外，教師得拒絕參與教育行政機關或學校所指派與教學無關之工作或活動」之規定，故教師得拒絕教學無關之範圍可加以明確。具體而言，釐清教師的權利義務可以使學校行政領導者有了法源依據，亦可減少教師與行政人員間的衝突，因此建議可以規範訂定中小學教師工作手則。誠如劉繼蔚（2015）從法律層面的角度指出如果將「學校─教師」的權利義務加以明確化、具體化，訂定教師作爲「職業」的基本權利義務，我們才能在「教師─學生」的場域，觀察並反照出教師對於師生關係及專業工作，眞正的付出與價值。因此，未來學校組織權力關係重建需以法律明定學校組織內外之權利義務關係（許籐繼，2001），故進一步釐清教師的權利義務及角色是未來學校教育改革之重要課題。

三、中小學行政工作專任化

中小學組織的主要任務爲教與學，降低教師的行政負擔可以讓教師更專注於學生輔導與學習。以國民小學學校實務工作者爲對象的研究結果也發現，有高達八成以上的受試者認爲國小行政組織及運作之缺失在於「教師兼任行政工作與專長不符」和「教師兼任行政工作意願不高」（吳清山，2002），而有鑑於中小學教師普遍兼任或擔任行政工作的意願較爲不足（楊恩慈，2015），教育部正研議中小學組長行政專任化與國中小行政工作合理減量標準（林秀姿，2015），以減輕中小學教師的行政工作負荷，此一教育政策措施值得肯定並可持續推動，另外也提醒及建議在國民中小學組長行政專任化過程中應注意非教師身份的行政組長宜接受教育相關學分的專業培育，如此才能了解教育的本質並

提供更好的服務品質。再者，以目前情況來說，提高教師兼任組長或主任的薪資待遇亦是鼓勵更多教師兼任行政工作的措施之一。

四、明確訂定中小學校長的權責

「有怎麼樣的校長，就有怎麼樣的學校」表達出校長對一所學校發展的重要性，惟在過去教育改革過程中，中小學校長的權力逐漸弱化，故「有責無權、委屈求全、赤手空拳」已成為討論國民中小學校長權力議題常聽到的口語，因此為了讓校長在辦學過程中有更大的發揮，建議明確訂定校長的權責並應給予校長較大的辦學空間，以使權責相符及利於校務推動。

五、賦予校長有教學領導權

教學領導係指為促進學生的學習成果，校長或相關人員從事有關教師教學及學生學習的各項作為及活動，教學領導之具體內涵包括發展教學任務與目標、確保課程與教學品質、促進教師專業成長、提升學生學習成效、發展支持性工作環境等（蔡進雄，2009）。對於教學與學習為重點的學校領導越來越被強調（Hallinger, 2011; MacBeath & Dempster eds., 2009; Male & Palaiologou, 2012），其原因在於學校是教學與學習的服務性組織，是故應賦予校長有教學領導權，以精進教師教學效能與學生學習成效。質言之，未來中小學校長除了行政領導外，要比過去更為重視教與學之專業知能與領導，且宜明訂給予校長教學領導之相關法職權。

六、引發中小學教師的正向力量

一個覺醒的風險社會，蘊生愈來愈強健的公民參與及公民社會知識生產能量，故在風險社會裡，專家政治應逐步轉向民主溝通與公民參與治理（周桂田，2014），而從本研究的焦點團體訪談中亦發現學校已朝民主化的方向發展，是故如何引發教師的正向力量及民主參與，且避免民主化的負面現象，形成成熟的民主化校園，是未來中小學學校組織生態環境發展與教育政策制定可以努力的課題。此外，二十一世紀所倡

導的教師領導亦在於強調擴大教師的正向影響力，由教室內走出教室之外，協助同儕專業成長、參與校務決定與發展、進行親師溝通，甚至社區參與等，教師領導的倡導與實施也有助於中小學教師正向力量的引發與湧現。

七、學校組織生態變革的「最大公約數」是學生學習

從本研究的探討中發現中小學組織生態環境所展現的風貌已不同於過去，惟不論是權力或組織的轉變，教育政策、學校行政、教師及家長的「最大公約數」應是學生學習權益，否則在必然的衝突中將會失去了改革焦點。綜言之，以學生為主體是教育行政最為重要且關鍵的核心價值（蔡進雄，2013），雖然中小學校園組織生態裡，行政部門有其行政裁量權，教師群體有其教學專業自主權，家長方面則有其家長教育選擇及參與權，但不論是行政裁量權、專業自主權或是家長參與權，最後應以學生受教權為最後的依歸。

問題與討論

一、由於政治及社會環境的轉變，請說明過去二十年來國內中小學的校園組織生態也產生哪些重大改變？

二、請闡明國內中小學校園權力轉變、學校組織變革、教師會成立及家長會參與等內外部環境的變遷情形？

三、因應中小學校園組織生態環境轉變所衍生問題，請闡述有哪些具體策略及實務做法？

參考文獻

（一）中文部分

行政院教育改革審議委員會（1996）。**教育改革總諮議報告書**。臺北市：作者。

吳清山（2002）。國民小學行政組織再造之研究。載於潘慧玲主編，**教育改革的未來：國科會人文及社會科學發展處教育學門成果發表論文集**（頁 35-79）。臺北市：高等教育。

吳清山（2014）。**學校行政**（第七版）。臺北市：心理。

吳清基（2015）。臺灣教育發展的新挑戰與因應策略。載於黃政傑主編，**教育行政與教育發展黃昆輝教授祝壽論文集**（頁 2-30）。臺北市：五南。

李建興（2010）。**教育新境界**。臺北市：師大書苑、

周桂田（2014）。**風險社會——公共治理與公民參與**。臺北市：五南。

周祝瑛（2003）。**誰捉弄了臺灣教改**。臺北市：心理。

林秀姿（2015，6 月 21 日）。**教育部 5 帖藥救偏鄉教育**。聯合報。取自：http://vision.udn.com/vision/story/8278/1006197-%E6%95%99%E8%82%B2%E9%83%A85%E5%B8%96%E8%97%A5-%E6%95%91%E5%81%8F%E9%84%89%E6%95%99%E8%82%B2

林權騰（2015）。誰引爆校長退休潮？。**師友月刊，582**，65-67。

柯貴美（2003）。**家長教育參與**。臺北市：商鼎文化。

許籐繼（2001）。**學校組織權力重建**。臺北市：五南。

陳伯璋（2002）。未來展望。載於陳伯璋、許添明主編，**學校本位經營的理念與實務**（頁 349-360）。臺北市：高等教育。

張芳全（2005）。**教育議題的思考**。臺北市：心理。

張復興（1999）。教育鬆綁外一章——談教師法施行後的校園生態。**學校行政雙月刊，2**，68-72。

教育部（2013）。**教育部人才培育白皮書**。取自：http://ed.arte.gov.tw/uploadfile/Book/3281_%E6%95%99%E8%82%B2%E9%83%A8%E4%BA%BA%E6%89%8D%E5%9F%B9%E8%82%B2%E7%99%BD%E7%9A%AE%E6%9B%B8.pdf

教師法（1995 年 8 月 9 日）。

楊恩慈（2015）。為什麼老師不肯擔任行政？。親子天下雜誌，**72**，94-99。

黃乃熒（2014）。後現代教育行政。載於湯志民主編，**後現代教育與發展**（頁27-45）。臺北市：高等教育。

黃光國（2003）。**教改錯在哪裡？**新北市：INK 印刻。

黃宇瑀（2014）。從校園生態環境的轉變論述當前我國中等學校所面臨的挑戰與因應。**中等教育**，**65**(1)，77-94。

黃宇仲、吳京玲（2015）。重新思考新世代教育政策的制定。**師友月刊**，**582**，25-29。

蔡東利（2015）。校長遴選非預期現象的調適略策。**師友月刊**，**578**，50-52。

蔡進雄（2001）。**學校行政領導**。臺北市：師大書苑。

蔡進雄（2009）。**國民中小學校長領導之研究：專業、情緒與靈性的觀點**。臺北市：高等教育。

蔡進雄（2013）。**教育領導研究：組織環境、領導者與被領導者探析**。臺北市：五南。

劉繼蔚（2015）。正視教師的勞動與義務。**師友月刊**，**580**，67-71。

顏國樑（2014）。**教育政策合法化：理論與實務**。高雄市：麗文文化。

（二）英文部分

Hallinger, P.(2011). Leadership for learning: Lessons from 40 years of empirical research. *Journal of Educational Administration, 49*(2), 125-142.

MacBeath, J., & Dempster, N.(Eds.). (2009). *Connecting leadership and learning.: Principles for practice*. London: Routledge.

Male, T., & Palaiologou, I.(2012). Learning-centred leadership or pedagogical leadership? An alternative approach to leadership in education contexts. *International Journal of Leadership in Education, 15*(1), 107-118.

國家圖書館出版品預行編目資料

教育政策與發展策略（吳清基教授七十大壽論
文集）／吳清基等合著；吳清基主編. －－初
版. －－臺北市：五南，2020.10
　　面；　公分（教育新議題叢書；8）
　ISBN 978-986-522-223-9（平裝）

1.教育政策　2.教育發展　3.文集

526.1107　　　　　　　　　109012909

1IRV

教育政策與發展策略
（吳清基教授七十大壽論文集）

主　　編 ― 吳清基(64)

作　　者 ― 吳清基、盧延根、黃宇瑀、彭淑珍、胡茹萍
　　　　　　陳美蓮、曾璧光、白雲霞、顏國樑、胡依珊
　　　　　　徐柏蓉、劉國兆、毛治國、謝念慈、陳政翊
　　　　　　林立生、舒緒緯、梁金盛、陳碧卿、范熾文
　　　　　　郭怡立、張明文、卓秀冬、蔡進雄

發 行 人 ― 楊榮川

總 經 理 ― 楊士清

總 編 輯 ― 楊秀麗

副總編輯 ― 黃文瓊

責任編輯 ― 李敏華

封面設計 ― 王麗娟

出 版 者 ― 五南圖書出版股份有限公司

地　　址：106台北市大安區和平東路二段339號4樓

電　　話：(02)2705-5066　　傳　　真：(02)2706-6100

網　　址：http://www.wunan.com.tw

電子郵件：wunan@wunan.com.tw

劃撥帳號：01068953

戶　　名：五南圖書出版股份有限公司

法律顧問　林勝安律師事務所　林勝安律師

出版日期　2020年10月初版一刷

定　　價　新臺幣620元

※版權所有·欲利用本書內容，必須徵求本公司同意※

五 南
WU-NAN

全新官方臉書

五南讀書趣

WUNAN
Books
since1966

Facebook 按讚

1 秒變文青

★ 專業實用有趣
★ 搶先書籍開箱
★ 獨家優惠好康

五南讀書趣 Wunan Books

不定期舉辦抽
贈書活動喔！！

經典永恆·名著常在

五十週年的獻禮 —— 經典名著文庫

五南，五十年了，半個世紀，人生旅程的一大半，走過來了。
思索著，邁向百年的未來歷程，能為知識界、文化學術界作些什麼？
在速食文化的生態下，有什麼值得讓人雋永品味的？

歷代經典·當今名著，經過時間的洗禮，千錘百鍊，流傳至今，光芒耀人；
不僅使我們能領悟前人的智慧，同時也增深加廣我們思考的深度與視野。
我們決心投入巨資，有計畫的系統梳選，成立「經典名著文庫」，
希望收入古今中外思想性的、充滿睿智與獨見的經典、名著。
這是一項理想性的、永續性的巨大出版工程。
不在意讀者的眾寡，只考慮它的學術價值，力求完整展現先哲思想的軌跡；
為知識界開啟一片智慧之窗，營造一座百花綻放的世界文明公園，
任君遨遊、取菁吸蜜、嘉惠學子！